Zeitlose Wahrheiten für jeden Tag

STEPHAN VON STEPSKI-DOLIWA

ZEITLOSE WAHRHEITEN FÜR JEDEN TAG

DOLIWA VERLAG

1. Auflage Dezember 2004

Römerstraße 6a, D - 86947 Weil
Telefon: 0 81 95 / 93 18 78, Fax: 0 81 95 / 93 18 79
E-Mail: kontakt@doliwa-verlag.de

www.doliwa-verlag.de
www.vonstepski.de

Einbandgestaltung: Ralf Telek, S. u. C. von Stepski-Doliwa
Textlayout: Ulrike Wolter
Satz, Druck- und Bindearbeit: Jos. C. Huber KG
Printed in Germany

ISBN 3-930889-17-X

Danksagung

Dieses Buch verdanke ich meiner inneren Stimme. Sie hat es mir geschenkt. Und nicht nur das Buch, sondern auch die vielen Erkenntnisse, die ich dadurch erhielt. Mein Dank ihr gegenüber ist damit besonders groß.

Ich möchte aber auch den vielen Menschen danken, die mir bei der Korrektur des Textes und dem Erstellen des Indexes halfen.

So danke ich als erstes meiner Frau Constanze, die von Anfang an mit Rat und Tat an meiner Seite war. Sie nahm das von mir Gehörte mit so viel Liebe auf, dass ich mich immer weiter öffnen konnte. Zudem stellte sie viele Fragen, deren Beantwortung zu wichtigen Aussagen in diesem Buch führte.

Charlotte Kügler danke ich von Herzen dafür, dass sie den Text mit großer Liebe und Genauigkeit lektorierte.

Ganz herzlich danke ich Ulrike Wolter für ihre gewissenhafte Überarbeitung des Textes und Registers und für die unermüdliche Neuformatierung dieses Buches.

Bernhard und Barbara Eichhorn, Fried Eickhoff, Christian und Felizitas Viering erstellten das Register. Auch ihnen danke ich sehr.

Marianne Glaßer danke ich, weil sie alles nochmals sehr sorgfältig durchging und viele hilfreiche Anregungen gab.

Grafrath, 20.8.2004 Stephan von Stepski-Doliwa

Vorwort

Der überraschende Kontakt zu meiner inneren Stimme ist das Außergewöhnlichste, was ich in meinem Leben erfahren durfte.
Die grundlegende Veränderung meines Lebens durch die innere Stimme begann 1981 – wobei ich das erst jetzt im Nachhinein so klar bestimmen kann. Damals war ich nur überrascht und erkannte überhaupt keinen weiter gehenden Zusammenhang.
Zu der Zeit war ich in Gainesville, Florida, und lernte Strukturelle Integration nach Ida Rolf, eine sehr tief gehende Form der Massage.
Wir wurden im Laufe dieser Ausbildung dazu ermutigt, mehr und mehr auf unsere Intuition und unser Gefühl zu achten: zwar genau zu wissen, *wie* wir massieren sollten, aber trotzdem das Denken abzuschalten und den Händen freien Lauf zu lassen.
Damals nahm ich plötzlich eine Stimme in mir wahr, die mir genau sagte, was ich zu tun hatte. Ich war überrascht, konnte ich mir die Existenz dieser Stimme doch überhaupt nicht erklären, ebenso wenig wie die Tatsache, dass sie mir stets die Lösungen sagte, die mit Sicherheit zum Erfolg führten.
Es folgten unzählige Begebenheiten, bei denen sie mich leitete, schützte, lehrte und mir half.
Erstaunlich ist für mich auch, dass ich diese Stimme so plötzlich in mir vernahm, obwohl ich in jener Zeit nicht sehr gläubig, geschweige denn spirituell war. Ich lebte vielmehr in dem engen bis engstirnigen Rahmen eines „modernen“ Intellektuellen.

Dann schenkte mir ein Patient das Buch „Die Antwort der Engel“ von Gitta Mallasz. Ich freute mich über die Geste, fand aber nie Zeit, darin zu lesen.
Nachdem eine Zeit vergangen war, in der ich das Buch nicht beachtet hatte, wurde ich auf wundersame Weise jede Nacht geweckt und konnte erst wieder einschlafen, nachdem ich circa eine Stunde darin gelesen hatte.
Eines Nachts wachte ich wieder auf und wollte lesen, als sich eine Lichtgestalt in meinem Zimmer manifestierte. Ich erschrak sehr. Als ich aber den liebevollen Ausdruck ihres Gesicht sah, wich alle Angst von mir.
Die Gestalt sagte: „Du bist auserwählt. Du wirst beschützt. Wir sind immer für dich da!“ Sie segnete mich und ging.
Ich war sprachlos und erschüttert.

Irgendwann schlief ich wieder ein und meinte am nächsten Morgen, ich hätte alles nur geträumt. Meine Überraschung war groß, als eine Frau, die im Nachbarzimmer geschlafen hatte, mich fragte: „Sag mal, wer war denn gestern Nacht bei dir? Ich habe eine Stimme in deinem Zimmer gehört."
Bald darauf hatte ich tiefe Christus-Erfahrungen. Ich erlebte Gott als warmes Licht in meinem Herzen und verspürte eine nicht zu stillende Sehnsucht nach Ihm.

Allerdings sprach ich mit niemanden darüber. Diese Erfahrungen und meine innere Stimme waren mein großes Geheimnis.

Nach einiger Zeit zeigte mir meine innere Stimme meine Frau Constanze. Und wir heirateten.
Constanze wurde nun meine große Vertraute, mit der ich nicht nur darüber sprach, dass ich eine innere Stimme hörte. Ich erzählte ihr auch, was sie mir sagte.
Constanze und ich saßen häufig zusammen und führten ein Dreiergespräch mit meiner inneren Stimme. Sie antwortete auf Lebensfragen, die uns schon lange beschäftigt hatten, und unterrichtete uns in vielen Dingen. So entstand ein kostbares Schatzkästchen an Wissen und bald erhob sich die Frage: Sollen und dürfen wir dieses Wissen weitergeben?

Zu der Zeit hielten Constanze und ich zusammen Seminare ab. Immer wieder, wenn wir dabei Fragen zu beantworten oder Probleme zu lösen hatten, mit denen wir nicht zurechtkamen, fragte ich meine innere Stimme. Die Antworten waren – und sind immer noch – von großer Tiefe und Wahrheit.
Schließlich schlug Constanze vor, meine innere Stimme zu fragen, ob wir einige dieser so wichtigen Informationen nicht niederschreiben und veröffentlichen könnten.
Die Antwort meiner Stimme war: sie werde mir einen Spruch für jeden Tag diktieren. Daraus solle ein Buch entstehen. Sie fing auch sogleich damit an. Sie diktierte mir das jeweilige Datum und den Inhalt für diesen Tag. Obwohl sie mir die Daten scheinbar wahllos über das ganze Jahr verteilt angab (18.10.; 5.6.; 17.7. und so fort), nannte sie niemals ein Datum zweimal. Trotzdem hatte ich stets zwei Ängste: einmal, dass sich die Daten doch überschneiden könnten, und zweitens, dass ich nichts mehr hören würde, bevor mir die Texte für alle 366 Tage diktiert worden seien.
Die Mitteilungen strömten aber so schnell, dass ich mit dem Schreiben kaum mithalten konnte und innerhalb von 14 Tagen 310 Seiten schrieb.

Bemerkenswert war zudem, wie häufig Texte mit zu einander passendem Inhalt direkt nacheinander diktiert wurden (Göttliche Gnade und Fürsorge 12. und 13. Januar; Mann und Frau 23. und 24. Januar; Weisheit, Leiden, Menschlichkeit und Leistung 16., 17., 18. März; Selbstwert, Geduld, Liebe und Verständnis 22. und 23. Mai; Aggressionen und Narzissmus 6. und 7. August; Streiten und Aggressionen 17. und 18. August usf.).

Das Erstaunlichste für mich war aber das Diktat für den 14. Juli. An diesem Tag geht es das einzige Mal in dem Buch um Revolution. Ich schrieb diesen Tagesspruch wie jeden anderen nieder, ohne mir auch im Geringsten Gedanken darüber zu machen, für welchen Tag er sei und worüber ich schrieb.
Erst als das Buch fertig war und ich einer Gruppe den Spruch für den 14. Juli vorlas, bemerkte ein Seminarteilnehmer: „Das ist ja erstaunlich: Es geht im heutigen Spruch um Revolution und Evolution und heute ist der Jahrestag der Französischen Revolution!“
Alle Anwesenden staunten. Ich besonders, denn ich hatte das ganze Buch geschrieben und korrigiert und es war mir nie aufgefallen.

Genauso verblüffend fand ich den Text für den 9. August, in dem es um die Rücksichtslosigkeit einiger Ärzte, Wissenschaftler und mancher Industriezweige geht. Ich fand den Text recht hart. Meine Stimme wollte ihn aber so.
Bald darauf wurde der AIDS-Skandal aufgedeckt: Ahnungslosen Patienten waren mit AIDS infizierte Blutkonserven verabreicht worden, weil das gespendete Blut, um Kosten zu sparen, nicht ausreichend untersucht worden war.
Es verblüffte mich, wie ich hier einen Text niedergeschrieben hatte, dessen Tragweite ich während des Diktates noch gar nicht voraussehen konnte.

Und noch etwas Wunderbares wurde mir innerlich gesagt: Dieses Buch eignet sich sogar als Antwortbuch.
Dazu setzt man sich ruhig hin, das geschlossene Buch zwischen den Händen. Man formuliert eine klare Frage und schlägt das Buch auf. Die Seite, auf die der Blick als erstes fällt, enthält die Antwort, eine Erklärung oder den Hinweis auf die größeren Zusammenhänge. Das hat schon vielen Menschen geholfen.

Ich hoffe sehr, dieses Buch möge den Lesern so viel Wissen, Liebe, Stütze und Freude geben, wie ich sie bekam.
Diese erfüllen mich mit Glück und Dankbarkeit. Zwei Gefühle, die ich allen von Herzen wünsche.

9. September 2004 — Stephan von Stepski-Doliwa

Januar

Ich bin der Herr des Universums.
Ich schuf den Himmel und die Erde, das Wasser und das Feuer. Mit einem Wort.
Dieses Wort war der Ausdruck Meiner Liebe.

Meine Liebe ist allmächtig und allumfassend.
Jedes noch so kleine Wesen im Universum wird durch sie genährt.

Besonders durch diese Liebe bin Ich allgegenwärtig, denn sie kann niemanden vergessen.

Du vergisst dies immer wieder. Du leidest unter deinem Getrenntsein von Gott.

Aber Gott ist in dir, unter dir, über dir und um dich herum.

Gott ist ununterbrochen auf Tuchfühlung mit dir.

Achte auf Seine Berührung.
Achte auf Seine unendliche Liebe, und du wirst mehr und mehr verzaubert sein.

Seine Liebe wird deine Liebe werden.

Ein Fluss, ein Strom, ein Meer, ein Ozean von Liebe.

Du wirst die Mitte dieser Liebe sein. Du und alle anderen Seelen.

Erlebst du diese Göttliche Liebe, so gibt es nur dieses Zentrum.

Dieses Zentrum bist du, und du bist Gott.

Gestern hast du über den Akt Meiner Schöpfung gelesen. Dies ist eine gute Gelegenheit, über Zeit nachzudenken.

Vielleicht hast du dich gefragt, was zuerst kam: Der Himmel oder das Wasser, die Erde oder das Feuer.

Du musst sehen, dass es im Akt der Schöpfung keine Zeit gab.
Kein Früher oder Später. Kein Zuerst und Danach.

Es war alles gleichzeitig als Ausdruck eines einzigen Gedankens.

Mein Gedanke ist reiner Wille, dessen Verwirklichung unmittelbar ist.

Für Mich gibt es keine Zeit. Kein Jetzt und kein Später. Kein Hier und kein Da. Alles ist für Mich gleichzeitig, vollkommen, ewig.

Ihr dagegen denkt ständig über die Zeit nach. Und habt nie Zeit.
Habt ihr sie, schlagt ihr sie tot. Und ist sie tot, fehlt sie euch.

Sieh dein Leben als einmalige Chance, die so nie wieder kommen wird.
Nütze jeden Augenblick.

Sei, wann immer sich die Gelegenheit bietet, für andere da und diene ihnen.

Dann hast du alle Zeit für dich und spürst mehr und mehr den Hauch Meiner Ewigkeit und Allgegenwart.

Es beginnt ein neues Jahr. Was kannst du tun, um dieses Jahr positiv zu gestalten?
Schreibe deine Ziele auf und verwalte sie.

Warum solltest du deine Ziele *aufschreiben*? Aus dreierlei Gründen: Erstens überlegst du dir etwas viel genauer, wenn du es niederschreibst. Zweitens sagten bereits die Alten Römer: *Verba volant, scripta manent - die Worte fliegen, das Geschriebene bleibt.* Drittens hat das Geschriebene etwas Magisches.

Dieses Magische fällt dir besonders auf, wenn du in Länder fährst, wo eine völlig andere Schrift verwendet wird.
Hier wirst du immer erleben, dass du dich fragst, wie irgendjemand diese unbekannten „Hieroglyphen" entziffern kann.

Für die Chinesen zum Beispiel sind Schriftzeichen, die du überhaupt nicht verstehst, völlig normal. Dagegen wird ihnen die Lateinische Schrift, die in Europa verwendet wird, fremd erscheinen.

Was will Ich dir mit alledem sagen? Unterschätze die Macht des geschriebenen Wortes nicht. Nutze vielmehr seine große Kraft zu deinen Gunsten.

Schreibe deshalb deine Ziele für das Jahr, für den Monat, für die Woche – und am besten abends auch für den nächsten Tag – auf.

Strukturiere dein Leben. Übernimm Verantwortung. Lass nicht alles „laufen" und du wirst die Herrschaft über dein Leben erlangen.

Und damit Freiheit, Glück und Erfolg.

Gewaltlosigkeit ist der innerste Hauch des Lebens.
Gewaltlosigkeit ist der tiefste Ausdruck der Liebe, die die Essenz, der Kern allen Lebens ist.
Lebe in Gewaltlosigkeit, und du wirst merken, dass du Mir näher kommst.

Ebenso wichtig wie die Gewaltlosigkeit ist das Unterscheidungsvermögen..

Manchmal musst du Stärke zeigen, um gewaltlos sein zu können.

Heute gibt es im Westen viele Karate-Schulen, die diese Kampfsportart lehren. Fast alle verfehlen das Ziel und den Geist von Karate völlig.

In früheren Jahren, als die Tugend noch der Wegweiser und das Lebensziel der Menschen war, wurde in Japan Karate verwendet, um anderen zu helfen und um einen Kampf zu *vermeiden*.

Der Karate-Kämpfer sollte sich seiner Sache so sicher sein, dass sein Gegner auf einen Kampf verzichtete.

Liebe ist diejenige Kraft, die, gepaart mit Unterscheidungsvermögen, dir die Stärke gibt, deine Grenzen in Liebe, mit Kraft und mit dem rechten Maß so zu setzen, dass du gewaltlos leben kannst.

Übe dich in Liebe. Trainiere dein Unterscheidungsvermögen. Bitte Mich in schwierigen Situationen um Hilfe.

Und denke stets daran: Ich bin immer für dich da.

Eine wichtige Lektion, die du auf Erden lernen musst, ist es, *dich* zu lieben.

Die richtige Liebe dir selbst gegenüber ist entscheidend für deine Entwicklung auf allen Ebenen.

Viele Menschen haben heutzutage so große Schwierigkeiten, weil sie sich selbst nicht lieben.
Stattdessen plustern sie sich auf, versuchen sich durch Arroganz zu schützen oder mauern sich in Egoismus ein.

Die richtige Liebe dir selbst gegenüber besteht darin, dass du das Göttliche in dir erkennst und wertschätzt.

Kein Mensch kann sich lieben beziehungsweise wertschätzen, der das Göttliche in sich nicht zumindest gespürt hat.

Das Göttliche in *dir* vermittelt dir kraft seiner Vollkommenheit zugleich Liebe zu dir selbst und Bescheidenheit.
Es fegt ebenso Arroganz gegenüber anderen wie Nachlässigkeit dir selbst gegenüber weg.

Das Göttliche ist das rechte Maß, mit dem du dir und der Welt begegnen musst und das dein Leben wie eine Rose blühen und duften lässt.

Gott und der Mensch sind immer miteinander verbunden.
Diese Beziehung ist wechselseitig.
Der Tag der Heiligen Drei Könige macht dies deutlich.

Weise haben gebetet und Gott um Hilfe angefleht. Und der Herr ist erschienen. Sein Erscheinen wiederum hat die Weisen bis aus dem entfernten Morgenland angezogen.

Denke immer daran, dass Gott alle Gebete hört und erhört.
Nur nicht immer so, wie der Mensch sich dies vorstellt.

Glaube Mir, Ich erfülle jeden Wunsch.
Aber nur so, dass er nicht mit Meiner Liebe kollidiert.

Ich kann nur Wünsche erfüllen, die dem Bittenden in irgendeiner Weise dienlich sind.

Es ist Meine Liebe, die Mich die Diskrepanz zwischen der Sehnsucht eurer Herzen, die Ich spüre, und dem Plan eurer Entwicklung, den Ich kenne, überbrücken lässt.

Meine Liebe bedingt es, dass du immer wieder einen Weg aus noch so großen Nöten findest.

Miss den Schwierigkeiten die Bedeutung bei, die ihnen zusteht: Sie sind Stolpersteine auf dem Weg zu Mir, die dich lehren, immer sicherer zu gehen.

Der Komet über der Krippe, der die Weisen führte, ist das Symbol dafür, dass Ich dich zwar stolpern, niemals aber fallen lasse.

Mäßige deine Ungeduld, und du wirst merken, dass es genau so ist.

Es gibt keine unüberwindlichen Schwierigkeiten.

Es gibt nur falsche Einstellungen.

Dies siehst du daran, dass es für Mich keine Probleme gibt, die Ich nicht lösen könnte.

Ich bin Gott – und weiß es.
Du bist ebenfalls Gott, weißt es aber nicht. Dies macht den Unterschied aus.
Dies schafft deine Schwierigkeiten.

Nimm Kontakt zum Göttlichen auf. Widme Mir alles, was du tust.

Reiche es Mir mit folgenden Worten dar:

„Herr, ich reiche Dir diese Tätigkeit (Autofahren, Putzen, Lehren, Essen et cetera) dar.

Das Dargereichte bist Du, Herr, der Darreichende bist Du, Herr. Dargereicht von Dir, Herr, in das Heilige Feuer, das Du bist, Herr. Der allein erreicht Dich, Herr, der in allem mit Dir eins ist.

Ich bin das alles durchdringende Kosmische Bewusstsein, das in den Lebewesen erscheint und sich in deren Ein- und Ausatmen manifestiert. Amen.“

Vertraue dich Mir an.
Bitte Mich um Hilfe, und du wirst merken, dass sich alles fügt.

Alles, was du benötigst, sind *Vertrauen* und *Geduld*:
Vertrauen, dass Ich dir mit Sicherheit helfe.
Geduld, um auf den rechten Augenblick zu warten, den alles auf Erden benötigt, damit es sich reibungslos fügen kann.

Die Ehe ist eine Heilige Institution, die euch lehren soll, euer Herz zu öffnen, Liebe zu entwickeln und Opferbereitschaft zu üben.

Die Vorstellung, die heute in vielen Ländern herrscht, man benötige mehrere Partner, um seine Erfahrungen zu machen, ist sehr falsch.

Menschen sind keine Versuchsobjekte – Tiere sollten es im Übrigen auch nicht sein.

Was heute gelehrt und gelernt wird, ist *nicht*, wie man sich in eine Ehe einlässt, sondern wie man sie vermeidet.

Viele Menschen haben in dem jetzigen Zeitalter unzählige Beziehungen, und was kommt dabei heraus? Gescheiterte Ehen!

Um eine gute Ehe zu führen, benötigst du jedoch nicht viele Partner, sondern tragfähige Wertvorstellungen, die darin bestehen, dass du dein Augenmerk von dir auf den anderen richtest und dich fragst: Was benötigt der andere? Was macht ihn glücklich? Was kann ich tun, um ihn zu verstehen?

Der desolate Zustand eurer Beziehungen ist nicht Ausdruck dafür, dass die Ehe „tot“ ist, wie manche behaupten, sondern vielmehr dafür, dass ihr derart in euer Ego verstrickt seid, dass kein anderer in eurem Herzen mehr Platz hat.

Ihr ernährt euch in den meisten Fällen völlig falsch.
Einerseits messt ihr der Ernährung eine viel zu große Bedeutung bei. Andererseits schätzt ihr sie bei weitem zu gering ein.

Ihr liebt gutes und reichliches Essen.
Die meisten Krankheiten, die bei euch so sehr überhand nehmen, haben ihre Ursache in eurer falschen Ernährung und rühren besonders daher, dass ihr viel zu viel esst.
Außerdem auch noch das Falsche.

Halte dich so weit wie möglich von Fisch und Fleisch entfernt.
Sei mäßig in deinem Essen.
Iss langsam und reiche vor Beginn des Essens die Speise Gott dar (7.1.). Er wird sie dir segnen, wodurch sie ein Vielfaches ihrer Kraft erlangt.

Anstatt an ein reichliches und reichhaltiges Mahl zu denken, führe dir vielmehr vor Augen, *was* du durch deine Speise an Energien bekommst.

Ihr macht euch heute viele Gedanken über Gifte und Schwermetalle.
Natürlich sind sie ein Problem, dokumentieren sie doch, welch einen Raubbau der Mensch an der Natur betreibt.

Noch wichtiger als diese Gifte sind aber die Energien, die du über deine Nahrung von anderen erhältst.

Die Gefühle deines Gemüsehändlers, deines Bäckers oder des Kochs in einem Restaurant fließen über das Essen gleichsam in dich ein.

Um diese Dinge solltest du dich bei der Zubereitung oder dem Verzehr deines Mahls kümmern.

Ihr könnt heute in den meisten Fällen weder euer Gemüse selber anpflanzen noch für euch selbst kochen – besonders wenn ihr in irgendwelchen Kantinen essen müsst.
Reiche mir daher dein Essen dar (7.1.1) und Ich werde es segnen und die negativen Energien auf mich nehmen. Und du wirst ein wunderbares Mahl genießen können.

Der Körper ist ein hohes Gut.
Du sollst ihn hegen und pflegen.
Sieh ihn als ein Wunder an, das Ich schuf, damit du deine Erfahrungen machen kannst.

Ein weiteres Wunder besteht darin, dass jeder exakt den Körper hat, der seinem Karma, seinem Schicksal, entspricht.

Kein Mensch hat einen Körper, der nicht zu ihm passt.

Wie alles auf Erden hat auch der Körper seine zwei Seiten: eine positive und eine negative.
Letztere besteht darin, dass der Körper die Eigenschaft hat, dich an die Welt zu binden.

Zusammen mit dem Denken kann er unzählige Wünsche erzeugen, die dir schließlich viele Probleme schaffen.

Der rechte Umgang mit dem Körper besteht deshalb darin, ihn zwar als ein wunderbares Werkzeug anzusehen, dich aber nicht an ihn und über ihn an die Welt zu binden.

Denke immer daran, dass dein Körper seine Zeit hat und vergehen wird.

Betrachte diesen Gedanken nicht mit Angst oder gar Bitterkeit, sondern bereite dich jetzt schon auf das Licht vor, das dich nach dem Verlassen deines Körpers empfangen wird.

Geld ist notwendig in dieser Welt.
Du solltest Geld als wichtige Energie schätzen, die dich vieles lehrt. Geld lehrt Arme wie Reiche gleichermaßen.

Gehe deshalb achtsam mit Geld um. Der größte Fehler, den Menschen in diesem Zeitalter begehen, ist, dass sie *falsch* mit Geld umgehen. Entweder sie achten es nicht, oder sie achten es zu sehr. Entweder sie sehen in ihm den Teufel oder Gott.
Beide Haltungen sind falsch, weil extrem. Du solltest das Geld weder verteufeln noch darin das „goldene Kalb“ sehen.

Binde dich nicht ans Geld, sieh es nicht als Lebenszweck. Verachte es aber auch nicht. Geld hat ein erstaunliches Eigenleben. So, wie du ihm begegnest, verhält es sich auch zu dir.
Lehnst du es ab, kommt es entweder nicht zu dir oder es bleibt nicht. Du wirst deshalb immer Probleme mit Geld haben.
Vergötterst du es hingegen, kann es dich um Kopf und Kragen bringen. Du wärst wahrlich nicht der Erste, der alles verlor, weil er das Geld überbewertete.

Was ist deshalb das Wichtigste, was du im Umgang mit Geld haben solltest? Die Antwort ist: tragfähige Ideale und Visionen. Hast du diese nicht, wird das Geld dir mit Sicherheit kein Glück, sondern ein mehr oder weniger großes Unglück bringen.

Ideale und Visionen weisen dem Geld den Platz zu, der ihm zusteht: Es kommt nach Gott, es kommt nach deinem Partner und deinen Kindern, und es kommt nach deinem Nächsten.

Deshalb solltest du das Geld nutzen, um anderen zu helfen.
Dies ist das Beste, was du mit Geld tun kannst: *anderen eine Freude bereiten.*

Natürlich solltest du dir auch selbst Freude bereiten können.
Ich halte nichts von asketischen Misanthropen, die so tun, als seien sie nur für andere da, die aber verbittert und griesgrämig durchs Leben gehen.

Handhabst du das Geld so, wird es ein Segen für dich sein, weil dir Entscheidendes wichtiger als Geld ist.

Lebe immer in Rechtschaffenheit, das heißt gemäß den Göttlichen Gesetzen.
Nur wenn du rechtschaffen lebst, kannst du in Wahrheit leben.

Führst du nämlich kein rechtschaffenes Leben, wirst du früher oder später dazu verleitet sein zu lügen.

Die Wahrheit ist aber der beste Schutz.
Es gibt keinen besseren Schutz als Rechtschaffenheit und Wahrheit.

Du wirst hier einwenden, dass es in manchen Fällen sehr nachteilig sein kann, die Wahrheit zu sagen.

Sokrates verlor sein Leben, weil er die Wahrheit sagte, ebenso die Geschwister Scholl.

Viele haben Hab und Gut verloren, weil sie die Wahrheit sagten, wie zum Beispiel der Vater von Ramakrishna Paramahamsa.

Aber um all das geht es nicht.

Denke immer daran, dass der Sinn deines Verweilens auf Erden darin besteht, Gott zu verwirklichen.
Einen anderen Sinn hat die Welt nicht.

Was haben Sokrates, die Geschwister Scholl oder der Vater von Ramakrishna verloren? Sehr, sehr wenig.

Bekommen haben sie aber Meine Gnade, und diese ist unendlich viel.

Wieso sorgst du dich?
Du brauchst dich nicht zu sorgen – Ich sorge doch für dich.

Natürlich gibt es Schwierigkeiten.
Wie langweilig wäre das Leben ohne Probleme, an denen du wachsen kannst!

Meine Lieben, sorgt euch deshalb nicht, sondern seht vielmehr alle Schwierigkeiten als Möglichkeiten an, die Ich euch zum Lernen schicke.

Aber nicht nur dazu sind Schwierigkeiten da – und dies musst du stets vor Augen haben: Es gibt Probleme, die zu dir kommen, um dir zu helfen oder dich gar zu retten.

Nimm als Beispiel die Geschichte eines Mannes, der mit seinem Wagen zum Flughafen fuhr und dabei eine Reifenpanne hatte. Er ärgerte sich fürchterlich und schimpfte auf Mich, da er mit dem Flugzeug einen sehr wichtigen Termin verpassen würde.

Er kam schließlich am Flughafen an, und seine Maschine war weg.

Er war völlig niedergeschlagen und haderte mit sich und mit Gott.

Dann erfuhr er mit Entsetzen, dass sein Flugzeug abgestürzt war.

Nun dankte er dem Herrn, dass er diesen Flug verpasst hatte.

Er erlebte die Gnade, gerettet zu werden und es auch noch zu erfahren.

Ich helfe dir und rette dich so häufig, dass du Mir wirklich vertrauen kannst, wenn Ich dir sage, dass Ich dich in den Mantel Meiner Fürsorge eingebettet habe.

Ihr haltet unzählige Tiere in Käfigen, zum Teil auf winzigstem Raum zusammengepfercht.

Wie kommt ihr dazu, dies zu tun?
Glaubt ihr, die Tiere hätten kein Empfinden? Glaubt ihr, sie würden nicht leiden?

Dies würde bedeuten, ihnen die seelische Lebendigkeit gänzlich abzusprechen.

Tiere sind jedoch vom Körper her dieselben Lebewesen wie der Mensch.
Sie lieben, sie fühlen, sie leiden, sie haben soziale Bindungen wie ihr.
Und sie verständigen sich mit ihrer jeweiligen Sprache untereinander.

Wie kannst du dies nicht wahrnehmen, wenn du einem Tier in die Augen siehst?
Wieso erkennst du Mich nicht in ihm?

Du möchtest, dass Ich für dich sorge, was Ich gerne tue.

Möchtest du nicht deinerseits auch ein wenig für die Tiere sorgen?

Selbstverständlich ist es Mein Ziel, dass ihr eines Tages die Tiere mit dem gleichen Respekt behandelt wie die Menschen.

So viel erwarte Ich im Moment aber gar nicht von dir.
Ich wünsche Mir nur eines: Frage dich bei jedem Tier, das du in einem Käfig, einem Stall oder einer Wohnung siehst, ob es ihm gut geht.

Geht es ihm gut, dann freue dich mit ihm.
Geht es ihm aber schlecht, so bitte für es und schicke ihm ein paar Mal Licht, vielleicht zwei, drei Tage lang.

Lass diese Sätze in dein Herz fließen, denn das macht Mich bereits froh.

Die beste Methode, dein Herz zu öffnen, ist, den Namen des Herrn zu wiederholen (27.2.) und Ihm Lobeslieder zu singen.

Seinen Namen solltest du immer auf den Lippen haben.
Er erfüllt dich mit Glück und gibt dir auf Dauer einen zarten, süßen Geschmack auf der Zunge.

Singen solltest du auch, so oft du kannst.
Wenn viele Menschen auf der ganzen Welt Lobeslieder singen, bildet sich eine immense Kraft, die die gesamte Erdatmosphäre reinigen hilft.

Das Singen muss nicht perfekt sein. Du musst keine großen Gaben als Sänger haben. Du musst es nur von Herzen tun.
Perfektionismus ist häufig deshalb ein Hindernis, weil er mehr mit deinem Ego als mit deiner Liebe verbunden ist.

Störst du niemanden, so kannst du singen, wie es aus deinem Herzen kommt.
Der Herr, der in deinem Herzen wohnt, weiß genau, wie du es meinst, magst du noch so unmelodisch singen.
Ihm ist das ausgedrückte Gefühl wichtig, nicht der vollendete Gesang.

Wobei Ich nicht verschweigen will, dass Mich ein schön gesungenes Lied, das aus tiefstem Herzen kommt, besonders freut.

Es gibt nichts Unvollkommenes. Alles ist vollkommen. Selbst das offensichtlich Falsche, das dich ärgert, ist *an sich* vollkommen.

Denn es lehrt dich etwas. Das ist das Vollkommene des Unvollkommenen: Es ist für dich da, damit du etwas lernen kannst.

Das Vollkommene des Unvollkommenen besteht darin, dass Ich es schuf, um dich etwas zu lehren.

Hinter allem Unvollkommenen kannst du immer Mich erblicken, sofern du nur ein wenig deine Blickrichtung änderst.

Ärgere dich nicht über Unvollkommenes, über Misslungenes, sondern denke immer, dass Ich es extra für dich schuf, damit du lernen kannst.

Die ganze Welt, dein ganzes Sein auf Erden ist nur dazu da, damit du die Lektionen lernen kannst, die du lernen musst.

Einen anderen Zweck hat die Welt nicht.

Dies ist das Vollkommene des Unvollkommenen: Es lehrt dich, dass es in der Außenwelt nichts Vollkommenes gibt.

Alles Vollkommene in der Erscheinungswelt ist nur ein schwaches Abbild der Vollkommenheit, die du in dir birgst.

Sieh deine Vollkommenheit. Liebe sie.
Und die Außenwelt wird ebenfalls vollkommen sein.

Die heutige Zeit ist mit Sexualität getränkt. Euer ganzes Leben und Lebensziel ist auf Sexualität ausgerichtet.

Deswegen missversteht ihr Mich, wenn Ich euch sage, ihr solltet mit eurer Sexualität vorsichtiger umgehen.

Ihr glaubt, Ich wolle euch ein hohes Gut wegnehmen. Ihr meint, Ich verstünde nicht, wie wichtig Sexualität für euch sei.

Glaube Mir, Ich verstehe dich besser, als du je erfassen kannst, denn Ich kenne die Konsequenzen.

Bedenke, dass alles im Leben ohne Ausnahme seinen Preis hat.
Der Preis der Sexualität besteht darin, dass sie dich sowohl an deinen als auch an den Körper eines anderen bindet.
Dies ist einerseits etwas Schönes, auf der anderen Seite beinhaltet es auch ein Problem.

Schön ist es deshalb, weil der Körper ein Wunder darstellt und weil es gut ist, wenn du dich daran freust.

Das Problem ergibt sich daraus, dass einerseits der Körper altert und andererseits die sexuelle Begierde unstillbar ist.
Je mehr du deine Sexualität lebst, desto mehr dürstet es dich danach.

Weswegen, glaubst du, sind eure Beziehungen so instabil?
Weil sie auf Sexualität und Leidenschaft gegründet sind und sexuelle Begierde stets nach Neuem strebt.

Damit schaffst du dir aber viele Abhängigkeiten, die dich binden und zur Folge haben, dass du wiedergeboren wirst, um diese Probleme zu lösen.

Lebe deshalb deine Sexualität zu ihrer Zeit, verbunden mit Liebe und Ethik.
Dann kann Ich dich von Glück zu noch mehr Glück führen.
Und die Konsequenzen deiner Taten werden dich segnen.

Wer an den Zufall glaubt, glaubt nicht an Gott.
Wer nicht an Gott glaubt, kann nirgendwo Meine liebevolle Vorsehung erkennen.

Siehst du nicht, dass Ich alles schaffe, bewirke, erhalte?
Kannst du nicht spüren, wie die Süße Meiner Liebe in deinem Herzen fließt?

Schmecke diesen Göttlichen Nektar und erfreue dich daran. Er ist wirklich zu spüren.

Und sehen kannst du ihn in der ganzen Welt, in ihrer Schönheit, Vielfalt und Perfektion.

Hast du Schwierigkeiten, den Zufall zu durchschauen? Dann überlege dir einmal, wie Paare zusammenkommen, wie Menschen ihren Arbeitsplatz finden oder wie sich Freunde fürs Leben finden.

Du tust dich schwer, Meine Unermesslichkeit zu verstehen? Mach es dir doch einfach: Gib das sinnlose Unterfangen auf, Mich verstehen zu wollen.

Suche und finde Mich in deinem Herzen. Dann wirst du die unendlich feinen Fäden *empfinden* können, die Ich knüpfe, um dein Glück zu sichern.

Deshalb lasse Ich keinen Zufall zu. Der Zufall ist unberechenbar.

Meine Handlungen zur Sicherung deines Glücks folgen dagegen mathematischer Genauigkeit.

Sünde ist für euch ein Reizwort, weil ihr eine falsche Vorstellung davon habt.

Ihr vermutet dahinter den bösen Rachegott, der euch straft, wenn ihr nicht artig seid.

Glaube Mir, genau das Gegenteil ist der Fall. Ich strafe niemanden.
Ihr seid es, die ihr euch selbst straft.

Es heißt: „gesündigt in Gedanken, Worten und Werken". Was bedeutet das? Es besagt, dass du in einer Weise gedacht, gesprochen und gehandelt hast, die dir *und* anderen schaden kann oder tatsächlich schadet.

Sünde ist eine Handlung, die dies stets beinhaltet: *Schaden für dich und andere.*

Gibst du jemandem eine Ohrfeige, ist die Wahrscheinlichkeit groß, dass du eine zurückbekommst.
Gott tut hier gar nichts. Vielmehr rufst du durch deine Handlungsweise eine zwangsläufige Reaktion hervor, die dich im wahrsten Sinne des Wortes trifft.

Falsches geistiges Verhalten, zum Beispiel schlecht über jemanden zu denken, führt schnell zu bösen Worten, die dich wiederum leicht zu einer falschen Handlung wie einer Ohrfeige verleiten können.

Die Sünde besteht deshalb bereits im Denken.

Stoße dich also nicht an dem Wort Sünde, sondern lerne daraus, dass ihr alle miteinander verbunden seid und deshalb eine kleine Ursache eine große Wirkung haben kann.
Halte dich fern vom Irrglauben, es gäbe einen bösen Gott.
Halte dich vielmehr an die Wahrheit, dass Ich euch alle in Liebe verbinde und beschütze.

Deshalb ist Karma der Spiegel meiner Gerechtigkeit, in den du schaust.

Ich bin immer bei dir.

Ich bin die Luft, die du atmest, das Brot, das du isst, das Wasser, das du trinkst.

Ich bin das Bett, in dem du schläfst, die Decke, mit der du dich wärmst, das Kissen, auf dem du ruhst.

Ich bin das Licht, das dir leuchtet, die Kerze, die brennt, die Glühlampe, die glimmt, das Streichholz mit seinem Flackern.

Ich bin die Elektrizität, die die schwächste Birne ebenso wie die größte Maschine zum Wirken bringt.

Ich bin die Erde, auf der du gehst, das Wasser, das die Kontinente trennt, der Himmel, der dich bedeckt.

Ich bin die Sterne, Ich bin ihr Glitzern, und Ich bin deine Augen, die all dies sehen. Ich bin die Bewunderung, mit der du das Firmament betrachtest.

Ich bin jedes Gefühl, jeder Gedanke. Ich bin jeder Wert.

Ich bin der Herr, dein Gott, der all dies schuf.

Ich erwarte von dir nur dies eine: Sieh, dass all dies Ich bin.
Dass Ich immer bei dir bin. Dass es nichts geben kann, das dich von Mir trennen könnte.

Du bist mit Glückseligkeit gesegnet, denn wir sind eins.

Alles, was du brauchst, ist Glaube und Vertrauen – dann fügt sich alles.

Glaube, dass Ich immer bei dir bin und dein Leben segne.
Glaube, dass nichts geschieht, das nicht zu deinem Besten wäre.

Mein Bestreben ist deine Entwicklung. Mein Trachten ist dein Glück.
Alles andere ist nur Beiwerk und Schein auf deinem Weg.

Was stellt das größte Hindernis für deinen Glauben und dein Vertrauen dar?
Deine Ungeduld.

Deine Ungeduld ist die Geißel deines Lebens. Ihretwegen verfängst du dich derart in den vielfältigen Maschen der buntgescheckten Außenwelt und der Illusion.

Deine Ungeduld ist zudem der Hauptgrund für deine Sorgen und Probleme.

Und woraus wächst deine Ungeduld?
Aus mangelndem Glauben und Vertrauen!

So schließt sich der Kreis.

Alles hat seine Zeit. Bitte darum, die rechte Zeit für jede Handlung zu finden, und vertraue darauf, dass Ich dir helfen werde.

Denn Ich bin die Zeit, Ich bin deine Handlung. Ich bin du, und du bist Ich.

Handelst du aus diesem Wissen heraus, wirst du rechtschaffen handeln und damit Erfolg haben.

Und was bedeutet das Wissen um diese Wahrheit?

Dieses Wissen ist das beste Mittel gegen Ungeduld, mangelnden Glauben und unstetes Vertrauen.

Die größten Feinde von dauerhaftem Erfolg.

Viele fragen sich, ob es überhaupt einen Gott gibt.
Sie fahren sogar weit in den Weltraum hinaus, und was stellen sie fest? *God is nowhere*. Dabei werden diese Worte doch ganz anders geschrieben. Es heißt nicht: *God is nowhere* (Gott ist nirgendwo), sondern: *God is now here* (Gott ist nun da), denn das Goldene Zeitalter kommt!

Dies ist typisch für Menschen, die unbedingt etwas *nicht* sehen wollen: Sie verfälschen die Wirklichkeit so lange, bis sie zu ihrer Theorie passt.

Wozu fährt jemand ins Weltall hinaus, um festzustellen, dass Gott nicht da ist? Wäre er doch zu Hause geblieben und hätte ein einziges Mal *bewusst* aus dem Fenster gesehen!
Glaubst du, der Vogelflug sei kein Wunder? Oder das Wachsen eines Baumes? Nimm die kleine Eichel. Welch ein gewaltiger Baum daraus werden kann! Die riesige Eiche steckt bereits in der Eichel als Meine Liebe und Mein Wille.

„Die Welt soll ein Wunder sein? Wie denn das?" fragt der Ungläubige voller Zweifel.
Meine Frage ist entgegengesetzt: Wie stellst du es an, dass du die Wunder *nicht* sehen kannst? Wie kannst du ein Raumschiff besteigen, ohne dich zu fragen, ob es Mein Wille ist, dass du auf die Erde zurückkehrst?
Hier offenbart sich ein weiteres Wunder: Dass du dich all dies *nicht* fragst und doch so lange erfolgreich sein kannst!

Weißt du, wieso dies möglich ist?
Weil du in früheren Leben genau das Gegenteil vertreten und gelebt hast.
Gott war damals dein Leben, Gott war dein Ziel.
Wegen dieser Verbindung zu Mir aus früheren Leben kannst du heute mit mehr oder minder großem Erfolg deinen Atheismus leben.

Dies ist das Wunder, an das du heute nicht mehr glaubst: Du hast deine früheren Leben, du hast Gott vergessen.

Ich vergesse dich nie. Niemals.

Wenn du dies verstehst, begreifst du auch, wie die riesige Eiche in die kleine Eichel passt.

Emanzipation ist im Westen in aller Munde.

Besonders Frauen emanzipieren sich. Aber auch Betriebe, Gruppen, sogar Städte.
Alles emanzipiert sich.
Die entscheidende Frage bei jeder Form von Emanzipation ist: *von wo – und wohin?*
Für den Menschen gibt es nur eine Art der Emanzipation, die von entscheidender Bedeutung ist: der Weg vom Menschen zu Gott.
Alles andere ist nebensächlich, mehr oder minder vernachlässigbar.

Wird aber heute die Göttlichkeit der Frauen gesehen? Und dies weltweit? Wird die Frau als die große, unverzichtbare Stütze der Gesellschaft und damit der Welt erkannt? Oder wird sie hinter den drei berühmten Ks versteckt, Küche, Kinder und Kirche?
Natürlich sind die Frauen wichtig für die Kinder, die Familie und den Glauben. Sie sollten ihre Tätigkeit aber nicht darauf beschränken müssen.
Das Goldene Zeitalter wird weder entstehen noch von Dauer sein, wenn die Frauen nicht in ihrem großen Wert gesehen werden und auch entsprechende Aufgaben in der Gesellschaft erhalten.

Werden Frauen ins Haus verbannt, werden die Gesellschaften nicht aufblühen und das Glück wird entweder nicht entstehen oder bald vergehen.
Die Emanzipation der Frau bedeutet, dass die Frauen ihre Werte, ihre Fähigkeiten und ihre Würde leben und nicht dem Mann nacheifern – und sich dabei verlieren.
Wie Ich bereits sagte, besteht die entscheidende Emanzipation in der Wandlung vom Menschen zu Gott. *Sie drückt sich in Liebe, Wahrhaftigkeit, Rechtschaffenheit, innerem Frieden und Gewaltlosigkeit aus.*
Viele Menschen im Westen und Osten halten sich für emanzipiert.
In Wahrheit sind sie es überhaupt nicht, sondern nur ver-führt.
Öffne deine Augen und bemerke endlich, wie sehr du in die Irre geführt wirst.
Prüfe alles und jeden an den erwähnten fünf Kardinaltugenden, denn sie sind der Maßstab, an dem du jeden und alles messen kannst.

Sie sind der Garant für deine wahre Emanzipation, nämlich hin zu deinem Selbst, das Gott ist.

Es ist Zeit, dass der Mann erwacht.

Der Mann im Westen schläft bereits seit einigen Jahrhunderten.
Er verstrickt sich auf vielen Ebenen in Kriege und Machtkämpfe. Damit fügt er der Gesellschaft großen Schaden zu.

Der Mann muss Visionen und tragfähige Werte haben, die ihn leiten.
Er muss Gott verpflichtet sein, damit sein Leben einen Sinn bekommt.

Er muss lernen, für *Ideale* und nicht aus Freude an der Macht zu kämpfen.
Und er muss wieder der Partner seiner Frau sein.

Die heutigen Männer sind vielfach weder für ihre Frau noch für ihre Kinder noch *für sich selber* da. Sie leben ihre tierischen Instinkte und freuen sich am Wechsel.

Dies ist der Grund für all ihr Leiden und Kämpfen.

Der Mann muss deshalb zuallererst eines lernen: Für ihn, der den Wechsel so sehr liebt, gibt es vornehmlich *einen* Wechsel, auf den es ankommt: Von der Verstrickung mit der Welt und dem Körper zur Verbindung mit der Seele und Gott.

Nur wenn der Mann den Weg zu Gott einschlägt, wird das Leiden der Gesellschaft, das sich in Herzlosigkeit, Egoismus, Kriminalität und ähnlich Schrecklichem ausdrückt, ein Ende haben.

Jeder Mann muss sich für das Elend der Gesellschaft, in der er lebt, verantwortlich fühlen.

Keiner darf auf andere verweisen. Jeder ist schuldig, der sich nicht aktiv einsetzt.

Und weißt du was? Dienst am Nächsten ist die beste Art, keine Zeit zu verlieren.

Du suchst immer wieder nach Schutz.
Du kümmerst dich um eine sichere Wohngegend, um ein dickes Schloss an deiner Tür, möglicherweise sogar um eine Alarmanlage.

Ich sage dir, dies sind alles untaugliche Mittel, um die Sicherheit zu finden, die du suchst. (Wobei du dies nicht so verstehen darfst, dass du leichtfertig mit deinem Hab und Gut umgehen solltest. Ganz im Gegenteil!)

Ich möchte dich nur darauf hinweisen, dass materielle Schutzvorkehrungen niemals Meine Liebe, sprich Meinen Schutz, ersetzen können.

Kein Schloss ist so sicher, keine Wand so stark, keine Tür so stabil wie Meine Fürsorge, Meine Liebe und Meine Gnade.

Und wie bekommst du sie?

Der sicherste Weg ist deine Liebe. Je größer die Liebe ist, mit der du deinem Nächsten begegnest, desto größer ist die Liebe, mit der Ich dich umhülle und schütze.

Ein anderer Weg geht über Wahrheit und Rechtschaffenheit.
Sie stellen nach der Liebe den sichersten Schutz für dich dar.

Wahrheit und Rechtschaffenheit sind eine uneinnehmbare Festung.

Sollten trotzdem einmal „Feinde“ in diese Festung eindringen, bleibe bei der Wahrheit und Rechtschaffenheit, und deine Feinde werden gehen müssen.

Du fragst, warum? Weil deine Standhaftigkeit Meine Liebe anzieht.

Sie wäscht alles Negative weg und umschließt dich mit einem Mantel Göttlicher Geborgenheit.

Es gibt keine unlösbaren Situationen.

Beschränke dein Denken *niemals* auf ein Leben. Es gibt nicht nur ein einziges Leben.
Du hast bereits so viele Leben durchwandert, dass du es wissen müsstest.

Du vergisst aber die einzelnen Leben. Dies ist notwendig, damit dich die Erinnerungen nicht belasten oder gar überlasten.

Glaube immer fest daran, dass Meine ewige Gerechtigkeit alles ausgleicht. Keiner wird benachteiligt, keiner bevorzugt.

Es gibt keine Ungerechtigkeit auf der Welt – im gesamten Universum nicht.
Beherzige stets den Satz: *Je unwissender jemand ist, desto schneller und absoluter urteilt er.*

Glaube nicht blind dem Augenschein, denn er kann dich gründlich in die Irre führen.

Glaube vielmehr: Es gibt für Mich keine unlösbaren Probleme.

Weißt du weder ein noch aus, so bete. Bete von ganzem Herzen, und Ich werde dir helfen.
Heute genauso wie in den vielen anderen Leben auch.

Süchte sind sehr verbreitet. Dies passt zum heutigen Zeitalter, denn es ist neben vielem anderen auch durch Süchte gekennzeichnet.

Süchte zeigen immer den drohenden Verfall eines Menschen an.

Süchte beginnen immer ganz klein und enden groß und schrecklich: Erst gehört die Flasche dir, dann du der Flasche, und schließlich bist du eine Flasche.

Erst rauchst du eine Zigarette, dann zehn, zwanzig und so weiter.

Erst siehst du eine Viertelstunde Nachrichten, dann ein, zwei, drei Filme, und schließlich kommst du von morgens bis abends nicht vom Fernseher weg.

Erst nimmst du eine Tablette, dann fünf, dann zehn und so fort.

Süchte bringen, im Ganzen gesehen, überhaupt keine Freude. Sie haben nämlich alle eines gemeinsam: Sie betäuben mehr oder weniger und schwächen den Körper und den Geist.

Der Mensch betäubt sich, weil er die Welt – häufig ist es die, die er sich selbst gewünscht und geschaffen hat! – nicht aushält.

Dabei bist du auf Erden, um *bewusst* und *wach* zu werden.
Dich zu betäuben ist *genau das Gegenteil* davon.

Kannst du nicht ohne dein Suchtmittel sein, suche fachmännische Hilfe auf. Tust du dies nicht, - was ich dir aber sehr rate -, dann kümmere dich wenigstens um deine Beziehung zu Gott. Wiederhole den Namen des Herrn (27.2.), bitte Ihn um Hilfe.

Sein Segen kann bewirken, dass du Ihn als Suchtmittel ansehen kannst.

Und glaube Mir, Er ist von allen Süchten die bei weitem segensreichste und glücklichste.

Ich bin die Zeit. Ich bin die Grundlage von allem. Die Zeit fließt durch Mich hindurch.

Ich schuf die Zeit, bleibe von ihr aber unberührt.

Die Zeit ist in Mir. Ich bin aber jenseits der Zeit. Die Zeit kann ohne Mich nicht existieren. Ich aber ohne die Zeit.

Mein Verhältnis zur Zeit ist genau entgegengesetzt zu dem deinigen zu ihr: Ich bestimme alles, was in der Zeit geschieht.
Für dich dagegen ist die Zeit die alles bestimmende Größe.

Die Zeit bestimmt die Außenwelt. Man könnte sie deshalb eine Illusion nennen, weil sie einer ständigen Veränderung unterworfen ist – denke nur an das berühmte Heraklitische *panta rei – alles fließt.*

Diese Haltung der Zeit gegenüber kann aber gefährlich sein.
Sie kann nämlich zu Trägheit und Zeitverschwendung führen.

Dein Leben besteht aus Zeit. Zwischen Geburt und Tod entwickelt sich dein Schicksal.
Nütze diese Zeitspanne, die dir zugemessen wurde, denn sie ist absolut real!

Vergeude keinen Augenblick, verschwende keine Sekunde. Denke immer daran: Kein Moment deines Lebens kommt je zurück. Einmal vergangen, ist er unwiederbringlich verloren.

Genauso verhält es sich mit deinem Leben. Vergeudest du es, so ist es verloren und wird niemals in der gleichen Weise wiederkommen.

Nütze dein Leben. Sei tätig. Sei glücklich. Hilf anderen.
Dies ist der Pfad, auf dem Zeit und Ewigkeit zusammenkommen.

Eine der Aufgaben Gottes ist es, Gebete zu hören und zu *erhören.* Daran kannst du die Macht des Gebetes erkennen.

Tust du deine Pflicht und betest, so erfülle Ich Meine und antworte darauf.

Dies stellt eine fest gefügte Kette dar, die nichts und niemand auflösen kann.

Ich habe deutlich in der Bibel gesagt, dass Ich Gott-Vater bin. Deshalb ist im Hebräischen Vater eine Bezeichnung für Gott.

Ich bin dein Vater. Ich bin deine Mutter. Ich bin dein Bruder und deine Schwester. Ich bin dein Anfang, dein Leben, dein Ziel.

Hat dich deine Mutter erkannt, als sie dich gebar?
Hat dein Vater dich erkannt, als er dich in den Armen hielt?

Und dein Partner? Sagte er zu dir: „Da bist du wieder!", als er dir in diesem Leben wieder begegnete?

Nein.

Ich dagegen bin in all deinen Leben an deiner Seite gewesen.

Ich bin die Mutter, Ich bin der Vater, Ich bin der Partner, Ich bin der Freund.
Ich bin Derjenige, Der niemals von deiner Seite weicht.

Ich bin der Ewige, der immer für dich da ist.
Der dich niemals enttäuscht, sondern dir die Täuschung nimmt.

Und welche ist *deine* Aufgabe bei alledem?

Dass du diese Wahrheiten glaubst und dass du sie mehr und mehr leben kannst.

Ein Mensch, ein Gebet, ein Gott, eine Liebe.

Ihr verehrt heute den Körper als Gott. Das ist eine Verkehrung der Realität, die euch in die Sackgasse geführt hat, in der ihr euch befindet.

Der Körper ist nicht Gott, sondern der Tempel Gottes.

Du sollst nicht den Stein verehren, in den Gottes Antlitz gehauen wurde.
Du sollst vielmehr Gott *hinter* dem Stein verehren, denn auf Ihn weist das gehauene Bild hin.

Der Körper ist eine hoch differenzierte Maschine. Er ist ein Wunder-Werk.

Weil ihr in eurem Bewusstsein nicht auf das Entscheidende ausgerichtet seid, müsst ihr lernen, wer Gott ist, wer ihr seid und welche Bedeutung eurem Körper zukommt.

Sieh den Körper als das fleischgewordene Wort Gottes an.
Sieh ihn als den Tempel Gottes, den du hegen und pflegen musst, damit er Gottes würdig ist.

Verwechsle den Tempel aber nicht mit seinem Besucher, der Seele.

Siehst du, so unhöflich bist du, wenn du den Körper mit Gott beziehungsweise mit der Seele gleichsetzt. Einmal verwechselst du das Haus mit dem Eigentümer, ein andermal mit dem Mieter.

So ist es kein Wunder, wenn du eintrittst und, anstatt den Eigentümer zu finden, nur gegen eine Wand läufst.

Heute ist der letzte Tag des Januars – eines starken Monats.
Die Wintermonate sind alle stark. Dezember, Januar, Februar, März.

Ihr habt zuweilen große Schwierigkeiten mit der Welt, weil ihr häufig die Sachverhalte ganz anders seht, als sie wirklich sind.

Ihr liebt den Sommer und flieht den Winter, ebenso wie ihr den Zucker liebt und die Meditation flieht.
Dabei stärkt euch diese und kostet euch jener Kraft.

Die Sonne wird in Indien zu Recht als Gott verehrt.
Die Sonne ist *das* Symbol für Dienen und *für Handeln, ohne auf die Früchte des eigenen Tuns zu sehen.*

Die Sonne gibt, gibt, gibt. Sie erwartet keinen Dank. Keine Gegenleistung. Kein „Gegengeschenk". Die Sonne gibt, denn Geben ist ihr wahres Sein.

Wer dagegen zu viel beschenkt wird, wird träge.

Die Völker, die von der Sonne verwöhnt werden, sind häufig träge.
Sie fliehen die Arbeit, sie fliehen die Verantwortung, sie fliehen den Kampf um Wahrheit und Entwicklung.

Wer träge ist, aber trotzdem weiterkommen will, gelangt früher oder später zur entscheidenden Gabelung: entweder arbeiten zu müssen oder den Verlust von Wahrheit und Rechtschaffenheit zu riskieren.

Was lernst du aus alledem?
Traue nicht dem Schein. Lass dich nicht in die Illusion verstricken.

Fliehe keine Schwierigkeiten, denn sie lassen dich erstarken, wodurch du stets in Wahrheit und Rechtschaffenheit leben und wahre Gnade erfahren kannst.

Februar

Sei vorsichtig mit allen Informationen, die du bekommst.

Die alten Römer waren weiser als ihr. Sie wussten um die Bedeutung der Information. Hinter allem, was sie wahrnahmen, erkannten sie Götter, die sie deshalb verehrten.

Ihr dagegen seht heute nur Materie, was euch sehr einengt.

Besinne dich deshalb auf die etymologische Wurzel des Begriffes „Information". Er leitet sich vom Lateinischen Verb „informare" ab, was „innen formen" heißt.

Jede Information formt dein Inneres. Achte deshalb darauf, wo, durch wen und wodurch du dich informierst.

Viele Menschen lieben die Sensation, starke Gefühle und das Negative.
Halte dich fern von ihnen. Sie bringen nur Unruhe in dein Leben.

Betrachte aus diesem Grund auch all eure Medien mit größter Skepsis. Sie sind fast alle nicht darauf ausgerichtet, dir positive innere Formung zu vermitteln.

Kümmere dich um dein Inneres in der Form (auch hier erscheint das „informare" wieder!), dass du dich an Gott hältst.

Und Er sagt dir, dass die Welt wohl geschaffen ist.
Dass alle „Sensationen" nur die oberste Oberfläche betreffen und dass du und die Welt im Grunde aus tiefster Ruhe und Glück bestehen.

Kannst du diese Ruhe aushalten?

Siehst du, das ist die entscheidende Frage. Das ist das ganze Problem.

Depressionen sind heute an der Tagesordnung.
Depressionen dokumentieren in vielen Fällen eine erschreckende Ferne von Gott.

Es gibt Menschen, die von dieser Krankheit so befallen sind, dass sie fachliche Hilfe aufsuchen müssen. Dies ist gut, denn es hilft ihnen weiter und lehrt sie Demut, da sie erkennen, dass sie nicht alles aus eigener Kraft schaffen.

Die, die keine Hilfe in Anspruch nehmen wollen, sollten sich unbedingt auf Gott konzentrieren und darauf achten, ob sie auf Dauer andere belasten. Tun sie dies, sollten sie doch fachliche Hilfe aufsuchen.
Sofern sie sich auf Gott ausrichten wollen, sollten sie regelmäßig beten, meditieren (25.7.) und den Namen Gottes wiederholen (27.2.).

Darüber hinaus sollten sie Gott um Geduld und Durchhaltevermögen bitten.
Er wird mit Sicherheit auf ihre Bitte antworten.
Sie müssen sich aber bemühen.

Die Hand in den Schoß legen und „den lieben Gott einen guten Mann sein lassen", wie ihr so schön sagt, ist keine Haltung, die Hilfe bringt.

Deshalb müssen sie sich selbst um die Hilfe bemühen, die sie entweder von innen oder von einem Fachmann bekommen, das heißt, sie müssen sie ergreifen, umsetzen und gewillt sein zu spüren, dass Ich ihnen immer nahe bin.

Dies ist die beste Medizin – so auch für die Depression.

Ich sage: Deine Eltern sind Gott – und du denkst vielleicht: „Oh Gott, die sollen Gott sein, bei all dem, was Eltern ihren Kindern antun? Wie kann das sein?“

Bei diesem deinem Ausspruch übersiehst du vieles.

Deine Mutter mag noch so schlecht zu dir gewesen sein, sie trug dich aber neun Monate unter ihrem Herzen und gab dir deinen Körper.

Dein Vater gab dir Anlagen mit.

Dein Körper ist ein hohes Gut. Du hast ihn deinen Eltern zu verdanken.

Seien sie auch noch so schlecht, deine Eltern schufen dein Schicksal in diesem Leben. Auch das hast du ihnen zu verdanken. Sei dankbar, binde dich aber nicht an sie.

Zürnst du ihnen auf Dauer, zeigt dies, dass du an sie gebunden bist beziehungsweise die Zusammenhänge des Lebens nicht kennst. Arbeite an diesen Gefühlen und löse sie auf. Denn das bringt dich zu innerer Freiheit.

Bedenke: Deine Eltern sind nur ausführende Organe. Denn das Leiden, das dir widerfährt, hast du durch die Taten in früheren Leben bedingt.
Kein anderer ist verantwortlich außer du selbst. Löse deshalb deine Bindungen und Probleme, die dich an deine Eltern ketten und daher nicht wachsen lassen.

Du solltest dahin kommen, dass du alles, was du durch und von deinen Eltern bekommen hast, dankbar annehmen und daraus lernen kannst. Es geht nämlich nur um dich beziehungsweise darum, dass du lernst..

Lerne, lerne, lerne. Bitte den Herrn um Führung, und eine noch so schwierige Kindheit kann der Weg zu einer Prachtstraße werden.

Alles ist für dich bereitet.

Dass dein Körper ein Boot ist, mit dem du über den Fluss des Lebens übersetzt, ist ein altes und treffendes Bild.

Hegst und pflegst du das Boot nicht, kann es dich dein Leben kosten. Wenn inmitten eines großen Flusses ein Leck auftritt, kann dies höchst gefährlich sein.

Achte daher deinen Körper, bedenke ihn mit liebevoller Fürsorge, sieh ihn aber als Boot an.

Was würdest du von einem Bootsmann halten, der, am anderen Ufer angekommen, sein Boot schulterte und damit nach Hause zum Mittagessen ginge, um anschließend mit dem geschulterten Boot wieder zum Fluss zu gehen? Du würdest den Kopf schütteln, nicht wahr?

Was würdest du aber denken, wenn du dich mit diesem Mann unterhieltest, und er erzählte dir frank und frei, er sei das Boot, zwischen ihm und dem Boot gäbe es keinen Unterschied? Falls du selber auch nur einen Funken Verstand hättest, wärest du mit Sicherheit äußerst verwundert.

Verstehst du nun, wieso Ich immer wieder versuche, dir klar zu machen, dass du nicht dein Körper, dass du nicht das Boot bist?

Ich sage immer wieder, dass du mit wenig Gepäck reisen sollst.

Viel Gepäck finde Ich bereits falsch. Aber ein ganzes Boot? ...

Es gibt keinen Gott außer Mir.

Trotzdem gibt es unzählige Religionen, die verschiedene Gotteserscheinungen verehren.

Sie stellen nur unterschiedliche *Wege* dar. Das ist alles.

Denn jede Religion kann nur auf den *EINEN* Gott ausgerichtet sein, da es sonst nichts gibt.

Die Konkurrenz und die Kämpfe zwischen den Religionen rühren ausschließlich von Blindheit und Egoismus her, die zwangsläufig in Machtkämpfe münden.

Eine Religion, die einen Machtanspruch ausdrückt oder gar öffentlich beansprucht, ist krank.
Wollte man behaupten, Religion und Machtanspruch passten zusammen, dann könnte man auch von einer Harmonie zwischen Feuer und Wasser sprechen.

Ich schuf die verschiedenen Religionen, damit die Seelen unterschiedliche Erfahrungen machen können. Das ist ihre Aufgabe.

Dass viele Religionen sich heute mehr damit beschäftigen, wie sie den anderen gegenüber einen Vorteil erringen, anstatt sich zu überlegen, wie sie den Einzelnen am besten zu Gott führen können, ist ein großer Fehler, der aufhören muss und wird.

Keine Religion hat mehr Gültigkeit als eine andere.
Alle müssen aber gereinigt werden, damit sie wieder voller Liebe ihrer Aufgabe nachkommen können.

Dies wird bald geschehen, und das Licht Gottes wird sich in den vielen Religionen widerspiegeln und wie Balsam die Wunden der Welt heilen.

Wieso denkst du so viel?

Glaubst du, das hilft dir?

Denken ist ein Hilfsmittel, dies aber nur so lange, bis du eine bestimmte Entwicklung gemacht hast.
Dann legst du von allein das Denken ab, weil du erlebst, dass es bessere Werkzeuge gibt.

Aber auch *bevor* du zu diesem hohen Bewusstsein gelangst, solltest du behutsam mit deinem Denken umgehen, denn es trennt mehr, als es verbindet. Es schafft Unruhe und vermittelt dir das Gefühl, über anderen zu stehen. Es verschließt dich deinem Gefühl, deiner Intuition oder deiner inneren Schau gegenüber.

Bedenke: Dein Denken und deinen Körper wirst du eines Tages verlieren.

Deine Intuition, deine Gesamtschau der Dinge dagegen bleiben dir – und helfen dir heute bereits manch eine Schwierigkeit zu überwinden, die das Denken nicht lösen konnte – oder sogar selber schuf.

Freue dich deshalb, wenn das Denken dir viele gute Dienste erweist. Miss ihm aber keine zu große Bedeutung bei.
Das Denken ist ein Hilfsmittel, kein Gott.

Tust du dich aber schwer, dein Denken einzuschränken, so hilf dir mit folgendem Bild: Stell dir dein Denken als einen Affen vor, der die ganze Zeit beschäftigt sein will und damit Unruhe schafft.
Wiederholst du den Namen Gottes (27.2.), so ist er beschäftigt. Und du kommst zur Ruhe.

Dies ist die einfachste Methode, dem Denken den Platz zu geben, der ihm zusteht: Das Denken ist nämlich das ideale *Mittel*, um Gott zu verwirklichen.

Dies ist sein *Ziel*, das viele – vor lauter Denken – vergessen.

Du schließt die Augen, wenn du in einer Kirche bist und betest oder vor deinem Altar sitzt und meditierst.

Beide Male sitzt du vor Heiligen Bildern oder Statuen, die dich inspirieren sollen. Trotzdem schließt du die Augen.

Du tust es, um deine Aufmerksamkeit von außen nach innen zu wenden, da du das Göttliche *in dir* suchst.

Dieses kleine Beispiel zeigt den Weg: Suche Gott, suche die Erfüllung nicht in der Außenwelt – du wirst sie dort nie finden, sondern große Gefahr laufen, dich zu verlieren.

Suche vielmehr Gott in dir.
Er ist dein Atem. Er ist deine Seele. Er ist dein Körper. Er ist die Verbindung dieser drei.

Atme in dich hinein und denke an Gott.
Atme aus und denke an Gott, und allmählich wirst du all das finden, wonach du so lange suchtest und verlangtest: Auf einmal haben deine vielen, vielen Leben einen Sinn.
Auf einmal sind Weg, Ziel und Sinn in Eins gebunden.

Und dieses Eine ist in dir. Bist du. Ist Gott.

Es waren einmal drei Männer.
Der erste war ein Raubmörder.
Der zweite ein notorischer Lügner.
Der dritte war ein ehrlicher Mann.

Der erste beging einen Mord und gestaltete dabei die Umstände so, dass der Verdacht sowohl auf den Lügner als auch auf den ehrlichen Mann fiel.
Beide wurden festgenommen und verhört. Da sie unschuldig waren, bestritten beide, den Mord begangen zu haben.
Da der zweite als Lügner bekannt war, glaubte man ihm nicht und verurteilte ihn.
Der dritte war als ehrenhafter Mann bekannt, deswegen wurde ihm geglaubt, und er war bald wieder auf freiem Fuß.

Die Geschichte lehrt uns, wie die Wahrheit uns beschützt.

Das Leben ist voller Wechselfälle. Du weißt nie, was schon morgen auf dich zukommt. Du kannst völlig unschuldig für etwas angeklagt werden und hast niemanden an deiner Seite als die Kraft der Wahrheit, die du bis dahin aufgebaut hast.

Diese Kraft entwickelst du damit, dass du die Wahrheit sagst und als ehrlicher Mensch bekannt bist.
Die Konsequenzen dieses positiven Karmas werden dir folgen und in der Lage sein, dich dann zu beschützen, wenn du, wie der zweite Mann, dringend Schutz benötigst.

Hast du aber nichts aufgebaut, hast du nichts auf dein „Karma-Konto" eingezahlt, kannst du in Notfällen nichts davon abheben.

Beginne heute noch, auf dieses Konto einzuzahlen.
Sprich die Wahrheit. Sei rechtschaffen.

Dieses Kapital und die sich daraus ergebenden Zinsen stellen den Wert dar, den dir niemand nehmen kann. Außerdem ist es das einzige Kapital, das dich wie ein Mantel umhüllt, dich schützt, stärkt und über den Tod hinweg begleitet.

E*ntscheidung* und *Verpflichtung* sind grundlegende Kräfte im Leben. Sie sind deshalb zusammen mit der *Liebe* und der *Opferbereitschaft* die unabdingbaren Stützen der Ehe.
Ohne diese vier kann keine Ehe gelingen.

Denke immer daran, dass du erntest, was du säst.
Dies ist das grundlegende Gesetz des Lebens, dem niemand entrinnen kann.

Glaubst du, du könntest irgendjemanden betrügen, ohne dass dies auf dich zurückfiele?
Falls du diese Vorstellung hegen solltest, gib sie heute noch auf, denn sie ist sehr gefährlich.

Betrachte die Ehe mit dem rechten Blick: Wie du heute mit deinem Partner umgehst, so wird mit dir eines Tages umgegangen werden. Verlässt du ihn zum Beispiel wegen eines/r anderen und brichst ihm/ihr das Herz, so wirst du früher oder später genau dies erleben.

Und noch etwas: Gib die Illusion auf, du könntest irgendein Problem lösen, indem du aus einer Situation fliehst.
Was du dir dadurch höchstens verschaffst, ist ein Aufschub dessen, was du bewältigen musst.

Die Situation, aus der du heute fliehst, wird wieder auf dich zukommen, denn sie hat mit deinem Karma zu tun und muss deshalb irgendwann von dir gelöst werden.

Wisse stets, dass alles, was du erlebst und was dir passiert, nur zu deinem Besten ist.

Natürlich wird dir im Laufe deines Lebens einiges widerfahren, von dem du meinst mit Bestimmtheit sagen zu können, es sei nicht gut für dich, sondern eine wahre Katastrophe.

Das, was ihr unter Katastrophen versteht, gibt es nicht.
Es gibt nur Ereignisse, die Ich dir schicke, um deinen Weg grundlegend zu verändern oder um dir endlich die Augen zu öffnen.

Auf lange Sicht gesehen, gibt es wirklich nichts, das zu deinem Nachteil gereichen könnte. Alles hat seinen Sinn. Und dieser Sinn kann nur positiv sein, denn hinter allem steht Meine unteilbare Liebe für dich.

Denk einmal über die vielen Ereignisse nach, die du bisher erlebtest und die dir im ersten Augenblick schrecklich und unerträglich erschienen.
Wie viele sind es heute noch? Wie viele stellten sich als Segen heraus?

Wie viele, die du als Katastrophe ansahst, haben dich vor einer wirklichen Katastrophe bewahrt!

Vieles im Leben fügt sich nicht nach deinem Willen. Stör dich nicht daran, sondern bedenke, wie häufig dies dein Glück war und ist.

Sei versichert, dass Meine unumschränkte Liebe dich stets umhüllt und dass Ich alles tue, um dein Glück zu sichern.

Ginge es nur nach deinem Willen, dein bleibendes Unglück wäre gewiss.

Das, was du eine Katastrophe nennst, ist Mein Herumreißen des Ruders, um das endgültige Unglück zu vermeiden.

Heute musst du Mir all dies glauben.
Eines Tages aber wirst du selbst die Zusammenhänge sehen.

Das Leben besteht aus einer unendlichen Abfolge von Freud und Leid.

Dies macht den Reiz des Lebens aus.
Es kann aber auch eine Schwierigkeit darstellen.

Ich möchte dir dies an einem Beispiel aufzeigen.

Ist jemand gesund, so geht er durchs Leben, ohne sich über das große Geschenk, das in seiner Gesundheit liegt, viele Gedanken zu machen beziehungsweise sich überhaupt darüber zu freuen.

Ganz im Gegenteil. Er kann kerngesund sein und trotzdem von morgens bis abends von Kummer und Sorgen geplagt werden.

Hat dieser Mensch nun einen Unfall, durch den er zum Beispiel die Fähigkeit zu gehen verliert, wird er noch trauriger sein.
Da er aber wieder gesund werden will, strengt er sich an, und nach einer Zeit großer Mühen kann er wieder laufen.

Zunächst mit Krücken. Dann zwar humpelnd, aber ohne äußere Hilfe. Und schließlich kann er wieder so gehen wie zuvor.

Er hat nun den gleichen Zustand wie vor dem Unfall erreicht.
Diesmal ist er aber strahlend glücklich und hat das Gefühl, etwas Großes erlangt zu haben.

Was lehrt uns dieses Beispiel?
Bewusstsein ist der Sinn des Lebens. Kennst du tatsächlich die Geschenke, die dein Leben begleiten, erfüllt dich dieses Wissen mit Glückseligkeit und befreit dich von den Ketten aus Freud und Leid.

Denn wo ewige Glückseligkeit ist, kann für Freud und Leid kein Platz sein.

Dies ist die große Freiheit, die in dir liegt.

Ich sage: „Dein Körper ist der Tempel Gottes", „Dein Leben ist ein unschätzbares Gut", „Es gibt keine unüberwindbaren Schwierigkeiten!"
Du kannst darauf antworten: „Mag sein. Es gibt aber den Selbstmord. Wie passt dies mit Deiner Aussage zusammen, es gäbe keine unüberwindbaren Schwierigkeiten? Wenn eine Schwierigkeit tatsächlich zu bewältigen war, wieso nimmt sich dann jemand das Leben?"
Dein Einwand ist klug und berechtigt und dementsprechend wichtig.

Es gibt Seelen, die Schwierigkeiten haben, in den Körper zu kommen und in ihm zu bleiben. Sie fliehen die irdische Welt und träumen in starkem Maße vom Jenseits.
Das Selbst eines jeden Menschen träumt vom Jenseits. Das Selbst erinnert sich genau an die dort erlebte Glückseligkeit und möchte sie mit allen Mitteln wiedererlangen.
Bei manchen Menschen ist dieses Sehnen besonders stark. Sie haben große Probleme, sich vollständig zu inkarnieren. Für sie scheint deshalb der Selbstmord eine „gute Möglichkeit" zu sein, ihren Problemen zu entkommen.
Diese Illusion treibt sie in den selbst gewählten Tod. Kaum haben sie sich aber selbst das Leben genommen, erleben sie, welche Schwierigkeiten ihnen der Eintritt ins Jenseits über den Freitod bringt und wie viel Hilfe sie benötigen, um sich dort zurechtzufinden, wohin sie sich so sehnten.

Wenn sie schließlich wiedergeboren werden, stoßen sie auf genau die Probleme, vor denen sie im früheren Leben fliehen wollten und deretwegen sie sich das Leben nahmen.
Sie lernen damit gleichsam aus „erster Hand", dass Flucht und besonders Selbstmord keine Lösung bieten, dass sie sich vielmehr früher oder später allen Schwierigkeiten, die ihnen begegnen, stellen müssen.

Unter diesem Blickwinkel betrachtet, ist tatsächlich keine Situation zu schwierig. Vorausgesetzt, du siehst die Außenwelt (den Schein) nicht als letzten Sinn und Zweck, du erkennst Probleme als *die* entscheidende Möglichkeit, wachsen zu können, und du vergisst nicht, dir in schwierigen Augenblicken Hilfe bei Mir zu holen.
Versuche es auch nur ein einziges Mal, und du wirst merken: Du wächst. Gleichzeitig schrumpfen deine Probleme, weil du erlebst, dass Ich immer, immer an deiner Seite bin.

Ihr sagt: „Geld regiert die Welt."
Ich frage dagegen: „Wie lange?"

Geld ist eine starke Energie. Geld ist notwendig für das Leben.

Viele glauben aber, Geld mache glücklich. Dies ist falsch, denn Geld macht weder glücklich noch unglücklich. Es ist vielmehr der *Gebrauch von Geld*, der euch zum Positiven oder Negativen führt.

Es ist eure Einstellung, die bei allem entscheidend ist.

So können Arme, weil sie kein Geld haben, stets daran denken und damit sehr stark ans Materielle gebunden sein.
Reiche können sich dagegen wichtigeren Dingen zuwenden, weil Geld sie nicht mehr so beschäftigt.

Und es kann umgekehrt sein.

Ein eher mittelloser Mensch kann sich ganz vom Geld abgewandt und Gott völlig zugewandt haben. In dem sicheren Glauben, dass Gott für ihn sorgen wird, sitzt er in seiner Hütte und denkt nur an Gott.
Und Gott wird vollkommen für ihn sorgen.

Und natürlich gibt es Reiche, die in ihren Palästen residieren und nur an Geld denken.

Verwende deshalb alles im Leben, um dein Glück zu vergrößern.
Dein Glück wird aber am größten, wenn du an andere denkst: an die Menschen um dich, an Tiere und Pflanzen.

Sorge für sie – auch mit Geld – und dein Leben wird voller Segen sein.

Ich sage immer wieder, dass Eifersucht zu den Eigenschaften gehört, von denen ihr euch so weit wie möglich entfernt halten solltet.

Ihr missversteht aber zum Teil völlig, was Ich damit meine: Zum Beispiel den Unterschied zwischen Neid und Eifersucht. Neid bezieht sich – um es allgemein zu sagen – auf das, was jemand hat beziehungsweise besitzt. Eifersucht bezieht sich dagegen auf den Kontakt, den jemand zu einem oder mehreren Menschen hat.

Neid ist – genau besehen – eine Illusion: Der Neider glaubt, jemandem werde im Leben etwas geschenkt. Das ist ein großer Irrtum, denn *nichts* wird geschenkt. Alles wird vielmehr verdient und erarbeitet.

Eifersucht dagegen bedeutet, dass jemand einen besseren Kontakt zu Gott oder zu Menschen hat, die ihm etwas bedeuten, und dass man ihm diesen missgönnt.

Diese Eifersucht führt dich früher oder später in Probleme und Konflikte, da sie die fatale Eigenschaft hat, die Seele gleichsam brennen zu lassen.
Deshalb musst du dieses Gefühls so früh wie möglich Herr werden, da es dich sehr schwächen kann.

Eine ganz andere Eifersucht ist die, mit der ihr ständig zu tun habt, die Ich aber nicht meine. Es ist die Eifersucht, die durch die mangelnde Moral und Ethik in euren Ländern entsteht.
Da hat zum Beispiel jemand unzählige Beziehungen, bevor er seinen jetzigen Partner kennen lernt. Er hat damit hier und da seine Intimität geteilt, als wäre sie etwas Öffentliches. Dieses Verhalten schafft natürlich Eifersucht – die übrigens bei euch in hohem Maße geleugnet wird.
Diese Eifersucht meine Ich nicht, wenn Ich sage, du solltest dich von der Eifersucht fern halten, da Ich dieses Leben auch nicht meine.
Eure Form der Beziehung führt zu Schmerzen. Die Eifersucht ist davon nur ein Teil.

Ich sage immer wieder: Trenne dich nicht von deinem Partner, was auch kommen mag. Durch eine Trennung verursachst du so viel Schaden, dass manchmal nicht einmal ein ganzes Leben ausreicht, die Schmerzen und Wunden ausheilen zu lassen.
Auf der anderen Seite herrscht aber in vielen Fällen so viel Egoismus in euren Beziehungen, dass manche Menschen tatsächlich nur durch eine Trennung der Willkür oder sogar der Brutalität ihres Partners entgehen können.

Pflege die Nähe zu Gott. Lasse die Liebe mehr und mehr in deinem Herzen wachsen. Wiederhole Seinen Namen (27.2.), halte dich an Meine Grundsätze von Moral und Ethik, und du wirst mit dem richtigen Partner und einem zufriedenen Leben gesegnet sein.

Es leben zur Zeit viele Seelen auf Erden, die nach zahlreichen Inkarnationen glauben, die Erfahrung gemacht zu haben, keiner würde für sie sorgen, wenn sie es nicht selbst täten.
Aus diesem Grund gibt es in dieser Zeit viele Raffgierige, die mit allen erdenklichen Mitteln versuchen, an sich zu reißen, was immer sie bekommen können.

Die heutige Zeit ist günstig für sie, denn sie bietet die Möglichkeit, sehr schnell ein Vermögen zu verdienen.
Haben diese Raffgierigen ihren Wunsch nach viel Besitz erfüllt, sind sie alle enttäuscht. Sie hatten geglaubt, dass mit genügend Geld alles besser werden würde.
Aber vor allem das Geld, das auf Kosten vieler anderer Menschen verdient wird, bringt viele Sorgen und keinen Segen.
Deshalb erleben die Raffgierigen bald, dass in ihrem Leben – außer ein paar Annehmlichkeiten – nichts besser, sondern vieles schwieriger oder gar schlimm geworden ist.
Sie haben mit dem auf unethische Weise verdienten Geld viele Probleme an sich gerissen, deshalb leben sie in ständiger Angst, ihren Reichtum zu verlieren, und verbringen als Konsequenz anstrengende Tage und schlaflose Nächte. Dies zehrt an ihren Kräften, weswegen sich bei ihnen, mehr oder weniger bewusst, ein Gefühl der Unzufriedenheit einstellt.

Mit einem Wort: Sie führen ein schreckliches Leben, das sie sich doch so mühselig erarbeitet haben und mit mindestens ebenso viel Anstrengung erhalten.
Warum tun sie das? Weil sie den Glauben an Gott verloren haben und nicht sehen, dass sie sich selber in all diese Schwierigkeiten immer weiter hineinmanövrieren.
Und wie können sie aus diesem Teufelskreis von mangelndem Vertrauen, Habgier, Angst und schließlichem Verlust wieder herauskommen?
Indem sie erkennen, *dass* es ein Teufelskreis ist, und sich Gott anvertrauen, Ihn um Hilfe bitten und etwas Geduld haben.
Mit Sicherheit wird ihnen der Herr helfen, denn es ist Sein Anliegen, dass sie endlich ihrem sinnlosen Unterfangen entkommen.

Innerer Frieden ist ein Zeichen für den Segen Gottes.

Innerer Frieden ist genau das Gegenteil dessen, was um euch ist: Die Städte gehen im Verkehr unter. Das Ohr leidet unter dem Lärm. Das Auge ist geblendet von den vielen verschiedenen Lichtern und Farben. Die Nase ist gereizt von dem vielfältigen Gestank, der aus allem strömt.

Wie kannst du unter solchen Umständen inneren Frieden finden?

Besinne dich auf deine Göttlichkeit. Lass das Lichte, Positive in dir aufleben. Lass es Tag für Tag wachsen und größer und größer werden. Mit diesem Lichten und Positiven schaffst du ein neues Energiefeld um dich, das offenere Seelen anzieht, die bereits weiter auf dem Weg zu innerem Frieden sind.

Deine innere Veränderung schafft eine äußere: Du kommst mit anderen Menschen in Kontakt, die wiederum dich, das heißt dein Inneres, verändern.

Und was geschieht mit deiner Umwelt?

Die Autos fahren immer noch. Die Lichtreklame blinkt immer noch impertinent vor sich hin. Die Schornsteine qualmen immer noch erbarmungslos den Himmel grau.

Du aber empfindest es jetzt anders.

Du bist in Kontakt gekommen mit der inneren Ordnung. Du hast erkannt und erfahren, dass in dir eine Quelle tiefster Ruhe ist.

Das ändert alles – und wird auf Dauer auch die Außenwelt verwandeln.

Dies ist die Macht des Friedens. Dies ist die Kraft der Ruhe.
Dies ist die Realität Gottes.

Es war einmal ein Mann, der seine Frau hasste. Er sagte ihr böse Dinge, kam nach Hause, wann er wollte, und zeigte seiner Frau deutlich, dass sie ihm nichts mehr bedeutete.
Eines Tages verließ sie ihn und zog mit einem anderen Mann in eine ferne Stadt.
Der Mann hätte nun glücklich sein müssen, dass er von seiner „schrecklichen“ Frau befreit war.
Aber nein, er dachte stattdessen Tag und Nacht an sie, sann auf Rache und fand keine Ruhe.

Was sagt uns diese Geschichte?
Menschen lieben es, sich aneinander zu binden beziehungsweise aneinander zu ketten. Je enger, desto besser.
Hass und Rache sind „ideale“ Ketten, durch die sie sich mehrere Leben lang fest aneinander binden können.
Hüte dich vor diesen Ketten.
Gehe keine Bindungen, sondern Beziehungen zu anderen Menschen ein.
Löse auch die Bindungen an deine Ursprungsfamilie auf und verwandle sie in frei lassende Beziehungen.
Denke immer daran, dass alles auf Erden seine Zeit hat und irgendwann zu Ende geht.

Möchtest du mit anderen in Kontakt kommen, tue es in Liebe.
Liebe gibt Freiheit. Liebe gewährt dir und anderen einen Entwicklungsraum, der seinerseits Freiheit schafft.
Denkst du über längere Zeit von früh bis spät an einen Menschen und wirst dadurch sogar daran gehindert, deine Pflichten zu erfüllen und deiner Arbeit nachzugehen, ist dies ein deutliches Zeichen dafür, dass du abhängig und gebunden bist.
Du bist unfrei, und Leiden wird unausweichlich sein.
Nütze das Leiden, um dich zu befreien. Nütze jede Schwierigkeit als Geschenk und Möglichkeit, Bindungen zu erkennen und zu lösen.
Denke immer daran, dass du ein Vogel bist, dessen Wesen im Fliegenkönnen besteht.
Ketten lassen dich nicht fliegen. Ketten hindern dich daran, dein Wesen zu leben.
Sei deshalb leicht, sei liebevoll, sei frei und frei lassend.

Die Seelen erleben im Jenseits vollkommene Glückseligkeit.
Es ist deshalb für sie sehr schmerzhaft, wieder in einen Körper zu gelangen, sprich: wiedergeboren zu werden.

Um den „Sturz aus dem Himmel" zu erleichtern, habe Ich die lange Vorbereitungszeit im Mutterleib geschaffen.
In dieser Zeit, in der das Kind heranwächst, wird es vollständig versorgt. Es ist warm aufgehoben, wird perfekt ernährt und hat ständigen Kontakt mit der Mutter.

Nach der Geburt wird dies anders.

Die Wissenschaftler bezeichnen die intrauterine Phase – die Zeit, in der das Kind im Mutterleib heranwächst – als die ideale Zeit im Leben eines jeden Menschen, nach der er sich ständig zurücksehne.

Diese Feststellung stimmt nicht. Der Mensch sehnt sich nicht nach dem intrauterinen Zustand, sondern nach der Glückseligkeit, die er im Jenseits erfuhr.

Alles andere ist nur ein Abklatsch davon.

Man könnte es mit der Spiegelung des Mondes in einer Wassertonne vergleichen. Das Licht in der Tonne stammt vom Mond und nicht aus der Tonne. Das Mondlicht seinerseits stammt aber von der Sonne und wurde nur reflektiert.

Sokrates hatte Recht, wenn er lehrte: „Soma sema" – „dein Leib ist ein Grab".

Du kommst in den Körper, damit du *deine* Erfahrungen machen kannst und Opferbereitschaft und Dienst am Nächsten lernst.

Dies ist der ganze Sinn deines Erdenlebens in einem Körper.

Denn eines ist unumstößlich gewiss: Über den Körper, auf welcher Stufe der Entwicklung du dich auch befinden magst, wirst du niemals die Glückseligkeit finden, die im Jenseits – und damit in dir! - auf dich wartet.

Liebe alle Tiere, als wären sie deine Geschwister. Liebe alle Pflanzen, als wären es deine Vettern und Cousinen. Über deinen Körper bist du nämlich mit allen Lebewesen aufs Engste verbunden.

Und wie viel du sowohl von Tieren als auch von Pflanzen lernen kannst!

Sieh dir zum Beispiel die Bäume an. Von ihrem Standort hängen ihr Gedeihen und ihre Entwicklung ab.
Der gleiche Samen wird im Gebirge zu einem ganz anderen Baum als am Meer. Trotz dieser Abhängigkeit sind die Bäume jedoch voller Zuversicht und setzen all ihr Vertrauen in die Göttliche Ordnung.

Bei den Tieren verhält es sich bereits anders.
Tiere sind unsteter und unruhiger als Pflanzen: Sie gehen, fliegen, schwimmen hierhin und dorthin.

Tiere haben aber eine Ergebenheit, die die meisten Menschen in diesem Zeitalter nicht haben.

Diese Ergebenheit kannst du zum Beispiel bei Tieren beobachten, die in den Schlachthof gebracht werden. Glaubst du, sie wüssten nicht, wohin sie kommen?
Natürlich wissen sie es. Sie ergeben sich aber in ihr Schicksal.

Das unruhigste Wesen von allen ist der Mensch – zumindest auf einer bestimmten Stufe seiner Entwicklung.

Er möchte alles durchdenken, verändern, verbessern und bringt damit Unruhe in alles, was um ihn ist.

Der Mensch muss daher vom äußeren zum inneren Menschen gelangen. Von der Welt zu Gott.

Und wer ist er dann? Wahrhaft Mensch.

Vollkommen und allen Lebewesen vom Herzen her zugetan.

Sexualität ist eine äußerst wichtige Energie, eine Göttliche Kraft. Sie sichert nicht nur das Fortbestehen der Arten, sondern bindet Lebewesen aneinander.

Sexualität ist aber auch eine sehr gefährliche Energie. Sie kann ungemein zerstörerisch wirken.

Über die Sexualität schafft sich der Mensch heute sehr, sehr viel negatives Karma.

Gehe deshalb behutsam mit deiner Sexualität um.
Lebe sie mit einem Partner, den du nicht mehr verlässt.
Lebe sie in der Ehe. Die Ehe schafft den sicheren Rahmen, der dich vor vielen Gefahren bewahrt.

Reiche deine Sexualität Gott dar (7.1.), dann bist du nicht nur bewahrt, sondern beglückt.

Bist du treu, liebst und achtest du deinen Partner, dann teile mit Freuden deine Sexualität mit ihm.

Freude, Glück und innerer Friede sollten stets dein Leben begleiten.

Sie sollten Grundpfeiler deiner Sexualität sein.

Du träumst von der Freiheit und meinst, tun und lassen zu können, was du willst beziehungsweise was dir gerade einfällt.

Gleichzeitig wundert es dich, dass du trotz aller Freiheit das nicht findest, was du am meisten suchst: Glück und Zufriedenheit.

In deinem Inneren hast du ein klares Bild beziehungsweise eine klare Erinnerung, wie sich das wahre Glück anfühlt – hast du es doch zur Genüge im Jenseits genossen.
Diese Glückseligkeit suchst du.

Deine Freiheit kann schon deshalb nicht wahllos sein.
Sie sucht die Göttliche Glückseligkeit, die dein Wesen ist.

Du kannst also nicht tun und lassen, was du willst. Du kannst auch nicht dem Gesang eines Vogels zuhören wollen und gleichzeitig Krach machen.

Du suchst die Glückseligkeit. Deshalb musst du den Pfad einschlagen, der zu ihr führt.

Es gibt im Deutschen das geflügelte Wort: „Alle Wege führen nach Rom.“ Demnach könntest du von München auch über Tokio nach Rom gelangen – aber welch ein Umweg!

Erkenne, dass deine Freiheit darin besteht, die Göttliche Ordnung in ihrer Pracht zu erleben und zu erfassen.
Halte dich an sie, denn Gott ist der Maßstab.

Ich bin dein Glück. Ich kenne die größeren Zusammenhänge. Deshalb kann Ich dich immer wieder retten, befreien und führen.

Deine Freiheit besteht darin, *gerne* der Göttlichen Ordnung zu folgen und zu erkennen, dass sie voller Liebe ist.

Dann bist du frei *und* glücklich.

Die größte Gefahr auf deinem spirituellen Weg stellt dein Ego dar.

Du fragst natürlich: „Wieso?", und Ich antworte etwas rätselhaft: „Weil es so wichtig ist." Was heißt das?

Dein Ego, ebenso wie dein Denken, leistet dir entscheidende Dienste auf deinem Weg zur Selbstverwirklichung. Dein Ego, ebenso wie dein Denken, gibt dir die Möglichkeit, Stärke zu entwickeln, Handlungen, bevor du sie vollziehst, im Denken durchzuspielen – womit du zum Beispiel manch einen Fehler vermeiden kannst.

All dies zusammen bringt dir Macht. Deswegen hängst du an beiden, am Denken und am Ego, und möchtest sie am liebsten niemals aufgeben.

Das Ego hat aber die Eigenschaft, die Macht an sich zu reißen und selbstgefällig zu herrschen. Es macht dies so geschickt, dass du gar nicht merkst, wie das Ego dich mehr und mehr dazu treibt, sein Bedürfnis nach Macht und Ruhm zu befriedigen.

Es gehört zu Meiner Liebe und der damit verbundenen Fürsorge, dass Ich dich vor deinem Ego und seinen Übergriffen beschütze.
Ich lasse es deshalb so lange erstarken, wie es dir bei deinem Weg nach oben hilft.

Beginnt es aber, nicht mehr der Beschützer, sondern der Tyrann und Kerkermeister deiner Seele, sprich deines Selbst, zu werden, dann schaffe Ich so geartete Situationen, dass dein Ego mehr und mehr zusammenbricht.

Dieser Prozess schmerzt dich, weil du gelernt hast, dich mit deinem Ego zu identifizieren. Du haderst dann zuweilen auch mit Mir.

Je schwächer dein Ego beziehungsweise je klarer dein Denken aber wird, desto deutlicher wird dir, wie sinnlos dein Schimpfen ist. Du siehst dann nämlich, dass der, mit dem du schimpfst, kein anderer als du selbst bist.

Siehst du, das war es, was dein Ego verdeckte.
Das gab ihm die Macht und nahm dir die Süße der Glückseligkeit.

Besonders ihr in Deutschland habt ein hoch entwickeltes Gesundheitswesen – trotzdem werden mehr und mehr Menschen krank.

Ich will dir sagen, warum: Sich ausschließlich um den Körper und alles Materielle zu kümmern macht krank.

Du bist ein Lichtwesen. Dein wahrer Kern ist Licht und Liebe.
Und womit beschäftigst du dich? Mit plumper Materie, die nur deshalb belebt erscheint, weil die Seele sie bewegt.

Was ist der Körper anderes als eine sehr genau funktionierende Maschine?
Was ist aber die beste Maschine ohne Strom? Nichts!

Wer sich nur um die Maschine, nicht aber um den Anschluss ans Stromnetz kümmert, ist recht einfältig. Findest du nicht auch?

Damit bringt er die Maschine mit Sicherheit *nicht* in Gang.

Der Körper lebt durch die Seele. Die Seele lebt durch Gott. Trennst du dich vom Ursprung, wirst du krank – ebenso wie eine Maschine nicht laufen kann, die vom Netz abgekoppelt ist.

Besinne dich auf Gott. Wiederhole Seinen Namen (27.2.).
Beziehe den Körper stets auf die Seele und verbinde diese mit dem Ursprung.

Dies ist die beste Gesundheitsvorsorge beziehungsweise die beste *Sicherung* deiner Gesundheit.

Der Herr als der *Gute Hirte* der Menschheit ist ein altes Bild der Bibel.

Dieses Bild ist von entscheidender Bedeutung, denn es dokumentiert die Aufgabe Gottes, für den Menschen, nein, für alle Kreaturen zu sorgen.

Ich sorge tatsächlich für jedes Lebewesen, sei es noch so klein und noch so fern.

Manchmal erfährst du von Grausamkeiten, die dein Herz erstarren lassen, und fragst dich, wie Ich das zulassen kann.

Du musst verstehen, dass die Seelen primär durch Erfahrungen lernen – und dass Meine Aufgabe darin besteht, die Konsequenzen ihres Handelns so abzumildern, dass sie so viel wie möglich lernen, gleichzeitig aber so wenig wie möglich leiden.

Die Aufgabe der Welt besteht darin, dass die Seelen durch sie ihre Entwicklung zu Gott machen können, das heißt, Selbstbewusstsein erlangen.

Absolut gesehen, bin Ich nur der Zeuge, der zwar alles wahrnimmt und registriert, der aber nicht handelt. Tatsächlich bedingt aber Meine Liebe, dass Ich dir helfe, wo immer Ich kann – besonders aber, wenn du Mich rufst.

Meine Aufgabe besteht zudem darin, dass stets eine ausgleichende Gerechtigkeit herrscht und dass sich zum Schluss alles zum Guten fügt – deshalb helfe ich dir auch, dein Ego zu überwinden.
Keiner, der die Gesamtzusammenhänge kennt, wird Mir eine *einzige* Ungerechtigkeit vorwerfen können.

Ungerechtigkeit ist Meinem Wesen fremd, deshalb kann Ich sie Mir niemals aneignen.

In dieser Hinsicht bin Ich tatsächlich der gute Hirte, der für Seine Herde sorgt.

Ihr aber seid keine dummen Schafe, sondern Seelen, die auf dem Weg sind zu erfahren, dass sie Ich, dass sie Gott, dass sie selbst der Hirte sind.

Du hältst dich im Grunde für recht perfekt.
Die anderen haben Probleme. Die anderen haben Schattenseiten.
Du aber bist nur Licht und Sonne.

Kaum kommst du zum Beispiel mit vielen Menschen auf engsten Raum zusammen, würdest du am liebsten allen, einschließlich Mir, den Hals umdrehen.

Da bist du überrascht, was da herauskommt, nicht wahr? Das hättest du nie von dir gedacht!
Wie viele andere missverstehst du Meine Lehren und meinst, wenn du recht schein-heilig bist, hast du viel erreicht.

Scheinheiligkeit ist eine große Selbsttäuschung.

Alles, was du erlebst, ist wichtig. Sind es positive Gefühle, lass sie erblühen, duften und mehr und mehr Raum einnehmen.

Sind es negative Gefühle, schick sie nicht weg – du würdest ihnen damit erst recht Macht geben.

Nein, kümmere dich lieber um ihre Verwandlung. Denke stets daran, dass alles Licht ist. Auch das Negativste hat als Kern Mein Licht – mag es auch noch so wenig für dich zu erkennen sein.

Weil alles aus Mir hervorgegangen ist, weil alles Ich ist, kannst du Mich in allem finden.

Scheinheiligkeit ist der genau entgegengesetzte Prozess.
Scheinheiligkeit bedingt Wegsehen, Nicht-Hinsehen.

Mich in allem erblicken zu wollen bedeutet dagegen, die Augen weit zu öffnen und genau hinzusehen.

Deswegen ist sehende, bewusste Liebe genau das Gegenteil von Scheinheiligkeit.

Es ist alles für dich bereitet. Du hast alles, was du benötigst, um die notwendigen Schritte in deinem Leben gehen zu können.

Es liegt nur an dir, all die Gelegenheiten zu ergreifen, die als ständige Möglichkeiten um dich sind.

Öffne dich. Sieh, wie glückvoll das Leben ist. Lass all das Positive zu dir kommen, das so begierig auf dich wartet.

Dies sind keine leeren Worte, sondern die volle Realität.

Lässt du nämlich mehr Licht in dich beziehungsweise in dein Leben kommen, wirst du Menschen begegnen, die auf einer höheren Bewusstseinsstufe stehen und somit noch mehr Licht in dein Leben bringen.

So ist auch das Bibelwort zu verstehen: „Wer hat, dem wird gegeben."
Hast du dich für das Licht geöffnet, kommt mehr und mehr Licht zu dir.
Unweigerlich.

Sei deshalb kein Prinz, sei keine Prinzessin – damit meine Ich, du solltest dich nicht im Lehnstuhl des Lebens zurücklehnen und abwarten, dass du bedient wirst.

Ich habe alles für dich vorbereitet. Es ist alles da. Es ist alles vollendet. Du musst es dir aber *zu eigen* machen, du musst dein Leben durch dein Erleben zu der unverwechselbaren Einheit gestalten, die unverkennbar zu dir gehört.
Alles andere musst du als ungenutzte Chance betrachten.

Sei deshalb kein Prinz, sei keine Prinzessin, sondern werde zum weisen König, der mit Klugheit, Liebe und den Blick auf Mich gerichtet sein Reich wohl verwaltet.

„Verwaltet" ist das entscheidende Wort. Wie gesagt, es ist alles vorbereitet, du musst nur *aktiv* mit dem leben, was du hast.

Dann hast du dein Leben sinnvoll verwaltet.

Ich werde dich während dieses Jahres immer wieder daran erinnern, den Namen des Herrn zu wiederholen. Im jetzigen Zeitalter ist dies die beste Methode, Gott zu verwirklichen, sprich: Befreiung von Wiedergeburt und Tod zu erlangen.

Wenn du den Namen Gottes wiederholst, sind dein Denken, dein Fühlen, dein Sehnen, dein Wünschen auf Gott ausgerichtet.
Denkst du Gott, wirst du Gott. Fühlst du Gott, wird dein Gefühl zur Liebe, wird dein Wunsch zur Barmherzigkeit.

Außerdem zerstört der Name des Herrn auf deinen Lippen Berge negativen Karmas. *Durch den Namen Gottes wirst du der Schöpfer deines Schicksals*: Nichts Negatives kann dir anhaften, denn du denkst Gutes, siehst Gutes, hörst Gutes und tust Gutes.

Und wie sollst du den Namen wiederholen?

Wähle dir eine Form Gottes aus, die dich besonders anspricht, die dir besonders nahe ist, und setze Om davor.

Om ist der Urlaut, aus dem alles geschaffen wurde, der dich deshalb mit allem verbindet – vor allem mit Gott.

Wählst du zum Beispiel Jesus Christus, so solltest du „Om Jesus Christus" wiederholen. „Om" beim Einatmen, „Jesus Christus" beim Ausatmen.
Um diese Meditation zu intensivieren, stelle dir auch ein Bild vor, und verbinde innerlich den Gottes-Namen mit diesem Bild. Dies ist deshalb wichtig, weil es eine engere Beziehung von dir zu Gott schafft.

Hast du einen Namen auserwählt, halte dich fest daran.
Ändere ihn nicht wieder. Es würde dich in Verwirrung stürzen und nirgendwohin führen.
Halte an dem einmal erwählten Namen fest.
Genieße Seine Süße und lass dich von Ihm führen.

Alles andere ist Gottes Aufgabe. Glaube fest daran, und du bist frei.
Von Anfang an.

Du sollst dir keine Sorgen machen. Wer sich sorgt, lebt falsch.

Richte dein Leben so ein, dass du dich nicht sorgen musst.
Sorgst du dich trotzdem, dann wisse, dass du falsch denkst.

Gib die Vorstellung auf, es gehöre dir irgendetwas in deinem Leben.

Alles, was du dein nennst: Dein Körper, dein Denken, dein Ego, deine Bekannten, deine Freunde, dein Partner, deine Kinder, dein Hab und Gut – all dies sind Leihgaben.

Wie kannst du zum Beispiel ein Bild, das dir geliehen wurde und deshalb bei dir hängt, als dein Eigentum ausgeben? Stell dir vor, der Eigentümer hörte dies, glaubst du nicht, dass er – zumindest! – betroffen wäre?

Ich bin betroffen – und bin es nicht.

Ich bin es nicht, weil Ich nicht an der Welt hänge und außerdem weiß, dass du einer Täuschung unterliegst und etwas als dein Eigentum ansiehst, was dir in Wirklichkeit nicht gehört.

Ich bin betroffen, weil Ich weiß, dass diese deine Haltung dir viele Sorgen, Enttäuschungen, Kummer und Leiden verursachen wird.

Es ist deshalb Mein Wunsch, dass du alles als Leihgaben ansiehst und dass du erkennst, dass auf Erden nichts von Dauer ist. Dass alles kommt und geht.

Dass dagegen Liebe, Verantwortung und Verpflichtung, verbunden mit Ungebundensein, bestehen bleiben, weil sie Göttlich sind.

Der heutige Tag ist ein Geschenk des Universums.
Alle vier Jahre könnt ihr dieses Geschenk empfangen. Außerdem ist es ein Geschenk, das euch auffällt.
Alles Ungewöhnliche bemerkt ihr, wertet es.
Dass aber alles, alles, was euch umgibt, ein Geschenk von Mir an euch ist, überseht ihr in den meisten Fällen.

Ihr seht euren Körper als euer Eigentum an. Ebenso euren Geist. Ihr identifiziert euch mit diesen beiden so sehr, dass ihr sie als eure Identität anseht.

Dies ist ein großer Fehler. Darüber hinaus auch noch ein großes Hindernis auf eurem spirituellen Weg.

Die Identifikation mit eurem Körper und eurem Denken ist nichts anderes als die Identifikation mit eurem Ego.

Ich sage immer wieder, dass ihr euer Ego aufgeben müsst, weil es sehr brüchig und wankelmütig ist und zudem viele Schwierigkeiten schafft.

Der beste Umgang mit dem Körper und dem Denken besteht darin, sie als Meine Geschenke an euch zu sehen, die ihr eine Zeitlang genießen und verwalten könnt.
Sie haben aber ihre Zeit und werden vergehen.

Was bleibt, ist eure Freude, die darin besteht, dass ihr wisst, dass Ich alles bin, dass Ich euch alles gegeben habe. Dass Ich *mit* Meinen Geschenken und *durch* Meine Geschenke immer mit euch verbunden bin.

Denkst du in dieser Weise, so gibt es kein Wanken mehr in deinem Leben. Sondern nur immer mehr Freude, Freude, Freude.

Aus dieser großen Freude wächst Dankbarkeit, die unmerklich dein Ego in das Göttliche Selbst umwandelt.

März

Trauere nicht dem Gestern nach. Es gibt kein Gestern. Es gibt auch kein Morgen.
Gestern war und ist deshalb nicht mehr.
Morgen wird sein und ist deshalb noch nicht.

Das Einzige, was IST, ist das Jetzt.

Lebe im Jetzt. Erfülle es. Mache es dir zu Eigen.
Dann kannst du aus einem noch so misslungenen Gestern ein geglücktes Heute machen.

Denke nicht ständig darüber nach, was du alles hättest anders machen können. Wer so denkt, gibt sich der gefährlichen Illusion hin, er hätte es anders machen können.
Du hast es nicht anders machen können, weil du es nicht anders wusstest. Deswegen musstest du die Erfahrungen in deiner Vergangenheit machen, um das zu lernen, was du zu lernen hattest.

Weine keiner „verschütteten Milch" nach. Es gibt sie nicht.
Kein Tropfen geht im Universum verloren. Alles bleibt erhalten, weil alles dadurch einen Sinn hat, dass es aus Meinem Schöpferwillen entstand.

Deine Aufgabe besteht deshalb darin, diesen Sinn zu erkennen und mit *deinem* Leben zu füllen.

Je mehr du mit deinem Sinn erfüllst, desto mehr lebst du im Jetzt.

Desto mehr gilt die Gleichung: Du = Ich.

Süchte stellen ein großes Problem dar.
Unzählige Menschen gehen durch Süchte zu Grunde.
Alkohol ist die schlimmste Droge, weil sie am weitesten verbreitet ist. Hüte dich vor Alkohol, denn er ist besonders tückisch.
Es fängt mit einem Gläschen hier und einem Gläschen dort an. Und plötzlich ist Alkohol zu einem festen Bestandteil in deinem Leben geworden. Und eines Tages gibt es nur noch den Alkohol, der dich auflöst und der deine Identität auslöscht.
Die Doppelbedeutung des Ausdrucks „Du bist zur Flasche geworden" gibt diesen Sachverhalt im Deutschen treffend wieder.

Hüte dich deshalb vor Alkohol und betrachte ihn als großen Feind.

Ich weiß, wie viele schreckliche Taten begangen wurden, weil Alkohol Menschen enthemmt. Ich weiß, wie viel schweres Karma Menschen auf sich luden, weil sie dem Alkohol verfallen waren.

Und Ich weiß auch, wie viele Menschen durch dieses Gift Haus und Hof verloren haben.

Falls dir der erste Schritt beim Entsagen schwer fallen sollte, erinnere dich an Meine Wahrheit: Alkohol und Erfolg schließen einander auf Dauer aus. Beschönige nichts, lüge dir nicht in die eigene Tasche, sieh dieser Wahrheit ins Gesicht – und gehe den ersten Schritt, indem du dir sagst: „Heute trinke ich nichts!" Wiederhole dies jeden Tag.

Sieh dich als alkoholkrank an, wenn du auf Alkohol nicht verzichten kannst. Bitte den Herrn um Hilfe, und suche gleichzeitig fachmännische Hilfe auf.

Tue alles, um von dieser schrecklichen Sucht freizukommen.

Nur wenn du dir selbst hilfst, kann Ich dich mit weiterer Hilfe versehen.

Die Zerstörung eurer Umwelt ist heute in aller Munde. Jeder redet darüber. Viele schimpfen auf die Menschen. Viele auf Gott. Viele schimpfen nur, tun aber nicht das Geringste von dem, was in ihrer Macht stünde.
Es nützt nichts, wenn du auf andere schimpfst.
Wer auf andere schimpft, macht sich klein.

Sieh dich als Gott. Glaube fest daran, dass du und Gott eins seid, und die Welt wird sich grundlegend ändern.
Wenn du Gott die Schuld für die Verelendung der Welt gibst, zeigt das, wie wenig du die tieferen Zusammenhänge sehen kannst.

Viele Menschen im Westen – und Osten! – sind durch eine ganz subtile negative Ideologie verblendet und vergiftet. Diese Ideologie geistert durch viele Köpfe und bestimmt die Weltanschauung von zig Millionen Menschen. Eine Meiner Aufgaben in dieser Zeit besteht deshalb darin, diese Ideologie, die behauptet, die Welt sei schlecht erschaffen, zu zerstören.

Die Welt wurde AUS der Liebe IN die Liebe Gottes geschaffen.
Sie ist ewig und vollkommen. Nichts kann sie zerstören.
Was ihr heute seht, sind nur kleine Veränderungen an der äußersten Oberfläche, *die bald vergehen werden.*

Was aber zutiefst krank ist, ist euer Denken und damit euer Blick: Ihr könnt das Göttliche in der Welt nicht wahrnehmen. Ihr könnt es vor lauter Gestank nicht riechen, vor lauter Lärm nicht hören, vor lauter Beton nicht sehen.
Dies hat nichts mit der Welt zu tun, sondern nur mit euch.

Wende deinen Blick von der Welt ab. Betrachte die Göttliche Welt in dir.
Finde Mich in deinem Herzen, und du wirst sehen, wie Göttlich, wie makellos schön die Welt ist.
Vollkommen wie damals, als Ich sie schuf.

Erkenne, wie vollendet *du* bist.
Gib dich Gott hin, und lebe damit *bewusst* deine Göttlichkeit.

Dies ist der größte Dienst, den du der Welt erweisen kannst.

Platon war ein weiser Mann. Er hatte auch einen wunderbaren Lehrer in dem Göttlichen Sokrates.
Platon seinerseits hatte Aristoteles als berühmtesten Schüler, der dem Abendland viel naturwissenschaftliches und philosophisches Wissen vermittelte.

Mir ist die Philosophie des Aristoteles näher als die Platons, weil dieser Gott als den Schöpfer allen Seins und Werdens erkennt.

Platons Ideenhimmel dagegen schwächt die Rolle Gottes. Den letzten Grund des Seins, das Prinzip, das alles bestimmt, nennt Platon nicht Gott, sondern das Agathon, das letzte Gute.

Den Begriff Gott verwendet er nur für die Ideen, die von diesem Agathon abhängen beziehungsweise begründet werden.

Dies ist von der Theorie her genial, als Aussage aber gefährlich. Es schleicht sich bei Platon nämlich bereits die Skepsis Gott gegenüber ein, die in späteren Jahrhunderten bei vielen Denkern immer mehr verstärkt wurde – mit entsprechend fatalen Folgen.

Du kannst anhand des Beispiels von diesem hochherzigen Lehrer des Abendlandes Folgendes lernen: Ein kleiner Fehler am Anfang macht einen riesigen am Schluss.

Viele lassen sich von der Anfangsbegeisterung hinreißen und überdenken deshalb die Konsequenzen nicht beziehungsweise wundern sich, wenn das, was sie in ihrer Begeisterung übersahen, plötzlich eintrifft.

Achte deshalb mit aller Sorgfalt auf jeden Anfang.
Überlege dir genau die Konsequenzen dessen, was du denkst, sagst oder tust. Denke stets an das griechische Sprichwort: „Wer den Anfang hat, hat die Hälfte."

Reiche dein Denken, Reden oder Handeln Gott dar (7.1.). Vollbringe dein Werk mit Gottes Namen auf den Lippen (27.2.).

Dann wird das Ergebnis Heilig sein.

Alles hat *seine* Zeit.
Du kannst nicht an einer grünen Knospe riechen und erwarten, dass sie duftet.
Du kannst nicht ein Kalb melken und Milch mit nach Hause nehmen wollen.
Du kannst von keinem Welpen erwarten, dass er mit zwei Monaten bereits ein Wachhund ist.

Alles hat seine Zeit. Alles benötigt *seine* Zeit für die eigene Entwicklung. Handelst du gegen die Zeit, wirst du entweder scheitern oder sehr viel mehr Kraft aufwenden müssen, als wenn du auf den rechten Augenblick wartest. Deshalb bedeutet *in* und *mit* der rechten Zeit zu handeln, rechtschaffen zu handeln. Das Deutsche Wort gibt es sehr gut wieder: Es ist recht geschaffen!

Geduld und Warten sind das Salz des Lebens.

Die beste Speise schmeckt ohne Salz schal. Eine Prise Salz, und ein fades Essen wird zu einem wunderbaren Gericht.
So wenig bedarf es, um einen großen Unterschied zu bewirken.

Übe dich in Geduld. Lerne zu warten.
Zähme deine Ungeduld, denn sie gehört zu deinen größten Feinden.
Ungeduld lässt nämlich nichts reifen.
Ungeduld gibt nichts und nimmt jedem die Zeit für seine Entwicklung.

Ungeduld führt früher oder später mit Sicherheit zum Scheitern.

Ungeduld ist die Wurzel aller Negativität.
Deshalb: Anstatt negativ zu denken, bekämpfe deine Ungeduld!

Passe dich dem goldenen Rhythmus des Lebens an, und alles geht leicht, ist rechtschaffen und damit von Erfolg gekrönt.

Was, glaubst du, ist das Wichtigste und zugleich das Gefährlichste in deinem Leben?

Nein, es ist nicht die Atombombe, die angeblich den Frieden sichert und in Wahrheit alle bedroht.
Es ist auch nicht das Auto, das so viele von einem Ort zum anderen bringt, dabei aber Unzähligen die Gesundheit beziehungsweise das Leben raubt.

Nein, das alles ist es nicht.

Das Wichtigste und Gefährlichste zugleich ist dein Wille.
Dein Wille kann aus deinem Leben die Hölle oder den Himmel machen.
Alles in deinem Leben hängt von deinem Willen, von deinem Wollen ab.

Der Wille ist eine unendlich starke Macht, die du nie überschätzen kannst und nie unterschätzen solltest – obwohl du es so häufig tust.
Der Wille macht aus einem Tellerwäscher einen Millionär – und aus einem Millionär einen Tellerwäscher.

Wieso ist der Wille so mächtig?
Weil dein Wille von Meinem Willen abstammt und weil es Mein Wille war, der Himmel und Erde, Feuer und Wasser, Flora und Fauna schuf.
Es war *ein* Gedanke, *ein* Wort, *eine* Tat: *Ein* Wille, der sofort zur Tat wurde.

Mein Wille wird *immer* unmittelbar zur Tat. Ich lebe die Einheit von Gedanken, Worten und Werken. Diese Einheit schafft Meine Allmacht.

Mit dieser Allmacht bist du verbunden. Du bist der Schöpfer deines Lebens.
Dein Wille entscheidet, was aus deinem Leben, was aus dir wird.

Schließe dich an den Göttlichen Willen an. Erkenne überall das Licht.
Verwirkliche das Licht.
Werde Licht und lebe im Licht, das heißt lebe die fünf Kardinaltugenden Liebe, Wahrheit, Rechtschaffenheit, Friede und Gewaltlosigkeit – und auch dein Wille wird wie Meiner sein.

Die unmittelbare Einheit von Vorstellung und Sein.

Ich bin in ewiger Glückseligkeit.
Nichts betrübt Mich. Nichts bekümmert Mich. Ich tue, was zu tun ist, und schwebe im Glück.

Wäre Ich nicht in ewiger Glückseligkeit verankert, könnte es Mich betrüben, wenn Ich sehe, wie klein du dich machst.

Ich gab dir alles. Du bist allwissend. Du bist allmächtig. Du bist voller Glückseligkeit. Und wie lebst du? Als wärest du ein ganz armer Wurm, den man aus seinem Element genommen hat.

Viele Leben hindurch hast du dir Gewohnheiten angeeignet, die du nicht mehr loslassen möchtest.
Sie haben dir zum größten Teil überhaupt kein Glück gebracht. Weil es aber Gewohnheiten sind, wurden sie dir lieb und wert.
Meine vordringliche Aufgabe ist es erstens, diese alten Gewohnheiten, die wie Ketten an dir hängen, zu sprengen, denn sie binden dich unerbittlich an Misserfolg und Wiedergeburt.

Zweitens will Ich dich auf den unlösbaren Widerspruch aufmerksam machen, in dem du gefangen bist: Einerseits leidest du unter dem Erdenleben, und andererseits bindest du dich immer mehr daran.

Und je mehr du dich bindest, desto mehr leidest du.

Ich werde dir helfen, deine Ketten zu lösen. *Du musst aber umdenken.*
Du musst dahin kommen, dass du leicht wie ein Vogel durchs Leben schwebst und dich wie ein Kolibri nur vom süßesten Nektar anziehen lässt.

Der Kolibri bewegt seine Flügel unendlich schnell und kann deshalb in der Luft stehen. Wobei seine Aufmerksamkeit stets auf den süßesten Nektar gerichtet ist.

Das Gleiche sollst du tun: Bewege dich, in welche Richtung auch immer du gehst, mit deinem Blick fest auf den Herrn gerichtet, und das Leben wird auch für dich den süßesten Nektar bereit halten.

Heute feiern viele den Tag der Frau. Dies ist zumindest etwas.

Im Grunde aber sollte die Frau an jedem Tag des Jahres gefeiert werden.

Es ist die Frau, die die Gesellschaft von morgen bildet.
Sie zieht die Kinder auf, die morgen das Sagen haben werden.
Der Frau kommt somit in der Gesellschaft eine Bedeutung zu, die man nicht hoch genug schätzen kann.

Nehmen Frauen diese hohe Pflicht, für Kinder und Familie da zu sein, nicht wahr, so ist der Untergang der Gesellschaft sicher.

Ein Grund für den weltweit desolaten Zustand der heutigen Gesellschaft besteht darin, dass Frauen sich mit ihrer Rolle nicht mehr identifizieren und kaum wichtige Funktionen in der Gesellschaft haben. Sowohl in der Wirtschaft als auch in der Politik sind Frauen völlig unterrepräsentiert. Und haben sie doch eine höhere Stellung inne, wird von ihnen eher ein männliches als ein weibliches Verhalten erwartet.

Hat die Anima, hat das Weibliche Raum in eurem Leben, in eurer Gesellschaft? Wer schränkt den Animus, das Männliche ein?

Ich rede hier nicht von Kampf. Ich spreche von Ergänzung. Sie allein bringt Glück. Sie schafft die richtige Wertschätzung.

Aber euere Frauen streben dem Mann nach. Sie möchten ihm gleich sein – und vergessen dabei vollständig, wer *sie* sind.

Sie sind der Ruhepol in der Familie und der Gesellschaft.
Sie sollten ein Beispiel für Würde, Erhabenheit und Tugend sein.
Sie sollten wissen, dass sie das Herz der menschlichen Gemeinschaft sind.
Mir besonders nah.

Das größte Problem, das der heutige Mensch hat, ist sein Mangel an Selbstwert.

Der heutige Mensch tut so viel, rennt den absurdesten Dingen und angeblichen Vergnügungen nach, weil er nicht im Geringsten weiß, wer er ist.

Aus diesem Verstricktsein mit der Außenwelt gibt es in den meisten Fällen nur eine Lösung: Leiden. Das Leiden zeigt dir, dass du dich in eine Sackgasse verrannt hast, dass du „auf dem Holzweg" bist.

Deshalb heiße das Leiden willkommen, denn es will dich etwas lehren.
Die einfachste Lehre, die du aus allem Leiden in diesem Zeitalter ziehen musst, ist es, den Namen Gottes zu wiederholen (27.2.) und Gutes zu tun. Und kannst du nichts Gutes tun, so tue wenigstens nichts Schlechtes.

Je mehr du den Namen des Herrn wiederholst, desto mehr näherst du dich Ihm. – Siehst du? In diesen drei Worten ist alles enthalten: Du dich Ihm.

In der Wiederholung des Namens Gottes wird aus einem Ich ein Du, und aus dem Du wird Gott.

Dies ist das beste Heilmittel gegen ein schlechtes Selbstwertgefühl.

Eure Beziehungen bestehen mehr aus Trennungen als aus Zusammensein.

Ihr glaubt, es sei richtig und ihr hättet ein Recht darauf, euch zu trennen, wenn ihr euch in einer Beziehung nicht mehr wohl fühlt.
Diese Einstellung ist grundfalsch.
Beziehungen auf Probe sollte es nicht geben.
Die Institution, die Ich schuf, in der Mann und Frau zusammen sein sollen, ist die Ehe.

Ich schuf die Ehe deshalb, weil sie die einzige Art des Zusammenlebens von Mann und Frau ist, die beiden entspricht.

Die heutige Form des lockeren Zusammenseins entspricht den niederen Wünschen des Mannes. Besonders der Mann liebt den Wechsel von Beziehungen – ist er ja gewöhnlich auch viel weniger durch die Kinder gebunden als die Frau.

Trennungen schaffen Wunden, die zum Teil *mehrere Leben hindurch nicht verheilen* (ja, Ich möchte, dass dies deutlich unterstrichen wird).

Partner sind gewöhnlich viele Leben lang zusammen.
Verlassen sie sich durch eine Dummheit des einen oder beider Partner, so kann es geschehen, dass sie sich in den nächsten Leben aus den Augen verlieren.

Sie werden dann mühsam versuchen, mit einem anderen das aufzubauen, was sie mit dem einen verloren haben.
Dies kann ein sehr schmerzvoller Prozess sein.

Ganz davon abgesehen, dass sie irgendwann ihr gemeinsames Karma beenden müssen.

AIDS kam in euer Leben wegen eurer negativen Beziehung zur Sexualität. Sexualität ist ein Heiliges, ein Göttliches Gut.
Bei euch verkommt es aber – wie im Übrigen alles andere auch – zum Konsumgut.

AIDS wird jedoch nicht nur über sexuellen Kontakt, sondern auch durch Spritzen und Infusionen übertragen.

Natürlich sind dadurch Kranke, aber auch Ärzte, besonders bedroht.

Ärzte sollten diese Bedrohung sehr ernst nehmen.
Keiner bekommt eine Krankheit, die er sich nicht durch sein Karma verursacht hat.

Die heutigen Ärzte schaffen sich häufig unendlich viel negatives Karma.

Helfen wollen, Nachempfinden, Opferbereitschaft, Dienst am Nächsten sind ihnen zum Teil völlig fremd. Sie interessieren sich nur für Geld und für Macht.

Dies ist für die Patienten sehr gefährlich, für diese Ärzte jedoch nicht weniger. Sie leben geradewegs demselben Leiden entgegen, das sie so lieblos behandeln.

Sie glauben, das mache ihnen nichts, denn die Kollegen würden ihnen schon helfen, wenn sie sie bräuchten.

Wer sagt ihnen aber, dass zum Beispiel das arme Mütterchen, das vollkommen hilflos ihrer schneidenden Kälte ausgeliefert ist, im vorigen Leben nicht genauso dachte?

In Rechtschaffenheit, in Wahrheit, in Liebe, in Frieden und in Gewaltlosigkeit zu leben sollte dein Ziel sein.

Handle rechtschaffen, sprich die Wahrheit, begegne deinem Nächsten mit Liebe, halte dein Denken in Frieden und begegne allen Lebewesen mit Gewaltlosigkeit, dann wird dein Dasein mit Glück erfüllt sein.

Die genannten fünf Kardinaltugenden sollten den steten Leitfaden deines Handelns bilden.

Halte sie dir immer vor Augen, strebe sie unentwegt an, auch wenn du meinst, sie nicht sogleich in vollem Umfang erfüllen zu können.

Warum denkst du aber so? Wieso meinst du, sie nicht mit allen Konsequenzen leben zu können?

Mach dich nicht so klein. Wer sich klein macht, ist auch faul.
Und wer faul ist, wird sich früher oder später ärgern. Wer sich ärgert, ist nicht glücklich.

Strebe das vollkommene Glück an. Sieh die ungeheure Kraft, die in dir ist.

Du hast sie, glaube Mir, denn Ich habe sie dir gegeben.

Das Leben besteht aus angeblichen Widersprüchen.

Einer ist zum Beispiel, dass du einerseits handeln, andererseits loslassen sollst.
Wie kannst du handeln, wenn du dich im Grunde zurückhalten solltest?

Manche Völker meinen, dieses Paradoxon damit lösen zu können, dass sie einfach gar nichts mehr tun. Sie leben nach dem Motto: „Gott wird es schon richten."

Welch merkwürdiges Bild sie von Gott haben!

Wozu benötigt ein Bauer eine Kuh, wenn er selber Milch geben kann?
Wozu braucht ein Wächter als Hilfe einen Hund, wenn er am liebsten selber bellt?

Ich sollte euch mit all den vielen Gaben versehen haben, um anschließend doch alles selber zu tun?
Wäre dem so, dann hätten jene tatsächlich Recht, die meinen, die Schöpfung sei „reiner Zufall", sie habe keinen Sinn und keinen Zweck.

Du und deine Verwirklichung sind das Ziel der Schöpfung. Deswegen ist dein Handeln von entscheidender Bedeutung.

Genauso wichtig ist aber dein Loslassen, damit du dich durch dein Handeln nicht in der Außenwelt, in der Illusion verfängst.

Die Mitte zwischen Handeln und Loslassen erreichst du dadurch, dass du Mir dein Handeln darreichst (7.1.) und dir immer vorstellst, dass Ich der Handelnde bin.

Damit löst sich der scheinbar unlösbare Widerspruch von Handeln und Loslassen ganz *vom* SELBST.

Viele denken, Nehmen sei seliger denn Geben. Wie kommen sie darauf? Wo haben sie dies gelernt? Wer hat es ihnen je als wahr bewiesen? Die Wahrheit lautet vielmehr: Gibst du auch nur einmal von Herzen, bekommst du es zigfach zurück.

Das ist das große Geheimnis des Lebens, das Weise und Heilige immer wieder verkünden – das viele aber nicht glauben wollen.

Sie glauben, Haben sei seliger denn Geben.
Glaube Mir, diese Vorstellung ist grundfalsch.

Gott zum Beispiel nimmt nie. Niemals. Vielmehr gibt Er, gibt und gibt, denn dies entspricht Seinem Zustand, der durch ewige Glückseligkeit und Freiheit von Sorgen und Kummer gekennzeichnet ist und sich in absolutem inneren Frieden ausdrückt.

Bedenke noch etwas: Autorität bekommt derjenige, der gibt. Nicht derjenige, der nimmt – oder sich gar immer als bedürftig ansieht. Sieh dir zum Beispiel Albert Schweitzer an, der durch sein Tun so viele Menschen glücklich machte.

Wenn du wieder einmal etwas für dich behalten möchtest und glaubst, nicht geben zu können, frage dich, ob du wirklich glücklich bist beziehungsweise es dadurch wirst und je geworden bist.
Frage dich, ob dein Leben wirklich erfüllt ist und durch dein Nehmen voller wird.

Ist es das nicht, so beginne zu geben. Gib mehr und mehr. Und dein Leben wird sich füllen.

Denn: Kein Staubkorn geht verloren im Universum.

Krankheiten, die ihr so flieht, ermöglichen wichtige Entwicklungsschritte. Die Krankheit ist für den Menschen das, was die Häutung für die Schlange ist.

Du musst einen Fortschritt machen, deshalb entscheidet sich deine Seele, eine Krankheit aufzunehmen.
Die Krankheit ist ein Motor, durch den du weiterkommst.

Aus diesem Grund solltet ihr bei der Unterdrückung von Krankheiten sehr vorsichtig sein. Ihr könnt dadurch anschließend besonders krank werden. Nicht, wie viele annehmen, weil nun das alte Leiden noch stärker ausbricht, sondern weil die Seele nun noch begieriger nach einer Entwicklung strebt.

„Und wenn diese Nachfolgekrankheit zum Tode führt, was ist dann mit der Entwicklung?", fragst du.

Du musst wissen, dass es in dir einen Seelenteil gibt, der sich unentwegt nach dem Jenseits sehnt.
Er erinnert sich noch ganz genau an das dort erlebte Glück. Er ist es auch, der das Baby bei der Geburt weinen lässt, denn er weiß, dass das Leben auf Erden mit Leiden verbunden ist. Deshalb lebt dieser Seelenteil, nämlich dein Selbst, auf, wenn dein Körper und damit dein Ego zugrunde gehen.

Die einfachste Methode, diese „beiden Seelen in deiner Brust" in Einklang zu bringen, ist, Gutes zu tun, den Namen Gottes zu wiederholen (27.2.) und Mir alles darzureichen.
Für alles Weitere sorge Ich dann.

Weißt du, was Weisheit ist?

Weisheit ist zu wissen, ob, wann und wie man handeln soll.
So gesehen, ist es verständlich, dass die Weisheit von alters her zu den höchsten Tugenden gezählt wird.

Wer ist aber schon weise? Kaum jemand.
Gibt es doch nicht einmal viele, die es nach Weisheit dürstet.

Bei den alten Griechen gab es noch eine Vielzahl von Freunden (philoi) der Weisheit (sophia), die sich zu einem eigenen Stand erhoben – wobei es von nicht geringem Interesse wäre, nachzuforschen, wie viele Philosophen tatsächlich Weisheit erlangten.

Also: Die Weisheit ist ein hohes Gut, aber nicht leicht zu erreichen.
Was tun? Einfach aufgeben?
Das wäre feige. Fällt also weg!

Was dann?
Es ist viel einfacher, als du denkst!

Stelle zunächst fest, *ob* du die Weisheit überhaupt erlangen möchtest.
Und, falls ja, was du dafür einsetzen willst.

Lebe dann nach den fünf Kardinaltugenden, die Ich lehre: Liebe, Wahrheit, Rechtschaffenheit, Friede und Gewaltlosigkeit. Wiederhole zudem den Namen des Herrn (27.2.), und du wirst mit Sicherheit weit kommen auf deinem Weg zur Weisheit.

Mit Überschallgeschwindigkeit legt man nämlich jede Strecke schnell zurück!

Ich sage immer wieder, dass Leiden das Herz öffnet.

Es gibt aber Menschen, die das Gegenteil zu beweisen scheinen.
Es sieht so aus, als seien sie durch das Leiden erst recht hartherzig geworden.

Es klingt so, als sei Ich Selbst hartherzig, wenn Ich Folgendes sage, es ist aber die reine Wahrheit: Es gibt Menschen, die sich für das Leiden entscheiden. Sie hängen gleichsam am Leiden und wollen es nicht mehr loslassen.

Sie genießen es regelrecht zu leiden.

Sie nehmen deshalb das Leiden als Vorwand, um weiterhin ihren Egoismus leben zu können.

Sie leben gleichsam nach dem Motto: Lieber leiden, als für andere da zu sein. Diese Menschen müssen sich so lange in Leiden verstricken, bis sie nicht mehr können und dann aufrichtig um Hilfe bitten.

Dann schicke Ich ihnen einen Menschen, der ihnen hilft, ihr Herz zu öffnen.

Du musst lernen zu unterscheiden, wann Menschlichkeit, wann Leistung und wann beides notwendig ist.

Es gibt Situationen, wo Menschlichkeit entscheidend ist, zum Beispiel, wenn ein Mensch leidet und seine Seele es benötigt, dass jemand ihn in seinem Schmerz nachempfindet.

Leistung ist entscheidend, wenn zum Beispiel ein Pilot ein Flugzeug führt. Es ist in diesem Fall zweitrangig, ob er ein sehr mitfühlender Mensch ist. Entscheidend ist vielmehr, dass er das Flugzeug gut beherrscht und dich sicher ans Ziel bringt.

Bei einem Arzt wiederum sind sowohl Menschlichkeit als auch Leistung unabdingbar. Er muss sich in seine Patienten einfühlen können, gleichzeitig die richtige Diagnose stellen und zudem die geeigneten Mittel kennen und verschreiben.

Manche setzen zuweilen falsche Prioritäten, durch die sie zum Beispiel nur noch auf die Mitmenschlichkeit achten.

Wie wir sehen, kann dies – etwa was die Fähigkeiten eines Piloten betrifft – ein großer Fehler sein, der dich im Extremfall das Leben kosten kann.

Hast du Zweifel, was du tun sollst, denke immer daran, dass Ich dem *Unterscheidungsvermögen* eine prinzipielle Bedeutung beimesse.

Das heißt: Überlege zuerst, bitte Mich um Hilfe, und entscheide dann.

Triebe sind wichtig zur Erhaltung deines Lebens. Du musst essen und trinken, um deinen Körper zu erhalten. Die Sexualität ist notwendig, damit die Art erhalten bleibt. Dazu verschafft die Befriedigung der Triebe Lust. Die Lust wurde eingerichtet, damit die Triebe befriedigt werden.
Bei alledem musst du aber bedenken, dass die Triebe dich sowohl an den Körper als auch an dein Ego binden.

Über die Triebe bist du mit dem Tierreich verbunden. Tiere richten ihr gesamtes Leben auf die Befriedigung ihrer Triebe aus. Ihr Ego kannst du zum Beispiel daran erkennen, mit welcher Vehemenz sie ihr Fressen beziehungsweise ihr Territorium verteidigen.
Mit anderen Worten: Durch die Triebe lebst du die Teile in dir, die dich an das Tierische binden. Das ist das eine Problem der Triebe: Sie ketten dich an das Instinkthafte, an das Archaische in dir.

Das andere Problem besteht darin, dass Triebe stets mit Begierden verbunden sind. Hast du großen Hunger, bist du begierig zu essen; hast du Durst, stellt sich dasselbe Gefühl ein; ebenso verhält es sich mit der Sexualität.

Der Mensch unterscheidet sich vom Tier erstens durch sein Unterscheidungsvermögen, dann durch seine Fähigkeit, Dinge zu durchdenken, drittens darin, dass er verzichten, und viertens dadurch, dass er zwischen Gut und Böse unterscheiden kann.

Je mehr du jedoch deine Triebe und damit deine Begierde lebst, desto weniger bist du in der Lage, diese vier Fähigkeiten zur Wirkung zu bringen.
Das heißt, gehst du vollständig deinen Trieben nach, kannst du weder Dinge einordnen noch durchdenken noch verzichten noch zwischen Gut und Böse unterscheiden.

Heutzutage ist die Menschheit in vielen Teilen der Erde an einen Punkt gekommen, an dem die Triebe in gefährlichem Maße überhand nehmen und die Ethik dementsprechend mehr und mehr an Bedeutung verliert.
Die Begierden müssen deshalb zurückgedrängt werden.
Die Ethik und die Moral müssen angehoben werden. Der spirituelle Weg muss wieder gefunden werden.
Dies wird bald geschehen, denn das Goldene Zeitalter ist zum Greifen nah.

Woran erkennst du einen klugen Menschen? An seiner Umsicht.

Der Kluge überlegt sich, wie Dinge funktionieren, und versucht, sich mit seinem Handeln in den Gang der Dinge harmonisch einzupassen.
Dies ist das Rezept seines Erfolgs.

Dies ist auch der Grund für Meinen Erfolg.

Ich bin im Herzen aller Lebewesen. Ich bin das Wesen aller Dinge.
Ich weiß, wann der Augenblick gekommen ist, in dem sich alles mit Leichtigkeit fügt.
Was heißt das? Zum klugen, erfolgreichen Handeln gehört unabdingbar *Geduld.*
Geduld ist der halbe, nein, mehr als der halbe Weg. Ohne Geduld kann nichts gelingen. Geduld gibt dir die Fähigkeit, dich in Dinge, in Lebewesen, in Menschen „hineinzuwarten“.

Geduld ist deshalb die Königstreppe zum Erfolg.

Übe dich, wann immer du kannst, in Geduld.
Freue dich, wenn du warten kannst. Freue dich, wenn du warten kannst. Freue dich, wenn du warten kannst.

Dauerte es dir jetzt schon zu lange, weil Ich den gleichen Satz dreimal wiederholte, bevor es weiterging?

Übrigens, was Ich dir noch sagen wollte: ... Warte noch einen Augenblick!

Eure Welt ist von Macht bestimmt. Von negativer Macht.

Negative Macht ist es, wenn jemand seine besonderen Möglichkeiten oder Fähigkeiten ausnützt, um auf Kosten anderer seine Interessen und Bedürfnisse zu befriedigen.

Davon abgesehen, dass sie schädlich ist, zeugt diese Form der Macht auch von der Kurzsichtigkeit des Handelnden.

Negative Macht bricht nämlich früher oder später *immer* zusammen.
Negative Macht baut auf Sand und schafft außerdem Konsequenzen, die über viele Leben reichen können.

Die *positive Macht* ist die Macht der Liebe.
Liebe ist die stärkste Macht.

Die Welt wurde *in* und *durch* Liebe geschaffen.
Nichts kann die Liebe aufhalten.

Glaube fest daran, und die verschlossensten Türen beziehungsweise Herzen werden sich öffnen – zum Beispiel durch die bezaubernde Macht eines einzigen liebevollen Lächelns.

Dies ist die Kraft der Lotosblüte.

In vielen westlichen Ländern gibt es schnelle und dazu auch noch pünktliche Züge. Modern ausgerüstete Flugzeuge. Wunderbare Autos. Hervorragend gebaute Straßen und Häuser.

Die Läden sind mit allem nur Erdenklichen gefüllt.
Man könnte meinen, Ich spräche von einem Märchenland, aber, wie schade!, es fehlt häufig die Liebe.
Viele Herzen sind verschlossen. Sie liegen auf Eis. Gewöhnlich legt man auf Eis, was man irgendwann später verwenden möchte.

Wann wollt ihr eure Herzen verwenden?
Für welche Gelegenheit hebt ihr sie auf?
Und welch eine verrückte Vorstellung habt ihr von der Liebe? Glaubt ihr wirklich, sie wird weniger, wenn ihr sie frei fließen lasst?
Meinst du, ein Lehrer wird dümmer aus einer Klasse gehen, als er hineinging, weil sich nun sein Wissen auf seine Schüler aufgeteilt hat?
Welch eine verrückte Vorstellung wäre das!

Vielmehr verhält es sich mit der Liebe wie mit dem Wissen.
Lebe sie, und sie wird mehr.
Sie in manch einem Land zu leben ist nicht immer ganz leicht. Deshalb aber umso notwendiger.
Sollte dich jemand merkwürdig ansehen, weil du ihn freundlich anlächelst, bleibe dabei.
Lächle auch den nächsten freundlich an.
Spricht jemand unfreundlich mit dir, lasse dich nicht von deinem Entschluss abbringen, mehr und mehr Liebe zu leben.

Es mag zunächst alles wie „verlorene Liebesmüh'" erscheinen. Dieser Eindruck ist aber völlig falsch. Glaube Mir und nicht dem Anschein.
Deine Liebe geht nicht verloren.

Ich sehe sie und verzehn-, nein, verhundertfache sie.

Deshalb wird durch deine Hilfe auch in deiner Umgebung die Liebe siegen – duftend wie eine Blüte, leichtfüßig wie eine Katze, stark wie ein Elefant.

Zur Zeit gefällt es Mir, dir Fragen zu stellen.

Das ganze Leben ist ein Frage-und-Antwort-Spiel. Ich liebe das Leben. Ich liebe das Spiel, das Leben heißt. Denn Leben heißt Lieben.

Meine Frage heute lautet: Weißt du, was deine Aufgabe ist?
Die Antwort ist: Mich überall zu sehen.

(Ich muss gestehen, dies war ein merkwürdiges Spiel, bei dem Ich die Frage stelle und sie auch sogleich beantworte!)

Doch zurück zum Leben: Du fühlst dich manchmal allein. Du weißt nicht, wie du entscheiden sollst. Du zögerst, weil du dich hin- und hergerissen fühlst und gerne mit jemandem über deine Zweifel sprechen möchtest.

Du fühlst dich allein – wieso redest du dann nie mit Mir? Ich bin ständig an deiner Seite. Ich bin ständig bei dir, und du suchst nach einem Gesprächspartner! Findest du das nicht merkwürdig?

Wärst du nicht derart blind, dass du Mich tatsächlich ständig übersiehst, könnte man dein Verhalten als sehr unhöflich bezeichnen.
Und: Genau besehen, ist der Umstand, dass du Mich derart übersiehst, auch nicht die „Idee der Höflichkeit“, um es Platonisch auszudrücken!

Beginne doch einmal, Kontakt zu Mir aufzunehmen. Rede mit Mir. Frage Mich. Vertreibe dir die Zeit mit Mir und du wirst sehen, dein Leben wird sich auf Dauer grundlegend ändern.

Außerdem machst du Mir auch noch eine große Freude.

Und worin besteht der Grund für Meine Freude?

Darin, dass Ich sehe, dass du nach Hause kommst, dass du zu dir findest.

Stehst du morgens auf und bist bereits missmutig, dann sei versichert, dass du falsch lebst.

Leiden, Ärgernisse, Enttäuschungen gehören zu deiner Entwicklung, denn das Leben selbst besteht aus einer unendlichen Abfolge von Freud und Leid. Die Betonung liegt aber auf dem Wort *Abfolge*.

Bist du dagegen immer traurig, niedergeschlagen, missmutig, dann machst du etwas grundsätzlich falsch.
Das Leben ist nämlich Fließen. Das Leben muss strömen.
Ärger, Zorn, Stolz und all diese negativen Gefühle halten das Strömen auf.
Sie bekommen Macht über dich, indem sie dich von deinem Lebensstrom abschneiden.
Deshalb sind sie schlecht für dich.

Zu den negativen Gefühlen zählt zum Beispiel auch die Begierde.
Die Ideologie im Westen – und im Osten! - lehrt, die Begierde und deren Befriedigung als höchstes Gut anzusehen.

Diese Lehre ist sehr gefährlich. Ich will dir auch sagen, warum.
Begierde an sich ist nicht schlecht, wenn sie mit Liebe verbunden ist.
Ohne die Liebe aber ist sie sehr gefährlich.

Bist du begierig auf Essen und Trinken, wirst du auf Dauer deiner Gesundheit schaden.

Bist du begierig auf sexuelle Erlebnisse, noch dazu mit wechselnden Partnern, gefährdest du ebenfalls dein physisches und psychisches Wohlergehen.
Außerdem aber verschließt du dein Herz mehr und mehr.
Sexualität ohne Liebe ist totes Erleben. Wer sie sucht, hat sein Herz verschlossen.

Sexualität ohne Liebe bläht dein Ego auf und untergräbt deine Würde.

Begehrst du dagegen deinen Ehepartner und verbindest dich ihm in Liebe und reichst es Gott dar (7.1.), so bringt die Begierde über die Liebe Segen in deinen Körper, deinen Geist und deine Seele.

Entscheidend ist der Ausgang, das Ende von allem. Das Ende macht deutlich, ob etwas gut oder schlecht gegangen ist.

Um ein gutes Ende zu erlangen, ist der Anfang wichtig und der Verlauf entscheidend.

Du kannst zum Beispiel mit einem sehr schlechten Karma auf die Welt kommen, dich aber stets bemühen.

Obwohl dein Leben möglicherweise unter sehr schwierigen Verhältnissen begann, kannst du durch dein Bemühen glänzend dein Ziel erreichen.

So gibt es immer wieder Menschen, die mit einem weniger guten Karma auf die Welt kommen.
Bemühen sie sich aber und halten sich an die Wahrheit und die Rechtschaffenheit, werden sie das Ziel trotz aller möglichen Schwierigkeiten erreichen. Denn sie werden Gott an ihrer Seite haben.

Andere dagegen haben zum Beispiel eine viel bessere Ausgangsposition als die soeben Beschriebenen. Kümmern sie sich aber nicht um Tugend und Ethik, kümmern sie sich nicht um Gott und erkennen nicht die Bedeutung von Wahrheit und Rechtschaffenheit, dann ist ihr anfänglich positives Karma möglicherweise schnell verbraucht, und Leiden wird die Folge sein.

Kümmere dich deshalb immer um das Gute, werde ein Segen für die Menschheit und du wirst sehen, wie glücklich dein Leben wird – selbst wenn es nicht so gut und leicht begonnen hat.

Das Gesetz der Gnade lautet nämlich: Bemühen führt zu Rechtschaffenheit, Rechtschaffenheit zu Wahrheit, Wahrheit zu Frieden, Frieden zu Gewaltlosigkeit, Gewaltlosigkeit zu Liebe. Und all diese zusammen führen zum Ziel.

Verwalte deine Ziele.

Hast du überhaupt Ziele? Wie willst du deine Ziele verwalten, wenn du keine hast?
Und noch schlimmer: Wie willst du irgendetwas in deinem Leben erreichen, wenn du dir nie klar gemacht hast, WAS du tatsächlich erreichen möchtest?

Viele Menschen beschweren sich, dass ihr Leben nicht so verläuft, wie sie es sich wünschen. Ich frage Mich: Was wünschen sie? Wie ernst nehmen sie ihre Wünsche, wenn sie diese für nicht so wichtig erachten, dass sie sie aufschreiben?

Jede gute Schule hat einen Lehrplan. Jeder gute Betrieb hat einen Jahres- beziehungsweise einen Fünfjahresplan – manche sogar Zehnjahrespläne und Pläne für noch längere Zeiträume.

Warum hast du keinen Lebensplan?
Bist du es dir nicht wert? Möchtest du nichts erreichen?

Und wie ist es, wenn du mit deinem Auto oder mit der Bahn fährst? Steigt du in irgendeinen Zug beziehungsweise fährst mit deinem Wagen irgendwohin? Völlig ziellos?

Du tust es nicht.
Warum gehst du dann so sorglos mit deinem Leben, diesem so kostbaren Gut um?

Schreibe dir deine Ziele auf. Wie ein Betrieb: für ein Jahr, für fünf, für zehn Jahre.
Plane deinen Tag am Morgen – oder, noch besser, am Vorabend. Plane deine Wochen, deine Monate, deine Jahre.

Die Zeit ist dein höchstes Gut. Vieles kannst du in der einen oder anderen Weise zurückbekommen. Verlorene Zeit dagegen kehrt nie zurück. Sie ist ein für allemal verloren.

Schreibe dir deine Ziele daher auf. Überlege dir genau, *was* du *wie*, *wodurch*, *wann* und – ganz wichtig! – *weshalb* in deinem Leben erreichen willst.
Und du wirst sehen, dein Leben verändert sich von Grund auf: Du nimmst dein Leben ernst, und es dankt dir dies durch Erfolg, Zufriedenheit und Glück.

Plane dein Leben, achte deine Zeit, denn sie machen deutlich, wie wichtig *du dir* bist.

Hüte deine Zunge. Die Zunge ist nicht umsonst so häufig mit einer Schlange verglichen worden. Die Zunge kann dich umschlingen. Die Zunge kann dich bezaubern. Die Zunge kann blitzschnell zubeißen.

Die Zunge ist ein hohes Gut. Gehe deshalb sehr vorsichtig mit ihr um.

Überlege dir jedes Wort und bedenke, dass alles, was du sagst, weit reichende Konsequenzen nach sich ziehen kann. Ein falscher Satz oder sogar ein falsches Wort, und die Verletzung kann sich für ein Leben lang in die Seele eingraben.

Was sollst du also mit deiner Zunge tun? Auf jedes Wort achten und nur noch stottern?

Natürlich nicht.
Werde vielmehr überlegter im Gebrauch deiner Zunge. Plappere nicht einfach vor dich hin, sondern überdenke, was du sagen möchtest.
Schweige lieber, als dass du jemanden verletzt.

Das Wichtigste ist aber, dass du deine Zunge mit deinem Herzen verbindest.

Wenn du redest, sollten aus deinen Augen freundliche, warme Strahlen strömen. Deine Rede sollte zart und liebevoll sein. Sie sollte denjenigen, den sie anspricht, herzlich empfangen und umfangen.

Redest du so, wird dir die Welt zu Füßen liegen.

Übrigens: Eine liebevolle Sprache ist außerdem auch noch der beste Umweltschutz!

Harmonie ist entscheidend im Leben.
Das gesamte Universum ist auf Harmonie aufgebaut.
Alles kreist harmonisch um Mich. Ich bin das Zentrum von allem.
Ich lebe in Vollkommenheit. Ich liebe die Vollkommenheit.

Sieh dir einen Baum an. Siehst du, wie harmonisch seine Krone gewachsen ist?
Sieh dir ein wildes Tier an. Erkennst du die Harmonie und Würde seiner Bewegungen?

Sieh dir eine Landschaft an. Fällt dir auf, dass *alle* Farben, mögen sie noch so unterschiedlich sein, zu *allen* Jahreszeiten harmonisch zusammenpassen?

Finde Mich in deinem Herzen. Entdecke die umfassende Harmonie, die in dir ist, und lasse sie mehr und mehr in dein Leben fließen.

Ziehe dich zum Beispiel harmonisch an. Achte auf die Zusammenstellung deiner Kleidungsstücke und deren Farben.

Achte auf dein Essen. Welche Speisen stellst du zusammen, und wie richtest du sie an?
Sehen dein Teller, deine Schüsseln, dein Tisch harmonisch aus?

Wie ist deine Einrichtung? Passen die Möbel zusammen? Und die Bilder?

Und wie sind deine Freunde? Passen sie zu dir? Helfen sie dir auf deinem spirituellen Weg? Sind sie dir eine Stütze in schweren Zeiten?

Harmonie ist Göttlich. Das kannst du auch daran erkennen, dass es sehr leicht sein kann, sie herzustellen.
Du musst sie nur in deinem Herzen finden, dann überträgt sie sich automatisch auf deine *innere* und *äußere* Einrichtung.
Auf deine Beziehung, deine Freundschaften. Auf deine Arbeit.

Dein Leben wird voller Harmonie sein .
Gotterfüllt und gesegnet.

Der Tod macht alle gleich.
Die größte Macht, der größte Pomp, das größte Wissen, die perfekteste Schönheit verlieren alle Bedeutung im Angesicht des Todes.

Und was ist der Tod? Die Schlussrechnung des Lebens. *So, wie du gelebt hast, so wirst du sterben.*

Nichts ist zufällig in deinem Leben. Deine Geburt nicht. Die Begegnungen in deinem Leben nicht. Dein Tod nicht. Alles hat mit dir, deinen Handlungen und deren Konsequenzen zu tun.

Du bist der Schmied deines Schicksals. Alles andere ist nur Wirkung.

Steigst du in den Zug nach Paris ein, kommst du in Paris an. Du musst nicht wissen, wie man eine Lokomotive bedient. Du musst nicht einmal die Richtung kennen, geschweige denn die Strecke. Du löst einen Fahrschein, steigst ein. Alles Weitere regelt die Bahn.

Genauso ist es auch im Leben. Wählst du den Zug zu Gott, benötigst du nur den Fahrschein, der in der Wiederholung des Namens Gottes besteht (27.2.). Alles Weitere macht dann Gott.

Entscheidest du dich für die Welt, ist alles etwas anders. Auch hier gibt es Züge. Aber keine direkten. Es gibt auch keine Kurswagen. Warum? Weil sich die Richtung in der Außenwelt unentwegt verändert.

Die Welt ist durch das ständige Mehr-oder-Weniger gekennzeichnet. Der Reisende verändert deshalb immer wieder seine Richtung.
Bis er an einem Kopfbahnhof anlangt, an dem seine Richtung grundlegend neu bestimmt wird.

Die Neubestimmung besteht im Erkennen, dass er früher oder später den Zug nehmen muss, der aus der Welt herausführt.

Es ist von großer Wichtigkeit, dass er diesen Zug nimmt, bevor der Tod dies entscheidet, denn es stirbt sich nicht gut, solange man auf Reisen durch die Außenwelt beziehungsweise die Illusion ist!

Du weißt, wann Sokrates gelebt hat.
Du weißt, wann Franz von Assisi gelebt hat.
Du weißt, wann Goethe gelebt hat.
Du weißt, wann Aurobindo gelebt hat.
Kennst du auch deren Lehren?
Hast du auch eine einzige durchdacht, für gut befunden und umgesetzt?

Du versuchst?
Versuche nicht. Handle.

Was nützt dir geschichtliches Wissen, wenn es keine Auswirkung auf dein Leben hat? Wieso lernst du die Lehren der Weisen kennen, wenn du sie nicht umsetzt?
Reines Buchwissen ist nichts als Ballast. Nein, es ist sogar schlecht, weil es gefährlich ist! Reines Buchwissen, das du nicht in die Tat umsetzt, bläht dein Ego auf. Du glaubst dann, du seist klüger, sprich: besser als andere.

Leeres Buchwissen trennt dich durch deine Arroganz von den anderen und lässt dich verstauben.
Mit diesem „Ballast-Wissen" baust du eine Festung um dich. Du lebst nach dem Motto: „Wissen ist Macht." Dieser Spruch ist wahr und zeigt die Gefährlichkeit leeren Wissens.
Durch dieses Wissen bekommst du Macht über andere, gleitest dir selbst aber aus den Händen.

Die Feinde, wie Stolz, Ärger, Gier, Neid, Eifersucht, Bindung, werden viel Nahrung bekommen. Du musst nur viel diskutieren und versuchen, Recht zu behalten, dann werden sie gehörig aufleben.

In Wirklichkeit musst du nicht viel wissen. Der Heilige Franz von Assisi war kein Gelehrter. Er kannte aber *eine* Wahrheit, die er umsetzte: *Du sollst alle Lebewesen lieben und ihnen dienen.*
Er lebte nach dem Prinzip, dass *Gedanke, Wort und Werk eine Einheit bilden* sollen. Er verwirklichte diese Einheit so weit, dass selbst wilde Tiere seine Liebe spürten und erwiderten.

Dies ist die Wahrheit, dies ist die Essenz aller Bücher und allen Wissens.

Es war einmal ein Mann, der hatte eine Frau, die ihn sehr liebte, die immer für ihn da war, die ihm den Haushalt machte und liebevoll die Kinder aufzog.
Der Mann liebte und ehrte seine Frau. Er arbeitete fleißig, um seine Familie zu versorgen.

Die Jahre zogen ins Land.

Plötzlich veränderte sich der Mann. Auf einmal verlangte es ihn nach einem anderen Leben.

Seine Frau verstand ihn nicht. Sie versuchte, ihm alles zu geben, was sie nur konnte. „Warum ist er nur unzufrieden?“, fragte sie sich.
Da merkte die Frau, dass er sie nicht mehr liebte. Dass er von ihr wegwollte. Das schmerzte sie so sehr, dass sie bald darauf an gebrochenem Herzen starb.

Nun war der Mann endlich frei. Er lebte all das aus, was er zu Lebzeiten seiner Frau nicht hatte tun können. Er traf sich mit Freunden, trank viel und lernte andere Frauen kennen.

Dies ging eine Weile so. Dann merkte er, dass die alte Unzufriedenheit sich wieder einstellte. Die Freunde passten ihm nicht mehr. Die Freundinnen ebenso wenig. Die Arbeit gefiel ihm nicht und vieles andere auch nicht.

Nun erst merkte er, wie sehr er seiner Frau Unrecht getan hatte. Wie wenig sie für seine Unzufriedenheit verantwortlich gewesen war. Er bereute seine Handlungsweise ihr gegenüber sehr, ging an ihr Grab und weinte bitterlich.

Was sagt uns diese Geschichte? *Mache nicht andere für dein Wohlergehen oder deine Unzufriedenheit verantwortlich.*

Glaube Mir, der Ich viele Milliarden Schicksale kenne: Es liegt immer an demjenigen, der unzufrieden ist.

Sei aber versichert: Unzufriedenheit ist eine jener Krankheiten, die du leicht durch Opferbereitschaft, Dienst am Nächsten und das Leben positiver Ideale verändern kannst. Denn diese Drei führen direkt zum Glück.

April

„April, April", das ist der Ruf, mit dem in Deutschland am heutigen Tag die verschiedensten Scherze eingestanden beziehungsweise entschuldigt werden.

Dieser Tag ist deshalb eine gute Gelegenheit, über Späße nachzudenken.
Viele könnten gut und gerne mehr Spaß vertragen. Viele sind zu ernst.
Haben sie vergessen, dass Leben Freude ist?
Also: Macht Späße, lacht und seid fröhlich und gebt die Vorstellung auf, durch Leistung und Geld könntet ihr euch Frohsinn kaufen. Einen solchen Laden gibt es nämlich nicht.

Wie macht man aber in der rechten Weise Späße?
Es sind im Grunde alle Scherze erlaubt, durch die der andere *stets* spürt, dass er gemocht und geachtet wird. Sarkasmus und Zynismus lehne Ich ab. Menschen, die sich dieser Mittel bedienen, leben auf Kosten anderer und verstecken sich hinter einer Maske aus scheinbarer Überlegenheit und gut verborgener Feigheit, anstatt die lebenswichtige Herzlichkeit fließen zu lassen.
Freue dich deshalb nur über Späße, durch die nicht nur bei dir, sondern auch bei deinem Gegenüber Freude entsteht.
Scherzt du mit jemandem, und er zieht sich zurück, bedenke, dass du ihn verletzt haben könntest. Erkläre ihm deine gute Absicht und baue eine Brücke zwischen euch auf.
Hattest du tatsächlich in deinen Scherz eine böse Absicht mit hineingelegt, dann entschuldige dich.
Auf gar keinen Fall darfst du dein Verhalten als „nur einen Scherz" bagatellisieren. Ist der andere getroffen, handelt es sich nicht mehr um einen Scherz, sondern um eine Verletzung.
Sag nie: „Bist du aber empfindlich!", sondern fasse dich an deine „Jeckennase" und frage dich, ob du nicht grob warst.

Diese Frage ist viel wichtiger als irgendeine Feststellung über den anderen – die übrigens ohnehin nicht zutrifft!

Also: Mache heute viele Scherze. Hab viel Spaß.

Ich segne dich, damit du viele Herzen erreichen und öffnen mögest.

Ostern zu feiern und Lamm zu essen ist so, als feierte die Feuerwehr ihr Bestehen damit, dass sie ein Haus abbrennt, oder die Wasserwacht, indem sie ein Schiff versenkt.

Christus aß kein Fleisch. Er war viel zu verbunden mit allen Lebewesen, als dass Er es hätte tun können.

Es widerspricht außerdem völlig der Botschaft der Liebe, die Er lehrte. Christus kannte die größeren Zusammenhänge genau. Er wusste, dass es ein Volk auf Dauer ruiniert, wenn es Fleisch isst. Aber genau wie Mohammed kam Er gegen den Brauch, Fleisch zu essen, nicht an.

Dies birgt einen nicht geringen Teil an Tragik. Christus kam, um Liebe, Frieden und Bruderschaft unter den Menschen zu verbreiten.
Ihre Essgewohnheiten blieben aber mehr oder minder unverändert.

Dies ist mit ein Grund, warum das Christentum heute auf der ganzen Welt so wenig Spiritualität und Liebe aufzuweisen hat: *Wer Fleisch isst, aktiviert die aggressiven Tendenzen in sich.* Kein Wunder, dass an beiden Weltkriegen fast ausschließlich Christliche Nationen und ohne Ausnahme Fleisch essende beteiligt waren.

Iss kein Fleisch: Erstens wird dafür ein hoch entwickeltes Tier getötet, was in hohem Maße gegen das Gesetz der Gewaltlosigkeit verstößt, das Ich lehre.
Zweitens führt der Verzehr von Fleisch *immer* zu einem Ansteigen des aggressiven Potentials, das in jedem Menschen latent vorhanden ist. Konflikte verschiedenster Art sind die Folge.
Drittens zerstört das Essen von Fleisch auf Dauer deine Gesundheit. Dein Darm ist nicht so kurz wie derjenige der Tiere, die Fleisch essen. Das Fleisch bleibt deshalb zu lange in dir und erzeugt schädliche Gase, die deinen Darm, dein Herz und dein Gehirn schädigen.

Viele Krebsarten, Tumore, Herzprobleme und Infarkte kommen vom Verzehr von Fleisch. Glaube mir, denn ich kenne die größeren Zusammenhänge. Sieh dir die Statistiken an, die klar belegen, dass Völker, die sich vegetarisch ernähren, länger und gesünder leben.

Gib deshalb die Vorstellung auf, Ostern mit dem Verzehr von Lamm- oder anderem Fleisch zu feiern.
Es wäre ein Stich in Christi Herz. Bemühe dich vielmehr, an diesem Festtag Ihm nachzustreben, und entwickle Achtung und tiefe Liebe allen Geschöpfen gegenüber.

Dann ist Ostern wirklich ein Festtag, den zu feiern es lohnt.

Deine Aufgabe als Mensch ist es zu leben, Erfahrungen zu machen, anderen zu dienen und glücklich zu sein.

Urteilen darf nur der Herr, denn Er allein kennt die Zusammenhänge.

Nur wer viele Leben eines Menschen kennt, kann abschätzen, wie er ist.
Du überblickst in den meisten Fällen nicht einmal ein einziges Leben. Was weißt du dann? Wie willst du urteilen können?

Anstatt zu urteilen, rate Ich dir, das Positive in anderen zu sehen. Du sollst dabei nicht blind und naiv jedem in die Arme laufen. Du sollst vielmehr deinen Blick dahingehend schulen, dass er immer schneller die guten Eigenschaften erkennt.

Menschen sind unterschiedlich. Das ist keine Frage. Es gibt Menschen, von denen Ich dir rate dich fernzuhalten, da sie dir schaden können.

Mit manchen Menschen hast du karmische Verwicklungen. Wärest du anders beziehungsweise hättest du ein anderes Karma, würdest du dich nicht in ihren problematischen Anteilen verfangen.
Sind die Menschen aber gut und es liegt nur an eurem Karma, dann kannst du hier viel zum Guten wenden, wenn du das Positive in deinem Gegenüber siehst und ihm entsprechend begegnest.

Worauf Ich hinausmöchte, ist, dass du zahlreiche Menschen „gut-lieben" kannst. Dadurch, dass du ihnen von Herz zu Herz begegnest und ihnen deutlich machst, dass du das Positive in ihnen siehst und wertschätzt, kannst du sie mit etwas Geduld grundlegend verändern.

Deshalb rate Ich dir: Urteile nicht, da du in den allermeisten Fällen sowieso falsch urteilst. Begegne deinem Nächsten vielmehr mit wissender Liebe – Liebe, die um die Schwierigkeiten der menschlichen Entwicklung weiß und gerade deshalb über manche dunkle Seite hinwegsehen kann.

Und die weiß, dass man, um über etwas hinwegsehen zu können, *nicht blind sein darf.*

Vier plus vier ergibt acht. Acht ist die Zahl des Werdens. Werden ist stets mit Veränderung verbunden. Deswegen ist die liegende Acht das Symbol der Ehe.

Du kannst tun, was du willst, eine Ehe wird dich verändern. Für den Menschen, der bequem leben möchte, ist dies zwangsläufig ein erschreckender Gedanke.

Wer dagegen in seiner Entwicklung vorankommen möchte, der findet in der Ehe eine gute Möglichkeit dafür. Die Ehe ist nämlich der ideale Mühlstein für dein Ego und deshalb genau das Richtige in diesem Zeitalter.

Mann und Frau können nicht zusammenleben, wenn jeder nur an sich und seine Interessen denkt. Ohne Kooperation wird jede Ehe zur Hölle.

Es liegt mithin an dir, was aus deiner Beziehung wird.
Hast du Schwierigkeiten, frage dich, was du verändern kannst.
Weißt du keine Antwort, frage deinen Partner: Er weiß sie bestimmt.

Das Leben scheint vielen so schwierig, so anstrengend, so mühevoll.
Natürlich sind manche Schicksale schwer. Auch die schwersten Schicksale könnten aber mit etwas Liebe abgemildert werden.
Das Hauptproblem stellt immer das Ego, die Selbstsucht, dar.

Das Ego beziehungsweise die Selbstsucht macht dir das Leben schwer. Nimm deshalb alle Schwierigkeiten, die du mit deinem Partner hast, dankbar an, denn sie bieten dir eine Chance, dein Ego abzubauen und dir so auf lange Sicht das Leben zu erleichtern.

Und damit immer mehr das DU im anderen zu sehen und zu lieben.

Rauchen zerstört deine Gesundheit. Rauchen stumpft deine Gefühle ab.

Rauchen und Gott schließen sich aus. Wiederholst du den Namen Gottes (27.2.) und rauchst anschließend, löschst du viel von dem Guten wieder aus, das du durch die Wiederholung des Namens des Herrn in dir hast aufleben lassen.

Rauchen öffnet dich weit für alle negativen Energien, die um dich sind. Du wirst durch das Rauchen so geschwächt, dass das Negative ungehindert in dich kommen und dich beeinflussen kann. Dies setzt dich unter Druck und ist mit ein Grund, weshalb viele mit der Zeit immer mehr rauchen.

Raucher glauben, das Leben besonders zu genießen. Die Wahrheit ist, dass sie nicht mehr, sondern weniger genießen. Sie verschließen sich vielmehr für die feine Göttliche Energie, die in ihnen ist und nur darauf wartet, sich entfalten zu können.

Auch in deiner Meditation wirst du, solange du rauchst, nicht recht weiterkommen. Du läufst vielmehr Gefahr, das Meditieren ganz aufzugeben, weil dir während der Meditation all die verrückten Gedanken und unterdrückten Gefühle durch den Kopf und das Gemüt gehen, die du durch das Rauchen in dich aufgenommen hast.

Zudem kannst du durch das Rauchen dein Leben um Jahre verkürzen.

Entscheide dich deshalb, noch heute mit dem Rauchen aufzuhören.
Warte keinen Tag mehr. Sage dir immer: „Heute nicht“, wenn du rauchen möchtest. Bitte Mich um Hilfe. Wiederhole den Namen des Herrn. Und denke immer daran: Ich werde dir helfen.

Aber Ich kann dir hier, wie auch sonst, nur helfen, wenn du *willst*, das heißt etwas tust.

Um auf Erden überleben zu können, benötigst du dein Ego. Hast du Gott ganz verwirklicht, lebst du nur mehr einundzwanzig Tage, da dein Körper von dir nicht mehr ausreichend versorgt wird.

Der Indische Heilige Ramakrishna Paramahamsa zum Beispiel überlebte seine Gottesverwirklichung nur, weil sein Neffe ihn aufopfernd versorgte.

Das Ego ist also notwendig zur Erhaltung des Körpers. Gleichzeitig ist es sein größter Feind. Wie viele Seelen haben ihren Körper wegen ihres Ego verloren! Halte dir nur einmal die unzähligen wahnsinnigen Duelle vor Augen, die aus angeblicher „Ehrverletzung" stattfanden. Oder denke an die Kriege und was es sonst noch gab und gibt, um die Macht des Ego zu verfestigen.

Die Gefährlichkeit des Ego besteht darin, dass es sich primär um sich selbst kümmert und nur dann, wenn dies im Einklang mit seinen Interessen ist, auch den Körper mit einbezieht.
Da es aber ebenso wie der Körper mit dem Tod zugrunde geht, ist es wie der Körper bemüht, den Tod zu vermeiden und das Leben auf Erden so weit wie möglich auszudehnen.

Das Ego stellt außerdem auch noch ein Hindernis für die Selbstverwirklichung dar.
Selbst und Ego verfolgen nämlich grundsätzlich verschiedene Ziele.
Das Selbst möchte Gott verwirklichen und das Erdenleben auf ein Minimum beschränken.
Das Ego dagegen liebt es, sich in der Welt zu verlieren. Es schafft deshalb überall karmische Verwicklungen, damit es fest an das Erdenleben gebunden ist.

Sind die Verwicklungen unlösbar geworden, erscheint ein hoher Heiliger oder ein Weiser, weist den Weg, trennt die Bindungen, löst Karma auf.
Dies ist der Augenblick, in dem das Selbst auflebt und sich begierig Gott zuwendet.

Die Einsamkeit, die das Selbst im Körper erlebte, löst sich in Tränen auf. Deshalb weinen Menschen, wenn sie von Gott ergriffen sind. Die Tränen sind das Aufatmen des Selbst.

Sei dankbar.

Glaube mir, viele Menschen sind unglücklich, weil sie nicht dankbar sind. Sie nehmen und nehmen und nehmen. Und was geschieht? Sie haben immer noch das Gefühl, nichts oder zumindest nicht genug bekommen zu haben.
Dies ist der Segen der Dankbarkeit: Sie macht seelisch satt. Sie macht zufrieden. Und was ist die Zufriedenheit? Die goldene Leiter zum Glück!

Übe dich deshalb in Dankbarkeit. Kannst du nicht danken, kannst du nicht dankbar sein, dann sieh dies als ein Manko, als einen Fehler an, der deine Lebensqualität sehr einschränken kann.

Übe deshalb täglich. Sei Gott dankbar, dass er diese deine Existenz ermöglichte und ständig ermöglicht. Danke deinem Partner für all das, was er für dich tut, und für das Viele, was er dir gibt. Danke deinen Kindern für die Freude, die sie dir bereiten. Danke deinen Freunden, dass sie für dich da sind. Danke deinen Kollegen und deinen Vorgesetzten, dass sie dir ermöglichen zu arbeiten und deinen Unterhalt zu verdienen.

Danke der Welt, dass sie dich mit so vielen beschenkt. Danke der Sonne, dass sie dich wärmt und erhält. Danke dem Mond und den Sternen, dass sie dich mit besonderem Licht erfreuen.
Und bedenke noch etwas: Gott braucht deine Dankbarkeit nicht. Du brauchst es aber, dankbar zu sein!
Sei deshalb dankbar. Sei unbedingt dankbar.

Und warum? Weil es um dich geht. Ohne Dankbarkeit wirst dich verlieren, weil du die anderen nicht siehst. Ohne Dankbarkeit wirst du dich nicht finden, weil du das Du in deinem Gegenüber nicht siehst. Ohne Dankbarkeit wird dein Leben unerfüllt bleiben, weil du den anderen nicht gibst, was ihnen zusteht.
Und was steht ihnen zu? Dein Herz. Deine Liebe. Denn sie machen deutlich, dass all die unendlich vielen Geschenke bei dir angekommen sind. Dass du siehst, wie viel Du hast. Wie kostbar Du bist.

So kostbar, dass selbst Gott und das Universum dich von Herzen gern beschenken.

Karma ist ein entscheidender Begriff, um die Gesetze der Welt zu verstehen. Karma besagt, dass alles, was du tust, Konsequenzen hat.

Tust du Gutes, sind die Folgen gut; tust du Schlechtes, sind sie schlecht. Diese Lehre ist einfach und kann überall nachgeprüft werden.

Kochst du zum Beispiel mit schlechten Zutaten, so ist das Essen dementsprechend. Kümmerst du dich außerdem wenig um die Garzeit und brennt dir alles auch noch an, dann musst du entweder das Ganze wegwerfen oder wirst ein Mahl haben, das recht schlecht schmecken wird.

Das ist die Lehre des Karmas: Wie du handelst, wirst du leben.

Da gibt es nichts „Mysteriöses", „Unheimliches", „Unklares". Das Gesetz von Ursache und Wirkung kannst du in der gesamten Schöpfung beobachten. Kein Wunder also, dass es auch dein Handeln bestimmt.

Zur Karma-Lehre möchte Ich aber noch etwas sagen: Denke immer daran, dass *du* der Handelnde bist. Du schaffst dein Schicksal. Du schreibst mit deinen Taten in die *Akasha*-Chronik, ins Himmlische Buch aller Leben.
Und du kannst deshalb auch alles wieder löschen.

Tue Gutes, denke Gutes, sprich Gutes, sieh Gutes. Sei gut, und alle negativen Konsequenzen aus früheren Leben werden weggewischt.

Sei versichert, dass dem so ist. Denn so, wie Ich immer wieder versuche, dich beim „Schreiben" negativer Taten zu bremsen, so helfe Ich dir beim Wegwischen.

April ist häufig der Monat, in den Ostern fällt. Wie du weißt, gehört Ostern zu den veränderlichen Feiertagen. Ostern findet bekanntlich an dem Sonntag nach dem ersten Vollmond nach Frühlingsanfang statt.

Diese Bestimmung hat Symbolcharakter.
Der Frühling ist die Zeit, in der die Vegetation wieder erblüht.
Der Mond ist bekanntlich eng mit den Lebensrhythmen auf Erden verbunden.
Ostern ist damit schon von der Festlegung her deutlich ein Fest der Erneuerung.

Es kommt aber noch etwas hinzu: Die Eier, die an Ostern eine so große Rolle spielen, sind ein Fruchtbarkeitssymbol, da sich unzählige Lebewesen über Eier fortpflanzen.

Das Ei ist das Symbol des Wundersamen. Das Leben ist das hier gemeinte Wunder.

Bleibe deshalb nicht beim Materiellen stehen. Denke über das Wunder des Lebens nach. Nimm Ostern und die dazu gehörenden bunten Eier, um dir bewusst zu werden, dass auch in dir, tief in deiner Seele, wunderbare, bunte, glitzernde Eier ruhen.

Denke ebenfalls über den Osterhasen nach, der ein weiteres Fruchtbarkeitssymbol darstellt, da Hasen bekanntlich sehr vermehrungsfreudig sind.

Vielleicht bringt dich dein Nachdenken zu dem entscheidenden Osterhasen, der ungesehen all die schönen Eier des Lebens bringt.

Und Der deshalb nicht zu sehen ist, weil Er tief in deinem Herzen ruht und nur durch deinen inneren Blick aufzufinden ist.

Die Familien auf der ganzen Welt sind heute in einem erschreckenden Zustand.
Streitigkeiten, Zerwürfnisse, Trennungen sind an der Tagesordnung.

Glaube nicht, dass du dauerhaft Glück und Frieden erleben kannst, wenn du diese nicht in deinem Zuhause suchst und findest.

Manche Familien sind aber bereits derart zerrüttet, dass sie meinen, kaum noch einen gemeinsamen Weg finden zu können.

Es ist legitim, wenn du dich in einem solchen Fall von deiner Ursprungs- beziehungsweise Gegenwartsfamilie zunächst zurückziehst, um deinen Weg zu gehen und deine Gefühle zu klären.

Dies sollte aber kein Dauerzustand werden.
Versuche, Frieden in deine Gefühle zu bringen. Baue deine Negativität ab.
Denke immer daran, dass Wut oder gar Hass dir sehr schnell schaden können und dich an diejenigen binden, von denen du meinst loskommen zu wollen.

Betrachte besonders die Schwierigkeiten in deiner Ursprungsfamilie als eine Möglichkeit, heitere Gelassenheit zu üben.

Dies ist am Anfang nicht leicht, bereitet dir aber auf Dauer mit Sicherheit immer größeres Glück, denn du bist damit in der Lage, dir aus den Problemen deines Zuhauses eine Hilfe für deinen Lebensweg zu schaffen.

Jeder Tag ist himmlisch. Der heutige ist es in besonderem Maße. Ich will dir nämlich sagen, was das Leben auf Erden bedeutet.

Vor der Schöpfung war alles in Mir. Eingefaltet im Absoluten Sein, jenseits des Werdens, das für das Universum und die Erde typisch ist.

Mit der Schöpfung entstanden die unzähligen Seelen-Teile von Mir, die sich außerhalb von Mir befinden.
Diese Seelen sind vollkommen. Sie sind hilfsbereit und leben in Wahrheit, Rechtschaffenheit, Frieden und Liebe. (Ich wollte es nicht immer wiederholen, du kannst aber vor jede dieser Eigenschaften das Wort „vollkommen" setzen.)
Diese Seelen sind Mir unmittelbar nahe. Unmittelbar mit Mir identifiziert. Sie haben aber kein Selbst-Bewusstsein und kein Mitgefühl. Das heißt, sie sehen nur Mich und wissen nichts über sich.

Um Selbst-Bewusstsein und Mitgefühl zu vermitteln, schuf Ich die Welt. Und mit ihr das Ego.
Das Ego ist der Motor zum Selbst-Bewusstsein. Das Ego ist von großer Bedeutung, es hat aber die Eigenschaft zu wuchern: Aus dem Gefährt der Seele, das zum Selbst führen soll, wird leicht der Kerker der Seele.

Deshalb besteht eine Form Meiner Hilfe für dich darin, dein Ego einzuschränken oder gar zu zerstören und dich so für dein Selbst zu öffnen.
Du findest dann dein Selbst und *weißt*, dass du es gefunden hast.
Du spürst dann *bewusst*, wie du dich Mir annäherst und schließlich in Mich eingehst.
Das heißt: Das Selbst-Bewusstsein ist nach den vielen Leben vom Selbst nicht mehr trennbar.

Mein Selbst erfährt damit die gleiche Bereicherung wie deines: Stell dir vor, Mein Selbst sei vor der Schöpfung wie ein großer, alles umfassender Mantel aus wunderschönen Federn.
Mit jeder Seele, die Selbst-Bewusstsein und Mitgefühl erlangt, erwachen auf jeder Feder zwei Augen, die voller Liebe und Wissen strahlen.

Siehst du, so viel Glanz vermittelt die Welt.

Die Heilige Institution der Ehe dient dazu, dass zwei Menschen einen gemeinsamen Lebensweg gehen.

Leider seht ihr so wenig, sonst würdet ihr ermessen können, welch ein Wunder dies darstellt und wie sehr der Herr für euch sorgt.

Eure Partner sind nicht nur für ein Leben für euch bestimmt – geschweige denn nur für wenige Jahre oder gar Monate, wie es heute häufig der Fall ist. Eure Partner sind eure Lebensgefährten über viele Leben.

Ich richte es so ein, dass ihr bei eurer Wiedergeburt den Partner eures früheren Lebens wieder vorfindet. Dieses „Vorfinden" beinhaltet sehr viel.

Euer Partner muss in diesem neuen Leben so aussehen, dass er euch gefällt. Er muss ein Alter haben, das dem euren entspricht, er muss in vielerlei Hinsicht zu euch passen, und er muss von euch gefunden werden.
All das richte Ich eurem Karma entsprechend ein.

Könnt ihr es da nicht einrichten, mit diesem Menschen etwas liebevoller und etwas nachsichtiger umzugehen?

Denke deshalb bei jeder Schwierigkeit, auf die du stößt, dass sie *nicht* mit deinem Partner, sondern mit *dir* zu tun hat. Die Schwierigkeit kommt nämlich nur daher, dass du noch etwas zu lernen hast.

Verlängere nicht sinnlos die Reihe deiner Leben, indem du Schwierigkeiten aus dem Weg gehst.

Danke vielmehr deinem Partner dafür, dass du durch ihn die Gnade erfährst, das lernen zu können, was du lernen musst.
Danke ihm für diese Gnade, und sei guter Dinge.

Dankbarkeit und Frohsinn sind der beste Treibstoff für das Gefährt, das Ehe heißt.

Was verbindet dich mit einem anderen Menschen?
Was verbindet dich mit einer Kuh?
Was verbindet dich mit einem Baum?
Was verbindet dich mit einem Stein?

Auf diese Fragen gibt es nur eine Antwort: Alles!

Der Kern von allem bin nämlich Ich. Der einzige Unterschied ist primär äußerlicher Natur, eine weit reichende Täuschung durch die Außenwelt.

Ich sage bewusst „*primär* äußerlicher Natur", denn es gibt auch einen inneren Unterschied. Dieser ist das Maß an erlebtem Bewusstsein.
Je höher die Inkarnation, desto höher ist die Fähigkeit zu Selbst-Bewusstsein und Mitgefühl.
Dies ist der Unterschied zwischen den verschiedenen Erscheinungsformen des Einen.

Im Grunde sind aber alle gleich.
Dieses Wissen ist die entscheidende Formel, mit deren Hilfe du, als seiest du mit einer Losung ausgerüstet, durchs Leben gehen sollst.

Glaube Mir, es liegt nur an deinem Blickwinkel, wenn du Schwierigkeiten hast. Schwierigkeiten sind nichts anderes als ein Indikator dafür, dass du an eine Grenze deiner Liebesfähigkeit und deines Bewusstseins gelangt bist.
Das ist alles.

Verdamme dich deshalb nicht, wenn du Schwierigkeiten hast – das wäre das Falscheste, was du tun kannst.
Achte und liebe dich in der rechten Weise. Arroganz zum Beispiel ist nichts anderes als ein Mangel an Selbstachtung.
Finde deine Selbstachtung. Finde sie mehr und mehr. Dann lösen sich alle Probleme – eben von Selbst.

Und warum? Weil du, je mehr du dich wirklich findest, desto mehr Mich entdeckst. Das ist die Lösung.

In deinem Land regnet es viel. In Salzburg, wo das Wasser manchmal wie Schnüre vom Himmel kommen kann, spricht man vom „Schnürlregen“.

Manche ziehen eine Verbindung zwischen dem Wetter und dem Seelenzustand der Menschen und behaupten, der viele Regen mache depressiv.
Die Sonne dagegen wird als „Lustigmacher“ bezeichnet.

Ich sehe es etwas anders: Für Mich gilt: Regen ist Segen – viel Sonne macht Faulheit zur Wonne.

Alles auf Erden hat seinen Preis.

Sieh den Regen als das große Nahrungsmittel der Natur an. Das saftige Grün, die bunten Blumen, die plätschernden Flüsse hast du dem Regen zu verdanken.

Stimmt der Regen dich dennoch „bedeckt“, so nutze diese Gelegenheit und forsche in deinem Inneren.

Wie kannst du nämlich den Regen *vor* deinen Augen sehen, wenn du die Sonne *in* deinem Herzen entdeckt hast?

Für denjenigen, der sein Herz entdeckt hat, gibt es keine traurigen Tage – mag es draußen regnen oder die Sonne scheinen.

Dies klingt beinahe platt. So platt ist aber der Weg zu deiner Freiheit, die kein Regentropfen je berühren kann.

Ängste stellen ein schwieriges Problem dar. Nicht allein deshalb, weil sie heute so verbreitet sind, sondern weil es schwer ist, mit ihnen umzugehen.

Es scheint so, als seien Ängste notwendig und hilfreich. Bei genauerer Betrachtung stellt sich aber heraus, dass ängstliche Menschen sich immer mehr in ihren Befürchtungen bestätigt sehen, zudem häufig Negatives erleben, wodurch ihre Ängste vielfach sogar zunehmen.

Ängste schützen nämlich in den meisten Fällen nicht. Sie schaffen vielmehr negative Weltbilder, die früher oder später auf denjenigen zurückkommen, der sie in sich hat entstehen lassen.

Statt dich von Ängsten leiten zu lassen, bitte Gott um Führung. Bitte Ihn um die Seelenstärke, die notwendig ist, um entweder fachliche Hilfe aufzusuchen oder dich Seiner Führung anzuvertrauen – oder beides. Und du wirst merken, dass dein Leben eine grundlegende Wandlung erfährt.

Denke immer daran, dass Ich das Universum schuf und jederzeit den Himmel in Erde und die Erde in Himmel verwandeln kann.

Glaubst du, es stünde dann nicht in Meiner Macht, dich zu beschützen?

Der heutige Mensch hat sich mehr zum Tiger als zu Gott hin entwickelt.

Viele Menschen sind „Menschenfresser“ geworden.
Der Mensch ist in diesem Zeitalter des Menschen größter Feind.

Ein Grund dafür ist der Verfall von Moral und tragfähigen Werten. Viele möchten sich nicht mehr um den anderen kümmern. Viele wollen nicht für ihren Nächsten verantwortlich sein.
„Selbstverwirklichung“ auf Kosten anderer ist für viele das Ideal. Leider bemerken sie nicht, dass dieses Ideal sie nirgendwo hinführt.

Ein anderer Grund für die tigerartigen Eigenschaften vieler Menschen ist, dass sie Fleisch, noch dazu viel Fleisch essen.

Wer Fleisch isst, aktiviert das Zerstörende in sich und in anderen – außerdem zerstört er seine Gesundheit.

Die Weisen früherer Jahrhunderte lebten im Urwald zusammen mit den wilden Tieren.
Es war ihre Liebe, die die gefährlichsten Tiere zähmte, so dass sie wie Lämmer zu ihnen waren.

Hätten diese Weisen, die eng mit Gott verbunden waren, Fleisch gegessen, hätten die Tiger sie zerrissen, und selbst Gott hätte ihnen auf Dauer nicht helfen können.

Ich bin ein großer Freund der Pünktlichkeit, weil sie einen direkten Ausdruck von Selbstachtung und damit von Achtung anderen gegenüber darstellt.

Selbstachtung ist von großer Bedeutung, weil es keinen einzigen Menschen gibt, der andere missachtet, gleichzeitig sich aber selber achtet.

Wollte man das Gegenteil behaupten, wäre es ungefähr so, als sagte man, ein geschlagener Baum bringe im nächsten Jahr besonders große Früchte.

Zeit ist Leben. Leben ist Zeit. Wer Zeit vergeudet, vergeudet Leben.
Bist du unpünktlich, lässt du andere warten. Du verschwendest damit deren Zeit, deren Leben.

Hast du ein Recht darauf? Natürlich nicht. Welcher Dieb hat schon ein Recht auf seine Beute!

Bedenke also immer: Wenn du jemanden wegen deiner Unpünktlichkeit warten lässt, missachtest du seine Zeit und somit auch deine Zeit und dein Leben.

Unpünktlichkeit führt zu Hetze und zu Entschuldigungen, die bis zur Lüge reichen können.

Denke deshalb stets an Meinen Satz: *Haste makes waste. Waste makes worry.* (Hetze führt zu Verschwendung. Verschwendung führt zu Sorgen.)

Achte dich und andere. Das ist der Weg zum Glück.

Ich spreche immer wieder von Rechtschaffenheit und Gewaltlosigkeit. Was verstehe Ich darunter?

Der einfachste Maßstab für beide besteht darin, dass du stets so handelst, als wärest *du* dein Gegenüber. Frage dich bei allem, was du tust, ob du es gerne hättest, wenn du so behandelt werden würdest, wie du andere behandelst.

Frage dich zudem, ob du dein Wort, ob du gegebene Versprechen und geschlossene Verträge einhältst.
Frage dich außerdem, ob du stets nur an dein Wohl oder auch an das deines Gegenübers denkst.
Würdest du den anderen übervorteilen oder gar betrügen, wenn du könntest?

Halte dich deshalb an die goldene Regel: Sieh alle Menschen, mit denen du zu tun hast, als deine Freunde beziehungsweise deine Verwandten an. Kannst du dies nicht, so ändere entweder deine Einstellung oder deinen Umgang – oder beides.

Rechtschaffenheit und Gewaltlosigkeit bedeuten, niemandem zu schaden, niemanden zu verletzen, niemanden zu enttäuschen.

Und warum? Weil du *dir* treu sein musst.
Was bedeutet dies? Wenn du andere enttäuschst, enttäuschst du in Wahrheit dich selbst. Denn alles, was du tust, hat Konsequenzen.

Warum also Rechtschaffenheit, Gewaltlosigkeit und Wahrheit? Weil du mit deinem heutigen Tun dein Schicksal, das heißt, dein Glück beziehungsweise Unglück von morgen schaffst.

Oder anders gesagt: So wie dein Gegenüber dich heute erlebt, erlebst du morgen dein Schicksal.

Denk daran, denn dieses Wissen schafft nicht nur Glück, sondern auch inneren Frieden – der am Ende zum Weltfrieden führt.

Ostern und Weihnachten sind besondere Feste der Liebe.

Weihnachten kam der Heiland, um die Menschheit zu retten.
Ostern opferte Er Sich für die Menschen und nahm am Kreuz die Sünden der Welt auf Sich.

Wenn du dies so liest, könntest du auf den Gedanken kommen, Gott sei blutrünstig; Er habe ein Opfer benötigt, um den Menschen ihre Sünden vergeben zu können.

Diese Vorstellung war bei vielen primitiven Völkern vorherrschend. Sie meinten, mit Tier- oder gar mit Menschenopfern könnte Gott wohl gestimmt werden.

Christus starb aber aus einem ganz anderem Grund am Kreuz. Er tat es, um unsere Herzen zu berühren und zu öffnen und unser Mitgefühl zu entwickeln. Das ist die tiefste Bedeutung von „Sünden wegwaschen". Öffnest du dein Herz, so wäschst du alle schlechten Taten weg, denn die Liebe gibt und vergibt – auch sich selbst.

Die blutrünstigen Tieropfer waren so betrachtet völlig sinnlos: Es wurden viele bedauernswerte Tiere getötet – die Herzen öffneten sich aber nicht. Sonst hätten sie als Erstes veranlasst, dass dieser brutale Brauch abgeschafft worden wäre.

Außerdem: Was wollten sie mit dem Töten der Tiere überhaupt Gott opfern?

Was gehört dir überhaupt, dass du es Gott opfern könntest?
Das einzige Opfer, das du wirklich bringen kannst, ist das Opfer deines Ego.
Und dafür steht die Kreuzigung Christi.

Kreuzige dein Ego. Opfere es auf dem Altar der Liebe. Öffne dich weit für die Liebe, und du bringst Gott das allerhöchste Geschenk dar.

Du opferst dein Ego, und Ich schenke dir dein Selbst.

Sexualität ist eine wichtige, eine Göttliche Energie, die du für dich oder im Rahmen deiner Ehe genießen solltest.

Viele denken heute aber nur noch *an* Sexualität, ohne einmal *über* sie nachzudenken. Sie glauben, Sexualität sei nichts anderes als die eigene Lustbefriedigung oder vielleicht auch noch die eines anderen.

Sexualität ist dagegen eine sehr, sehr tief gehende Kraft, die entsprechend weit reichende Bindungen schafft.

Es ist eine Illusion zu glauben, ihr könntet mit einem Menschen einfach so körperlich zusammensein, und am nächsten Tag sei alles vorbei.
Ich sage dir: Nichts ist vorbei. *Die entstehenden Bindungen können über viele Leben reichen.*

Da ihr heute so sehr greifbare, sprich „materielle“ Beispiele liebt, möchte Ich dir raten, einmal über die Konsequenzen von Sexualität nachzudenken.
Ihr vertraut euren so genannten Verhütungsmitteln. Ich sage aber: Es gibt keine Verhütungsmittel, die verhindern können, dass ein Kind gezeugt wird, das geboren werden soll.

Sexualität hat daher immer mit Leben zu tun.
Oder mit Tod, wenn ihr das Kind nicht wollt. Wobei ihr bei Letzterem mit Konsequenzen zu rechnen habt, die ihr nicht auf die leichte Schulter nehmen solltet.

Gehe deshalb in Verantwortung, Achtung und Liebe mit deiner Sexualität und der deines Partners um.

Nur dann findest du die von dir gesuchte Freude. Nur dann bist du im Glück.
Nur dann bist du frei.

Man kann die heutigen Menschen grob in zwei Klassen einteilen: In solche, die lesen, und solche, die fernsehen. (Dass manche beides tun, ist für den Gedanken dieses Tages unerheblich.)

Mit dem Fernsehen solltest du sehr, sehr, sehr vorsichtig umgehen – wenn überhaupt.

Natürlich gibt es interessante Sendungen, wie es zum Beispiel kulturelle Beiträge sein können. Unterschätze aber die Gefahr des Fernsehens nicht. Alle Sendungen, besonders Spielfilme, sind auf „Spannung" aufgebaut. Spannung ist aber genau das, wovon du in deiner Welt mehr als genug hast. Du bist regelrecht süchtig nach Spannung. Sie ist Gift für dich, denn Spannung führt zu Anspannung. Und ein angespannter Mensch tut sich schwer, sich selbst zu finden.

Ein anderes Problem betrifft das Lesen. Manche Menschen lesen Unmengen. Und wofür? *Damit sie über immer weniger immer mehr wissen* – wie jemand einmal treffend formulierte.

Dies ist grundfalsch, weil es dein Denken aufbläht, anstatt es zur Ruhe zu bringen.

Lies wenige, aber gute Bücher, die dein Leben bereichern, und *setze deren Lehren in die Tat um.*

Denke immer daran, dass alles, was du siehst, hörst und spürst, in dich eindringt und dich beeinflusst. Achte deshalb, wie bei der Nahrung, darauf, dass du kein Gift aufnimmst. Es könnte dir sehr schaden.

Und dies alles, obwohl du denkst, „*nur* einen Film gesehen", „*nur* ein Buch gelesen" zu haben!

Was kannst du tun, wenn du krank bist?
Suche einen guten Arzt auf. Lass dir gegebenenfalls ein Mittel geben, das deine Genesung unterstützt. In den meisten Fällen sollte es kein Mittel sein, das die Symptome unterdrückt. Es gibt aber Fälle, in denen mit starken Mitteln gegen den Krankheitsherd vorgegangen werden muss.

Die verbreitete Vorliebe für Antibiotika ist aber nicht ungefährlich. In vielen Fällen wird eine Krankheit unterdrückt, ohne dass ihr auch nur das Geringste daraus lernen konntet.

Krankheiten leiten Entwicklungsschritte ein und geben euch die Gelegenheit, eventuelles Fehlverhalten zu korrigieren.

Nutze deshalb die Krankheit als Möglichkeit, in Ruhe über dich nachzudenken. Überlege dir ernsthaft, was du zu lernen hast beziehungsweise was dir die Krankheit nahe bringen will.

Krankheiten entstehen nicht allein durch Bakterien oder Viren im Körper, sondern durch Verwirrung beziehungsweise Negativität in deinem Denken. Dies ist ein Punkt, den zum Beispiel die allopathische Medizin viel zu wenig berücksichtigt.

Reinige deshalb deine Gedanken.

Wiederhole den Namen des Herrn (27.2.) und bitte Ihn um Hilfe und Führung, und du wirst sehen, es öffnet sich mit Sicherheit ein neuer Weg.

Dies auch deshalb, weil diese Methode auch dann deiner Weiterentwicklung dient, wenn du nicht krank bist.

Es gibt nichts, das Ich nicht tun könnte.
Wieso machst du nicht mit?
Du meinst, Ich scherze? Keineswegs.

Ich bin Gott. Du bist Gott.
Der einzige Unterschied zwischen uns besteht darin, dass Ich weiß, dass Ich Gott bin.

Ich sage: Bin Ich bei einem Mann, bin Ich ein Mann.
Bin Ich bei einer Frau, bin Ich eine Frau.
Bin Ich bei einem Kind, bin Ich ein Kind.
Bin Ich allein, bin Ich Gott.

Was heißt das?
Ich stelle Mich auf jeden Menschen, jedes Tier, jede Pflanze, jeden Stein vollkommen ein.
Ich bin eins mit allem.
Aus Liebe, denn Ich liebe es zu dienen.
Das ist das Geheimnis: Liebe deine Tätigkeit.

Tue, was du tun musst, mit Hingabe.
Und deine Allmacht wächst von Tag zu Tag.
Unaufhaltsam.

Eine Eigenschaft, die du niemals zu viel entwickeln kannst, ist Taktgefühl.

Taktgefühl zeigt die seelische Reife eines Menschen.
Glaube nicht den Psychologen, die erzählen, dies liege einzig und allein an der Kindheit eines Menschen.

Taktgefühl bekommt eine Seele durch ihre Reife. Diese Reife spiegelt wider, wie offen dein Herz ist.

Je liebevoller ein Mensch ist, desto weiter ist er in seiner Selbstfindung.

Liebe und ausgereiftes, umfassendes Wissen stellen die Erleuchtung dar.
Taktgefühl ist der Glanz eines gereiften Herzens.
Hast du ihn einmal erlangt, kann keine Erfahrung ihn dir nehmen.

Taktgefühl ist das Wissen des Herzens um die Verletzbarkeit des anderen. Es ist die Behutsamkeit, mit der dein Herz das Wesen eines anderen behandelt. Taktgefühl ist das Licht, das zwei Menschen verbindet und dabei ganz unspektakulär ist.

Gerade dies zeichnet das Taktgefühl aus: Dass seine Wirkungsweise vor allem darin liegt, dass es nicht auffällt, dass es nicht auffallen will.

Bist du für andere da und möchtest nicht auffallen, bist du weit.
Und dein Handeln ist der Segen deines Lebens.

Zu handeln, wenn zu handeln ist, innezuhalten, wenn du warten sollst, ist ein Zeichen von Gnade.

Beginne deshalb deinen Tag mit Liebe. Fülle ihn mit Liebe. Beende ihn mit Liebe.
Dies ist der Weg zu Gott.

Wieso eigentlich?
Weil die Liebe dich und andere öffnet. Je offener du bist, desto mehr kommst du mit der Harmonie in Berührung, die in dir ist.

Du erkennst durch die Liebe, dass deine Harmonie identisch ist mit der aller Menschen, aller Lebewesen und aller Dinge um dich.

Bist du in Harmonie, ist dein Handeln harmonisch, das heißt, du bist rechtschaffen.
Du hältst inne beziehungsweise handelst, wenn es angesagt ist. Deshalb wird dein Tun erfolgreich sein.

Dies ist Gnade.

Heute möchte Ich dir zwei wichtige Eigenschaften vorstellen, damit du dich *bewusst* mit ihnen auseinander setzen und dich anschließend mehr und mehr darin üben kannst.
Es sind diese: *Entscheidungsvermögen* und *Beständigkeit*. Ich stelle sie dir gemeinsam vor, weil sie untrennbar zusammengehören, und zwar in dieser Reihenfolge.

Entscheidungsvermögen ist wichtig, weil es dein Leben ungemein bereichert. Wer sich nicht entscheidet, trägt eine zunehmend größer werdende Last mit sich herum. Immer mehr wartet auf eine Entscheidung. Dies macht auf Dauer krank.
Manches erledigt sich zwar von selbst – dies gibt dir aber nicht das Gefühl der Erleichterung und der Stärke, das nach einer klug getroffenen Entscheidung entsteht.

Deshalb denke nach. Bitte Gott um Rat und Hilfe. Lass dir Zeit. Stürze dich nicht blind in Entscheidungen, nur um sie „vom Hals" zu haben. Reiche Gott dein Handeln dar (7.1.), *überschlafe deinen Entschluss*, überprüfe ihn am nächsten Morgen und entscheide dann.

Hast du entschieden, wie Ich es soeben aufzeigte, bleibe dabei. Zaudere nicht. Nachträgliche Überlegungen in Form von „hätte ich doch ...", „wenn ich doch ..." zermürben dich, verschlechtern deine Gemütsverfassung und bewirken, dass du das nächste Mal möglicherweise noch mehr zögerst.
Deshalb überlege gut. Lass dir Zeit. Bitte Gott um Hilfe. Entscheide dann und bleibe dabei.

Beständigkeit ist nämlich ebenso wichtig wie die Entscheidung selbst.
Es gibt Situationen, in denen du falsch entscheidest. Ergibt sich die Gelegenheit, diese Entscheidung zu revidieren, solltest du sie natürlich ergreifen.
Ist eine Korrektur nicht möglich, übergib die Konsequenzen deines Handelns Mir. Trage alles mit Fassung oder gar mit Gleichmut. Hadere nicht, sondern füge dich Meinem Willen.

Sieh es doch einmal von einer ganz anderen Seite: Hast du Schwierigkeiten? Wunderbar! Du hast eine gute Gelegenheit, wichtige Eigenschaften wie Durchhaltevermögen, Geduld und Vertrauen zu üben. Welch ein Segen!

Der höher entwickelte Mensch ist bescheiden.

Dies bedeutet nicht, dass er nicht mit Macht, mit Einfluss und Ähnlichem umgehen kann.

Der Prahler dagegen zeigt, dass er weit davon entfernt ist, seinen Wert zu kennen. Er prahlt, weil er selber weder an sich geschweige denn an seine Göttlichkeit glaubt.

Er meint vielmehr, wenn er laut herumposaunt, wie großartig er sei, glaubten wenigstens die anderen, was er selber nicht glaubt.
Der Mensch, der mehr von sich kennen gelernt hat und deshalb bescheiden ist, prahlt nicht, weil er weiß, dass er nur einen überzeugen muss: und dass *er selbst dieser Eine ist.*

Er weiß auch, dass Angeberei doppelt verschwendete Zeit ist: Erstens musst du die großartigen Geschichten erfinden, verbreiten und sie dir merken, und zweitens musst du dich lange rechtfertigen, wenn jemand dich beim Wort nimmt und feststellt, dass – wenn überhaupt – nur ein Bruchteil davon stimmt.

Lebe deshalb keine falschen Bilder. Zu wenig ist immer besser als zu viel.

Und zum Schluss noch etwas: Warum sorgst du dich überhaupt? Vertraue vielmehr darauf, dass der Wert, den Ich kenne, sich immer durchsetzen wird, und dass ein nur vorgespiegelter zu nichts nütze ist.

Ein unschlagbares Argument für Bescheidenheit, nicht wahr?

Depression ist eine weit verbreitete Krankheit, von der du dich entweder weit entfernt halten oder die du schnellstmöglich heilen sollst.

Es gibt Begebenheiten im Leben, die dich traurig stimmen. Dies ist für einen gewissen Bewusstseinszustand typisch.

Depression ist dagegen ein dumpfer Seelenzustand, aus dem nichts wächst.
Er ist wie modriges Wasser.
Gieß es weg, du kannst es nicht verwenden.

Was ist nun die beste Heilung für diesen Zustand? Du wirst es kaum glauben: Außer wenn du einen guten Menschen findest, der dir heraushilft, ist es akutes Leiden.

Leiden macht bewusst. Depression ist ein Zustand des Unbewusstseins. Dem Depressiven ist es nicht klar, welch ein Geschenk das Leben ist.
Wird er aber sehr krank und muss um die Existenz seines Körpers bangen, entwickelt er eine neue Sichtweise. Er bekommt einen anderen Blick.

Sieh die Gaben des Lebens und wertschätze sie.
Dankbarkeit ist nämlich das beste Mittel gegen alle nur erdenklichen dunklen Seelenzustände.

Die Kultur eines Volkes erkennst du unter anderem an seinen Riten beziehungsweise an seinen Umgangsformen.
Du erkennst sie auch an seinen Essgewohnheiten.

Die Essgewohnheiten vieler Völker sind eher erschreckend. Es gibt bei vielen kaum ein Gericht ohne Fisch oder Fleisch.
Vegetarische Küche ist für viele immer noch etwas Exotisches.

Bedenke stets: Du wirst, was du isst. Über das Essen gelangen so viele Stoffe in deinen Körper, dass es Mich wundert, dass sich unzählige Menschen derart wenig um das kümmern, was sie essen.

Wer Fleisch isst, entwickelt tierische Eigenschaften und Leiden.
Außerdem kommt er bei seiner spirituellen Entwicklung über eine bestimmte Stufe nicht hinaus.
Behauptet jemand etwas anderes, zeigt er damit nur, dass er die großen Zusammenhänge nicht kennt.

Unter diesem Blickwinkel betrachtet, drückt sich die Kultur eines Volkes besonders in seiner Küche aus.
Ein Volk, das eine vegetarische Küche als selbstverständlich betrachtet, halte Ich für hoch entwickelt.

Vegetarisches Essen wird sich mehr und mehr verbreiten.
Das Bewusstsein wird sich heben, die Einstellung grundlegend verändern.
Zur Zeit befinden sich viele Völker in einer Sackgasse.
Ein grundlegendes Umdenken auf allen Ebenen einschließlich der Essgewohnheiten wird ihre Rettung sein.

Sie muss bald geschehen, denn es bleibt nur mehr wenig Zeit.

Es gibt kein höheres Gut als Zufriedenheit.

Du denkst, die Glückseligkeit stehe höher. Das stimmt. Nur musst du einen langen Weg der Läuterung und Stärkung zurücklegen, um sie zu erreichen. Die Zufriedenheit kannst du dagegen bereits heute erlangen, indem du deine Einstellung änderst.

Betrachte alles als Gottes Geschenk an dich.
Sei dankbar für das, was du hast.
Und sieh, wie viel du hast.

Vergleiche dich niemals mit denjenigen, die mehr haben als du. Sieh stattdessen die, die viel weniger besitzen als du, und sieh, wie viele es sind!

Vergleichst du dich mit denen, die mehr haben, kann dies bei dir Neid, Unzufriedenheit und Undankbarkeit erzeugen – Eigenschaften, die deine Seele zerfressen und die Ich deshalb als die inneren Feinde des Menschen bezeichne.

Vergleichst du dich dagegen mit denen, die weniger besitzen als du, entsteht Dankbarkeit in dir.

Dankbarkeit ist ein äußerst wichtiges Gefühl. Ohne Dankbarkeit kommst du auf deinem spirituellen Weg niemals voran.

Nur wer dankbar ist, kann sich Gott nähern, denn er sieht, mit welch unendlichen Geschenken der Herr ihn bedacht hat. Dies öffnet sein Herz.

Dankbarkeit und Zufriedenheit sind besonders eng verbunden. Wahre Dankbarkeit geht immer mit Zufriedenheit einher. Zufriedenheit ihrerseits öffnet die Tür für die Dankbarkeit.

Sei zufrieden, danke dem Herrn für alles, was Er dir gab, und bald wird sich das Tor für dein Glück öffnen.

Mai

Arbeiten zu können ist Gnade. Ein Leben ohne Arbeit ist sinn- und wertlos. Außerdem höhlt es dich aus.

Genieße es jeden Tag, dass du arbeiten kannst.
Freue dich darüber, dass du einen Körper hast, mit dem du dein Leben gestalten kannst.

Bei jeder Tätigkeit, die du verrichtest, ist deine Einstellung dazu entscheidend.
Suche nicht das Negative, sonst wirst du es mit der Zeit überall entdecken.

Freue dich dagegen am Schönen und Positiven.
Denk an Christus, der an dem abscheulichen Kadaver eines Hundes vorbeiging, bei dessen Anblick sich jeder ekelte.
Er dagegen sah dessen glänzende Zähne und sprach: „Seht seine wunderbaren Zähne – wie Perlen so glänzend und weiß."

Christus hatte die positive Sichtweise, die du in dir finden musst, damit jede Tätigkeit ihren Sinn bekommt und dich dementsprechend erfüllen kann.

Jede Handlung schafft Karma, das heißt, jede Handlung zieht Konsequenzen nach sich.
Reiche deshalb deine Arbeit dem Herrn dar (7.1.), stelle dir vor, dass Er durch dich handelt. Dann wird dir jede Tätigkeit leicht fallen und dich auch nicht an die Welt binden, da der Herr die Konsequenzen deines Handelns übernimmt.

Im heutigen Zeitalter ist Stolz eine weit verbreitete Eigenschaft.

Jeder ist auf irgendetwas stolz: Auf seinen Namen, seinen Reichtum, seine Titel, sein Wissen, seine Macht.

Viele gestehen es sich nicht ein, *wie* stolz sie sind. Zudem ist der Stolz bei vielen sehr subtil – zum Beispiel bei vielen, die einen spirituellen Weg gehen und sich deshalb besser als andere fühlen.

Ich sage dir deshalb: Meide den Stolz.
Viele werden Mir hier vordergründig Recht geben, in ihrem Inneren zweifeln sie aber an Meiner Aussage.
Deshalb möchte Ich dir sagen, warum Ich immer wieder betone, du solltest deinen Stolz im Zaum halten.

Stolz bringt dir nämlich genau das Gegenteil dessen, was du dir davon versprichst: Stolz macht dich nicht etwa stark, sondern schwächt dich, und zwar auf vielen Ebenen.
Durch den Stolz erhebst du dich über andere und machst dich unnahbar. Deshalb kann die Liebe zwischen dir und den anderen nicht fließen. Die Liebe ist aber das Band, das das ganze Leben, nein, das gesamte Universum zusammenhält.
Der Stolz ist wie ein Knoten in diesem Band, durch das die Energie dann nicht mehr strömen kann.

Das Leben ist aber Fließen. Das Leben ist Bewegung. Das Leben ist warm und schafft Verbindung.
Du aber stehst mit deinem Stolz auf einem marmornen Sockel, und unter dir bewegt sich das Leben.
Dein Leben. Und wo bist du? Merkst du nicht, wie kalt deine Füße durch diesen starren Marmor werden?

Siehst du, deswegen rate Ich dir, den Stolz zu meiden.

Nichts ist zufällig. Weder auf Erden noch im gesamten Universum.

Vieles sieht allerdings zufällig aus, damit du mittels deines freien Willens entscheiden kannst, wie du willst. Die Welt ist aber ein großes Schauspiel. Du bist ein Schauspieler, und Ich führe Regie.

Deshalb glaube nicht, dass irgendetwas zufällig sei.

Ich schuf den so genannten Zufall, um Mich dahinter verbergen zu können. Und je mehr jemand in der Außenwelt beziehungsweise der Illusion gefangen ist, desto besser gelingt Mir dies auch.

Es gibt sogar Wissenschaftler, die behaupten, die ganze Welt sei ein „Zufallsprodukt" – als könne etwas derart Präzises zufällig entstanden sein!

Jeder Planet hat seinen Platz und seine Funktion im Universum.
Jeder Mensch, jedes Lebewesen, jeder Stein auf Erden befindet sich genau an dem Ort, der für seine Entwicklung am günstigsten ist.

Auch hier ist selbst für den kleinsten Zufall kein Raum.

Mir sind alle Seelen gleich wichtig. Wie sollte Ich Mich auch nur um eine einzige nicht kümmern, wo sie alle Teile Meiner Selbst sind?

Keine wird von Mir vernachlässigt. Keine geht verloren.

Erkenne, dass in allem und hinter allem Gott steht.
Erkenne, dass das gesamte Universum die Verwirklichung eines riesigen Planes darstellt, und glaube fest daran, dass Ich für dich sorge.

Sei deshalb glücklich, und mach dir keine Sorgen.

Achte deine Kinder. Deine Kinder sind mein Geschenk an dich. Eines meiner größten!

Erziehe sie nicht mit Strafen, sondern mit Konsequenzen. Stelle vorher klare Regeln auf und mache mit ihnen aus, welche die Konsequenzen sind, falls die Regeln nicht eingehalten werden.

Besprich zum Beispiel mit deinen Kindern, was geschieht, wenn Dinge herumliegen. Frage deine Kinder: „Seid ihr einverstanden, dass alles, was herumliegt, für eine Woche weggesperrt wird? Natürlich auch die Dinge von Mami und Papi?“ Sind alle mit diesen Konsequenzen einverstanden, halte dich daran. Mache keine Ausnahmen – besonders nicht für dich!

Autoritäre Erziehung lehrt, dass Eltern strafen und Kinder gehorchen sollen. Wozu die Strafe? Ist dein Zuhause ein Straflager? Und für wen ist ein Straflager schon gut?

Viele, die ihre Kinder strafen und schlagen, sind weit davon entfernt, ein Vorbild für sie zu sein. Vielmehr wurden fast alle, die ihre Kinder schlagen, in ihrer Kindheit selbst geschlagen. Sie glauben deshalb, dies sei eine gute Form der Erziehung. Sie täuschen sich, denn Ich weiß, dass sie ihnen geschadet hat!

Sei deshalb für deine Kinder ein Vorbild. Benimm dich so, dass sie dich nachahmen oder gar bewundern können. Demütige sie deshalb nie.

Erziehung bedeutet, dass du deinen Kindern hilfst, sich erfolgreich in die Gesellschaft einzufügen. Gedemütigte Menschen sind aber sowohl für sich selbst als auch für andere eine Last.

Erziehe deshalb deine Kinder mit Liebe, mit Verständnis und mit Nachempfinden. Und du wirst in deinen Kindern frohe Menschen heranziehen, die ein Segen für dich und die Gesellschaft sind.

Die idealen Menschen für das Goldene Zeitalter.

Es sind die Handlungen, die ihr in früheren Leben begangen habt, die euer Schicksal bestimmen.

Die Konsequenzen eurer Handlungen werden euch folgen und folgen.

Deshalb ist es so wichtig, Gutes zu tun.
Erstens schaffen gute Handlungen gute Konsequenzen.
Zweitens löschen sie die Konsequenzen schlechter Handlungen aus.

Du musst dir die Konsequenzen deiner Handlungen wie Samenkörner vorstellen, die in der Erde liegen. Bereit aufzugehen.
Wässerst du sie, gehen sie auf. Das heißt, wenn du Schlechtes tust, wässerst du das Saatgut aus früheren Leben. Es geht dann auf, und du musst die Konsequenzen tragen.

Durch gute Handlungen bedeckst du dagegen diese Körner mit Erde, so dass sie nicht aufgehen können.
Die Konsequenzen, die dir folgen, sind zwar da, haben aber keine Wirkung, da sie nicht aufkeimen können.

Dass dem so ist, dass du es weißt und danach handelst, das ist Gnade.

Die heutige Ideologie kann man mit zwei Sätzen umreißen: Tu, was du willst. Lebe deine Lust.

Bemerkenswert ist, dass immer wieder Menschen, die gar nicht wissen, wovon sie reden, Theorien aufstellen, deren Konsequenzen sie nicht im Geringsten überblicken.

Kein Wissender würde solch einen Unsinn erzählen.

Was heißt: „Tu, was du willst"? Es heißt gar nichts. Denn um wirklich tun zu können, was du willst, musst du dich erst einmal kennen, und zweitens musst du wissen, was das wirklich ist, was du willst.
Mit anderen Worten: Je unwissender, unreifer und unerfahrener ein Mensch ist, desto weniger kann er entscheiden, was er will beziehungsweise was ihm wirklich gut tut.

Heute entscheiden die meisten entsprechend ihrer schwankenden Gefühle: Einmal so, einmal anders. Dies führt sie nirgendwohin – außer in die Verzweiflung.
Wahllos das zu tun, was einem in den Kopf kommt, ist höchst gefährlich. Ebenso, nach dem Lustprinzip zu leben.

Die vielen Probleme, die die Welt heute belasten, rühren ausschließlich von diesen falschen Theorien her.
Ich sage deshalb: Gehe deinen Verpflichtungen nach.
Tue mit Freude, was du tun musst. Reiche es Gott dar (7.1.).
Sei nicht schwankend in deinen Entscheidungen.

Überlege stets, wie du anderen helfen beziehungsweise eine Freude bereiten kannst – und dein Leben wird ein Blumenbeet.

Tiere leiden auf der ganzen Welt.
Auch in deiner Umgebung.
Auch durch dich.

Denke über deine Ernährung nach.
Menschen laden sich viel, sehr viel negatives Karma durch ihre schlechten Essgewohnheiten auf.

Fleisch zu essen ist eine große Sünde.
Fisch zu essen ein großer Fehler.

Unzählige Tiere leiden eurer falschen Ernährung wegen.

Viele von euch verweisen, um ihre falschen Essgewohnheiten zu rechtfertigen, auf die Experimente von J. C. Bose, der feststellte, dass auch Pflanzen reagierende Lebewesen sind.

Natürlich sind Pflanzen Lebewesen.
Tiere sind aber mit einem Nervensystem und mit einem (wenn auch eingeschränkten) Denkvermögen ausgestattet, das Pflanzen nicht besitzen. Deshalb schreien und weinen Tiere, wenn sie getötet werden, während Pflanzen dies nicht tun.

Vergleiche die Tiere also nicht mit den Pflanzen, denn damit folgst du nur einer falschen Logik.

Ändere vielmehr deine Ernährung. Halte dich so weit wie möglich von Fisch und Fleisch entfernt.

Dann kannst du viel, sehr viel für die Besserung dieser Welt tun.

Wann hast du das letzte Mal ein Blatt betrachtet?

Wann hast du das letzte Mal den Duft einer Blume oder Frucht genossen?

Wann hast du das letzte Mal dem Plätschern eines Flusses zugehört?

Du kannst nicht sagen, dass du lebst, wenn du kein Auge und kein Ohr für die Natur hast.

Die Natur ist vollkommen.
Öffne dich für sie, und du wirst mehr und mehr an der Vollkommenheit der Schöpfung teilhaben.

Und wie erlebst du am besten die Natur?
Indem du Kontakt zu ihr aufnimmst.
Rede mit den Bäumen und Pflanzen.
Versuche zu verstehen, was der Bach dir sagen will.
Träume im Duft einer Blume.

Denke an die ewige Erneuerung in der Natur.
Atme sie ein, und dein Leben wird freudig plätschern wie der Bach, der dir liebevoll zuwinkte, als du gingst.

Deine Aufgabe ist es, glücklich und zufrieden zu sein.

Bist du es nicht, erfüllst du deine Aufgabe als Mensch nicht.
Das Glücklichsein gehört zum Wesen des Menschen wie der Verstand oder der aufrechte Gang.

Und wie wirst du glücklich? Indem du dein Herz öffnest.
Und wie öffnest du dein Herz? Indem du den Schlüssel dazu findest und es aufsperrst.
Wie würde dies in einem Märchen weitergehen? Der Held oder die Heldin hätten viele Erlebnisse, die sie das lehrten, was sie am Schluss zu ihrem Glück benötigten.

Genauso verhält es sich mit dem Öffnen des Herzens.
Der erste wichtige Schritt besteht darin, dass du überhaupt spürst, *dass* dein Herz verschlossen ist.

Dies ist der entscheidende erste Schritt, ohne den du nichts erreichen kannst.
Dann folgen die lehrreichen Erlebnisse. Sie bestehen darin, dass du alles, aber wirklich alles, was du erlebst, als einen Schritt auf der Suche nach dem Schlüssel zu deinem Herzen ansiehst.

Nimm Freud und Leid dankbar an. Lerne aus beidem, so viel du irgend kannst.
Das heißt, verstehe mit dem Verstand, und spüre mit dem Herzen. Halte den Widerspruch aus, der sich immer wieder zwischen beiden ergeben wird.
Das Paradoxe ist häufig die Logik des Herzens.

Schmerzt dich etwas besonders, so bemühe deinen Verstand, damit er die zugrunde liegenden Zusammenhänge erkennt.
Diese Ein-Sicht hilft deinem Herzen. Es kann dann offen bleiben oder sich gar noch weiter öffnen.

Und was musst du erkennen?
Dass Gott *dich* liebt und dass Seine Liebe sich in allem ausdrückt, was dir begegnet.

Dieses Wissen macht das Herz weit.

Ordnung und Sauberkeit sind Ureigenschaften allen Lebens.

Sieh dir die Tiere an, wie sauber und ordentlich sie sind. Mit welcher Perfektion sie ihre Nester bauen und wie viel Zeit sie täglich für ihre Pflege verwenden.

Sauberkeit und Ordnung gehören zur Würde.

Ein Hirsch wirkt auch deshalb so majestätisch, weil er neben allem anderen so sauber ist.
Ein Schwein dagegen, das im Dreck wühlt, wirkt nicht majestätisch.

Halte Ordnung in deinem Leben.
Räume selbst die entlegensten Winkel auf.
Unordnung schluckt Energie. Viele Depressive sind unordentlich.
Achte darauf, dass alles sauber ist. Sauberkeit zeichnet einen Menschen aus.
Sauberkeit muss aber von innen kommen.

Meditiere regelmäßig und wiederhole den Namen des Herrn (27.2.).
Faste einmal in der Woche. Fasten reinigt den Körper und die Psyche.

Iss reines, ausgewogenes Essen, das heißt, weder zu scharf noch zu salzig noch zu süß noch zu viel.

Achte darauf, dass deine Kleidung stets sauber und ordentlich ist.

Tue aber dies alles nicht unter Zwang, sondern gehe leicht und spielerisch damit um – und tue es trotzdem.

Sei geschmeidig und gehe biegsam durchs Leben.

Einen starken, starren Baum bricht der Sturm.
Der hohle Grashalm dagegen biegt sich und übersteht selbst das schlimmste Unwetter unbeschadet.

Wie gesagt, der Grashalm ist innen hohl.
Das macht sowohl seine Biegsamkeit als auch seine Festigkeit aus.

Leere dich. Gib deine Wünsche auf. Durchschaue, dass sie dir keine Erfüllung bringen – und du wirst biegsam.
Wünsche lassen dich erstarren. Durch sie bist du auf ein Ziel ausgerichtet, das du unbedingt erreichen möchtest.
Dies verschließt dich für die feinen Energien deines Selbst.

Das Selbst ist geschmeidig. Das Ego mit seinen Wünschen ist starr.

Sieh dir deine Wünsche an. Überlege, was du wirklich benötigst, was dir mit wenig Aufwand Freude bereitet – und was überflüssig ist.

Sortiere gut aus. Mach dich leicht.

Werde biegsam und folge geschmeidig den vielen Biegungen des Lebens.

Nichts ist unmöglich.
Diesen Satz musst du dir ganz fest einprägen.

Du bist Teil der Allmacht, die das ganze Universum schuf.
Nein, du bist nicht nur Teil, du bist Gott.

Lass dich von diesem Satz nicht abschrecken. Denke nicht: „Das schaffe ich nie!“ Glaube vielmehr, dass alles möglich ist.

Merkst du, dass deine Kräfte noch nicht genügend entwickelt sind, so bitte Mich um Hilfe. Ich werde dich nicht nur führen, Ich werde für dich das Unmögliche möglich machen.

Ich benötige von dir nur deinen Glauben und deine Tugend.
Dein Vertrauen und deine Liebe werden mit der Zeit in dem Maße wachsen, wie deine Zweifel, deine Ängste und dein Misstrauen schwinden.

Verstehst du, was das heißt? Glaube, Tugend, Vertrauen und Liebe sind Eigenschaften des Selbst.

Ängste, Zweifel, Misstrauen charakterisieren das Ego.
Deshalb ist das Ego begrenzt und grenzt dich ein.

Das Selbst dagegen ist der Inbegriff von Grenzenlosigkeit.
Das Selbst kann Wasser in Feuer und Erde in Himmel verwandeln.
Dem Selbst, sprich der grenzenlosen Liebe, ist nichts unmöglich.

Lebst du die Liebe, hast du Teil an der Unermesslichkeit, *wirst du* die Unermesslichkeit.

Viele glauben, es sei reiner Zufall, wenn sie einen Partner finden, mit dem sie sich gut verstehen.

Ich aber sage dir: Im ganzen Universum gibt es keinen einzigen Zufall.

Der so genannte Zufall ist vielmehr ein Zeichen dafür, dass Gott gewirkt hat, ohne in Erscheinung zu treten.
Dies geschieht immer, wenn Gott zwar unbemerkt, aber doch deutlich euer Geschick lenkt.

So ist es auch bei Partnerschaften.
Ihr trefft in eurem Leben keinen einzigen Menschen zufällig. Jede Begegnung hat ihren Grund und Sinn. Oder glaubst du etwa, du hättest deine Eltern aus reinem Zufall bekommen?

Du triffst deinen Partner, wenn die Zeit dafür reif ist.
Und du triffst den Partner, der dir entspricht.

Deshalb gibt es keine „falschen“ Partner.

Für den Gottergebenen gibt es keine wirklichen Probleme. Er kann durchs Feuer gehen und wird nichts spüren. Er kann tagelang nichts essen und trinken und empfindet nichts Unangenehmes, sondern ist weiterhin glücklich, denn er weiß, dass Gott für ihn sorgt.

Das heißt: Je mehr Sorgen du hast, je mehr das Leben dich belastet, desto weiter hast du dich von Gott entfernt.

Ich sage immer wieder: Wer sich Mir ganz ergibt, für den sorge Ich. Ich habe immer ohne Ausnahme Wort gehalten.

Du musst jedoch deinerseits dein Leben ändern.
Du benötigst all den sinnlosen Ballast an erfüllten und unerfüllten Wünschen nicht, die dein Ego aufblähen.

Gib diesen Ballast auf. Du verlierst überhaupt nichts. Ganz im Gegenteil: Du gewinnst dadurch deine wirkliche Freiheit.

Freiheit besteht nicht darin, sich anschaffen zu können, was man möchte.
Frei bist du erst, wenn du dich von Mir führen lassen kannst.
Das ist die Quintessenz, das ist der Sinn all der Wege und Umwege, die du so viele Leben lang gegangen bist.

Gott in *dir* zu finden, dich von Gott führen zu lassen, Gott zu verwirklichen ist der Sinn deiner Existenz auf Erden.

Wer Weisheit erlangt, hat einen langen Weg hinter sich.

Er hat viel erlebt, viel verstanden, viel erkannt. Er hat durch seine Geradlinigkeit die Gnade des Herrn erworben. Er kennt den Unterschied zwischen Gut und Böse. Er weiß um den rechten Augenblick, in dem jeder handeln muss, der Erfolg haben will.

Was kannst du aber tun, wenn du nicht weise bist, damit du deinen Weg leichter gehen kannst?

Wiederhole den Namen des Herrn (27.2.), lebe nach den fünf Kardinaltugenden Liebe, Wahrheit, Rechtschaffenheit, Friede und Gewaltlosigkeit, das wird dich sehr weit bringen.

Wie sollst du aber gut handeln können, wenn du den Lauf der Dinge noch wenig, wenn überhaupt, überschauen kannst?
Bitte den Herrn um Führung, und du wirst merken, dass dein Leben sich verändert.

Die Vorstufe von Weisheit könnte man Entschlusskraft, gepaart mit Behutsamkeit, nennen.

Verstricke dich nicht in Zögern, es würde dich schwächen.
Gehe behutsam vor. Übereile nichts. Achte auf die Zeichen am Wegrand.

Bitte Mich um Hilfe und entscheide dann, und halte an deiner einmal getroffenen Entscheidung fest.
Dann wirst du sicher ans Ziel gelangen.

Du lobst Mich, wenn alles nach deinem Wunsch verläuft. Du schimpfst auf Mich, wenn es nicht so geht, wie du es dir vorstellst.
Weißt du nicht, dass du auf den Falschen schimpfst?

Ich bin überhaupt nicht verantwortlich für dein Schicksal – außer, dass Ich es immer wieder abmildere.

Der Schöpfer deines Schicksals bist du allein. Kein anderer als du selbst schmiedet dich an die Ketten, die dich als Konsequenzen deines Handelns binden.

Du erlebst heute, was du gestern geschaffen hast.
Du schaffst heute, was du morgen erleben wirst.
Ich trage nichts zu deinem Schicksal bei. Ich bin ausschließlich der stumme Zeuge.

Du dagegen bist der Schöpfer deines Schicksals. Du bist Gott.
Handle heute gut, sprich gut, denke gut, und dein Leben wird morgen anders sein.

Es gibt keinen sichereren Schutz, als gut zu sein: Du magst noch irgendwelchen Schwierigkeiten aus früheren Leben begegnen. Auf Dauer wirst du aber ganz sanft, sicher und beschützt durch dein Leben gleiten.
Leicht und mühelos.
Alles andere sind Umwege.

Sieh dir einen Maulwurf an. Der Arme ist blind.
Sieh dir einen Fisch an. Der Arme ist stumm.
Sieh dir eine Schlange an. Die Arme ist taub.

Arm, wieso arm? Sie sind doch alle drei vollkommen glücklich. Denk doch an die Redewendung „sich wohl fühlen wie ein Fisch im Wasser".
Der Mensch dagegen kann sehen, hören und sprechen und ist trotzdem häufig unglücklich. Warum?

Weil er ein großes Geschenk mehr als die Tiere hat: Das Denken.
Warum macht ihn das Denken unglücklich, wenn es doch ein großes Geschenk ist?
Weil das Denken für den Menschen sowohl Himmel als auch Hölle sein kann.

Das Denken ist eine im wahrsten Sinne des Wortes unheimliche Macht.
Es kann dein Leben zerstören oder dich in den Himmel führen.
Der Mensch ist unglücklich, wenn er sich vom Denken leiten lässt.
Das ist die Hölle, die das Denken bereit hält, wenn es nicht *sorgsam geführt* wird.
Führst *du* nicht das Denken, wird es dich auf Dauer mehr und mehr beherrschen.
Dies ist der Grund für die vielen verschiedenen Formen von Unglück, die du erlebst.

Achte auf dein Denken. Denke nicht einfach, was dir in den Kopf kommt.
Denke nur Gutes. Denke an Gott.
Kannst du dies nicht, dann denke wenigstens nichts Schlechtes.

Sei dir aber stets bewusst, dass *dein Denken dein Schicksal ist.*

Du kannst im Leben nur erfolgreich sein, wenn du das Denken von Mein und Dein aufgibst.

In der Tat gibt es diese beiden in Wirklichkeit nicht. Sie sind eine reine Spiegelung der Täuschung, die die Außenwelt parat hält.

Du wurdest ohne Hab und Gut geboren, und so wirst du wieder aus dieser Welt gehen.
Was du in jedes Leben mitbringst und später wieder mitnimmst, ist der Reichtum deiner Seele.
Alles andere ist nur Schein, der kommt und wieder vergeht.

Die äußeren Gegenstände in ihrer Vergänglichkeit sind deshalb wunderbare Lehrmeister für dich.
Sie sollen dich auf die Frage stoßen, wie weit du bereits auf die Spur des Unvergänglichen und damit auf das Selbst in dir gekommen bist.

Hast du deine Wahrheit gefunden?
Kannst du in deiner Wahrheit leben?
Suchst du überhaupt deine Wahrheit?
Versuche nichts zu vertuschen. Etwas vertuschen zu wollen ist verschwendete Energie. Der Tod offenbart alles.

Keiner kann in der Lüge sterben. Der Tod ist *die* Wahrheit, die dir vor Augen hält, wie du gelebt hast.
Denke an die Dinge um dich. Täuschen sie je Unvergänglichkeit vor?

Und was tust du?
Weißt du, dass du das Heilige, unvergängliche Selbst bist?

Triebe sind wichtig, weil sie dein Leben erhalten.
Sie stellen für den Menschen aber eine tödliche Gefahr dar, wenn sie eine vorrangige Bedeutung bekommen. Sie aktivieren dann in hohem Maße die Begierden und bewirken unter diesen Umständen genau das Gegenteil dessen, wofür sie bestimmt waren. Sie zerstören in diesem Fall nämlich die menschliche Gemeinschaft.

Triebe kennzeichnen die Tierwelt. Hier sind sie richtig und gut.
Das Tier hat aber kaum Macht.
Der Mensch dagegen hat eine immense Macht. Denk nur einmal an die Atombombe, mit der der Mensch heute in der Lage ist, die gesamte Welt in die Luft zu sprengen. Kein Tier könnte das.

Wer viel Macht hat, muss viel Ethik haben. Ist dies nicht der Fall, wird die Macht sehr schnell zu einer dämonischen Gefahr.
Genau dies drohte im letzten Jahrhundert.
Der Mensch degradierte zur wilden Bestie und verfügte gleichzeitig über ein Zerstörungspotential wie nie zuvor.

Deshalb kamen viele heilige und große Seelen auf die Erde, um die Welt zu retten und die Menschen zu lehren.

Die Menschheit muss zu neuen Idealen geführt werden.
Sie muss erkennen, dass sie in eine Sackgasse geraten ist.

Mein Teil besteht darin, dass Ich dich führen und für dich sorgen werde.
Deine Aufgabe besteht darin zu erkennen, dass du nicht zur Tierwelt gehörst, sondern das allumfassende Licht bist.

Diese Erkenntnis und deine Angleichung an Gott werden dich erleben lassen, dass all das Glück, das du suchst, in Mir, sprich in *dir,* und niemals in der Tierwelt beziehungsweise in den Trieben und Begierden zu finden ist.

Sich etwas auf die eigene Familie einzubilden ist ein Zeichen von großer Unreife und von nicht minderer Unwissenheit.

Was weißt du, welche Seelen sich in deiner Familie verkörpert haben?
Wer sagt dir, dass dein verstorbener Großvater, den du so verehrst, nicht heute dein Klassenkamerad ist, den du so verachtest, weil er aus einer „niederen" Familie stammt? Oder dass die von dir so hoch gelobte Großtante nicht heute ein Verbrecher ist?

Und wer sagt dir, dass nicht *du* genau die Seele bist, die du als Ahne irgendeiner Familie besonders verachtest?

Wer sagt dir, dass du nicht in einem früheren Leben zum Beispiel der Henker von Boston oder die Prostituierte von der Reeperbahn warst, auf deren Nachkommen du heute meinst herabschauen zu können?

Hüte dich vor Urteilen, es sind fast immer Vorurteile. Gestehe dir vielmehr ein, dass du nichts weißt.

Dies macht dich frei. Je mehr du nämlich verstehst und *nicht* urteilst, desto mehr öffnest du den Weg zu deinem Selbst.

Ein Zeichen dafür, dass du dein Selbst erreicht hast, ist nämlich, dass du überhaupt nicht mehr urteilst, sondern nur noch siehst.

Und obwohl du dann wirklich siehst, siehst du keine Familien mehr.

Erstaunlich, nicht wahr?

Buddha war ein großartiger Lehrer, von dem du unendlich viel lernen kannst. Er lehrte die Liebe, die Achtung und die Gewaltlosigkeit allen Lebewesen gegenüber und das Aufgeben der Wünsche als Weg zur Befreiung.

Er war so von der Suche nach Wahrheit erfüllt, dass Er alle Reichtümer und Bequemlichkeiten aufgab, die Er als Kronprinz am Hofe Seines Vaters genoss, um die Erleuchtung zu finden.
Allein schon deshalb gebührt Ihm ein Sitz bei den Göttern.

Vor allem zeichneten Ihn aber Seine Liebe und Sein Mitgefühl aus, die Er allen Lebewesen gegenüber hatte.

Wie ein Leuchtturm, der selbst in finsterster Nacht die Schiffe die Geborgenheit des Hafens finden lässt, weist Buddha den Weg.

Buddha ist auch deshalb ein leuchtendes Beispiel, weil Er die Einheit von Gedanken, Wort und Werk nicht nur lehrte, sondern in vollem Umfang lebte. Und diese Einheit bestand aus Liebe, Opferbereitschaft, Dienst am Nächsten, Gewaltlosigkeit und strahlender Tugend.

Der weltliche Weg ist am Anfang leicht. Am Ende aber schwer.

Der spirituelle Weg ist am Anfang schwer, um anschließend immer leichter zu werden.

Hast du einmal das Gefühl, die Mühen des spirituellen Weges würden dich erdrücken, erinnere dich an Buddha. Führe dir Sein von Glückseligkeit durchstrahltes Lächeln vor Augen.

Und du findest mit Sicherheit wieder Mut, Kraft und Zuversicht.

Was du im Leben wirklich benötigst, ist Selbstwertgefühl. Selbstwertgefühl ist der Schlüssel für viele Türen deiner Seele.
Durch Selbstwertgefühl beziehungsweise durch Selbstachtung bekommst du die innere Kraft, die dich entschieden und beständig handeln und durchhalten lässt.
Durch Entschiedenheit und Beständigkeit wirst du erfolgreich in deinem Leben sein. Deine Selbstachtung wird dir dabei helfen, dass dein Erfolg nicht dein Ego aufbläht.
Wenn du dich selbst achtest, achtest du auch andere. Außerdem steckt dein Selbstwertgefühl andere an, die deshalb deine Gesellschaft suchen.

Du siehst, Selbstachtung ist sehr wichtig für dich.
Doch wie erlangst du sie, wenn du sie nicht hast?
Die richtige Antwort ist: *Dadurch, dass du andere achtest.*
Diese Antwort „beißt sich aber selber in den Schwanz". Erklärt sie doch nicht, wie du andere achten sollst, wenn du dich selbst nicht achten kannst.
Die Antwort, die wir suchen, muss deshalb eine andere, eine praktischere sein.
Wer kein Selbstwertgefühl hat, achtet sich selbst nicht. Das ist das Problem.

Lerne deshalb in kleinen Schritten deine Qualitäten kennen.
Versuche einige Monate lang jeden Tag eine positive Eigenschaft an dir zu entdecken und dich daran zu freuen.
Beobachte, wie viele Menschen es schwerer haben als du, und sei deinem Schöpfer dankbar.
Höre ab heute damit auf, dich mit Menschen zu messen, die du – in welcher Hinsicht auch immer – für überlegen hältst.
Dich mit ihnen zu vergleichen, noch dazu mit deinem schwachen „Selbstblick", zerfrisst dir die Seele und schwächt dich noch mehr.
Entwickle stattdessen das Vertrauen, dass der Herr dich für deine Aufgabe vollkommen schuf und dir alles gegeben hat und geben wird, was du benötigst. *Auch das wird dein Selbstvertrauen stärken.*

Hast du dies eine Zeit lang geübt, beginne, anderen zunächst mit Anerkennung und dann mehr und mehr mit Achtung zu begegnen, und du wirst feststellen: Je mehr du andere achtest, desto mehr achtest du dich selbst.

Namaste. (Das Göttliche in mir grüßt das Göttliche in dir.)

Ich sage immer wieder, dass für Mich nichts unmöglich ist.
Weißt du eigentlich, warum?
Weil man mit *Geduld*, *Liebe* und *Verständnis* selbst die größten Probleme lösen kann.

Sieh dir das Leben Christi an. Mit welcher Geduld Er alles anging. Wie geduldig Er zuhörte. Wie liebevoll Er darauf wartete, dass jemand Ihn verstehen konnte.

Genauso unendlich wie Seine Geduld war Sein Verständnis.
Selbst Menschen, die genau entgegengesetzt zu dem lebten, was Er predigte, begegnete Er mit Verständnis und konnte sie aus Seiner großen Liebe heraus berühren, lehren, verändern.

Christi Liebe ist nicht beschreibbar. Nur wer sie erlebt hat, konnte annähernd spüren, wie weit reichend sie war.

Glaube nicht, dass Christus tot ist und du ohnehin mit Ihm nicht vergleichbar bist.
Denke niemals so, denn du wirst, was du denkst.

Denke stets, dass Christus in dir ist, dass Sein Leiden nicht umsonst gewesen sein *darf*.
Sei fest davon überzeugt, dass du Ihn in dir findest und all die Eigenschaften verwirklichst, die Ihn auszeichneten.

Denke immer daran: Du bist das Licht der Lichter.

Die Industrieländer beuten besonders die Länder der so genannten Dritten Welt aus. Die Industrieländer haben in jeder Hinsicht die Macht, dementsprechend müssen sich die Schwächeren fügen.
Es ist ein Katz-und-Maus-Spiel, bei dem die Maus immer verliert.
Diese Haltung ist sehr verwerflich.

Kein Mensch hat das Recht, einen anderen auszubeuten oder gar zu versklaven – geschehe dies nun tatsächlich oder getarnt durch geschickte Verträge.
Die Länder der Dritten Welt haben aber auch einen nicht geringen Teil Verantwortung.
Besonders die Menschen in leitenden Positionen haben in den meisten Fällen ihr kulturelles Erbe aufgegeben, streben den leeren westlichen Lebensformen nach und kennen keine Verantwortung und keine Ethik.

Sie führen besonders durch die Korruption, die Ich als eine besondere Form von Kriminalität betrachte, ihr Land in den Ruin.

Das Volk selbst trägt aber auch einen Teil der Schuld. Ein Volk ist immer mitverantwortlich für die Führer, die es hat. Niemand kann sich da ausschließen.

Sieh in dein Herz.
Bringe Liebe und inneren Frieden in dich. Lass sie in deine Familie fließen. Von deiner Familie in die Nachbarschaft. Von der Nachbarschaft in die Gemeinde. Von der Gemeinde in die Stadt. Von der Stadt über das ganze Land.

Erfülle gewissenhaft deine Pflicht und sei für andere da.
Das ist das Beste, was du für dein Land tun kannst.

Ist die Regierung dann immer noch schlecht, bist du zumindest nicht verantwortlich.

Es sind nicht die Augen, die sehen. Es sind nicht die Ohren, die hören. Es ist nicht die Zunge, die schmeckt. All dies tun nicht die Sinne, sondern dein Höchstes, dein Göttliches Selbst.

Im Grunde ist es genau umgekehrt, wie du denkst: Du glaubst, deine Sinne erweitern deinen Gesichtskreis. Du schließt dies daraus, dass ein Blinder oder ein Tauber eingeschränkt in seinem Verhalten ist.

Meine Antwort ist: Dies muss nicht so sein. Ganz im Gegenteil. Manche Blinde oder Taube entwickeln Fähigkeiten, durch die sie sehr viel mehr als so genannte Gesunde wahrnehmen können.

Dass du nicht alles um dich wahrnimmst beziehungsweise weißt, spiegelt *nicht* deine tatsächlichen Grenzen wider, sondern macht nur deutlich, dass zwischen deinem jetzigen Bewusstsein und dem, was du erreichen kannst, noch viele Dämme, viele Sperren und viele Einschränkungen bestehen.

Je mehr du diese Sperren abbaust, desto mehr kommst du in Kontakt mit deinem Höchsten Selbst.

Damit der Körper entstehen kann, muss das Höchste Selbst seine Kraft gleichsam abschirmen. Dies ist die Geburt des Ego. Das Ego ist in gewisser Hinsicht die Barriere vor dem Selbst, damit der Körper überhaupt leben kann.

Du musst diese Sperren nicht von heute auf morgen abbauen beziehungsweise aufgeben, sondern zunächst erstarken, damit du das Höchste Selbst erreichen und aushalten kannst.

Wie gesagt, musst du all dies nicht sofort vollbringen; aber darüber nachdenken, dass diese Barrieren überflüssig sind, das kannst du heute schon!

Von deiner Beziehung zu Gott hängt alles ab.

Gott begleitet dich über das große Meer, welches das Leben ist.
Es gibt aber Zeiten, in denen dein Kontakt zu Gott schwierig, etwas kühl oder sogar sehr gestört sein kann.
Lass dich davon weder erschrecken noch abschrecken.

Alle menschlichen Beziehungen sind einem Auf und Ab unterworfen. So auch die Beziehung der Menschen zu Gott.
Das ist gar nichts Außergewöhnliches.
Und weißt du, warum dies nichts Außergewöhnliches ist?
Weil Gottes Beziehung zu den Menschen niemals schwankt, niemals an Intensität einbüßt, geschweige denn, dass Gott Sich vom Menschen abwenden würde – oder könnte.

Der große Indische Heilige Ramakrishna Paramahamsa verwendete einmal das schöne Bild, Gott sei an den Menschen gebunden wie eine Kuh an ihr Kälbchen.
Ob der Einzelne nun weiter oder weniger weit auf seinem spirituellen Weg ist und sich deshalb Gott näher oder ferner fühlt, ist dabei überhaupt nicht von Bedeutung.
Entscheidend ist vielmehr, dass sich Gottes Beziehung zum Menschen wie die Beziehung einer Kuh zu ihrem Kälbchen verhält.
Gott gab dir dein Leben und deinen Körper. Er ernährt dich. Er verteidigt dich immer wieder gegen die Übergriffe dunkler Mächte, denen du hilflos ausgeliefert wärst.
Stelle dir nun vor, das Kälbchen würde sich über seine Mutter ärgern, ihr einen ärgerlich enttäuschten Blick zuwerfen und von ihr weglaufen. Was, glaubst du, täte die Kuh? Natürlich würde sie ihm nachlaufen.

Falls deine Beziehung zu Gott einmal „belastet" sein sollte – so nennt ihr das heute, nicht wahr? –, dann mach dir keine Sorgen.
Gott wird dich niemals verlassen, liebt Er dich doch in einem Umfang und in einer Weise, wie es selbst die liebevollste Mutter nicht vermag.
Und wie du es dir einfach nicht vorstellen kannst.

Das ist das ganze Problem. Ein anderes gibt es nicht.

Gehe wie ein Vogel durch dein Leben und habe immer ein freudiges Lied auf deinen Lippen.

Wache mit dem Lied auf. Verbringe den Tag mit deinem Lied auf deinen Lippen, in deinem Kopf und in deinem Herzen. Beschließe den Tag mit deinem Lied.

Finde ein Lied zur Ehre Gottes, und lass es dein Leben schmücken, wie das Gezwitscher einen Vogel schmückt.

Ich versichere dir, dein Leben wird leicht wie ein Vogel, geschmeidig und kraftvoll.

Hast du schon einmal einen Vogel in der Hand gehalten? Erinnerst du dich noch, wie leicht er sich anfühlt?
Hast du seinen Blick gesehen? Diese tiefen Augen mit dem großen Licht, das so gut in den Himmel passt?

All das macht ein einziges Lied aus dir – ganz zart und doch so weit.

Ich sage immer wieder, dass die Welt irreal ist. Gleichzeitig halte Ich sie für den besten Lehrer, weswegen Ich ihr eine große Bedeutung beimesse.

Wie kann man diese unterschiedlichen Aussagen auf einen Nenner bringen? Um deutlich zu machen, was Ich meine, möchte Ich von einem ganz anderen Standpunkt aus beginnen.

Im Jenseits gibt es zwei grundsätzlich verschiedene Seins-Zustände, das Sonnen- und das Mond-Prinzip.
Die Seelen, die das Sonnen-Prinzip erreichen, haben die endgültige Befreiung gewonnen und werden nicht wiedergeboren.

Im Mond-Prinzip bleibt eine Seele dagegen so lange, bis ihr Guthaben an guten Taten verbraucht ist. Dann wird sie wiedergeboren.
Beide Prinzipien zeichnen sich durch fortdauernde Glückseligkeit aus.

Auf Erden dagegen ist alles anders. Auf Erden ist alles vom Gesichtspunkt abhängig, ob etwas ein Glück oder ein Unglück ist.
Stirbt zum Beispiel jemand, ist dies in den meisten Fällen für die Hinterbliebenen mit Schmerzen verbunden.
Für den Toten dagegen ist es ein Glück. Er kann im Jenseits uneingeschränkte Glückseligkeit genießen und vermeidet es vielleicht durch seinen Tod, sich negatives Karma aufzuladen, das ihn viele Leben beschäftigen könnte.

Aber auch für die Hinterbliebenen kann der Tod ein Glück sein: Einmal aus egoistischen Gründen, wenn sie den Verstorbenen als Last empfanden oder unter seiner Macht litten und Ähnliches mehr. Ein andermal aus Gründen, die aus dem Selbst stammen, entweder wenn der Tote unter großen Schmerzen litt und der Tod wie eine Erlösung kam. Oder wenn die Hinterbliebenen in der Lage sind zu sehen, dass der Tod für jeden Menschen eine Befreiung bedeutet.

Du musst dir immer bewusst sein, dass keinem etwas „zufällig“ zustößt, geschweige denn, dass er durch ein „reines Unglück“ stürbe.
Jeder hat seine Zeit. Nichts ist zufällig.

Hier beginnt und endet die „Irrealität“ der Welt.
Eure Gefühle sind euch derart wichtig, dass euch tiefere Zusammenhänge nicht oder jedenfalls nicht *primär* interessieren. Das führt euch häufig dahin, dass ihr die Welt als brutal und Gott als hart empfindet.

Nichts in der Welt hat einen Wert an sich. Alles ist vergänglich. Alles hängt vom *Standpunkt* und von den *Motiven* ab.

Die Welt ist irreal, weil sie Meine Segen bringenden Motive so verbirgt, dass ihr eine leichte Beute eurer Gefühle werden könnt.

Aber der Schleier wird früher oder später gelüftet werden, und ihr werdet euch dann durch das Erkennen der Zusammenhänge des Segens bewusst, der euch stets begleitet hat.

Ein großes Modewort im Westen ist die so genannte „Selbstverwirklichung“.
Man spricht dabei vom Selbst und meint das Ego – Selbstverwirklichung ist deshalb in den meisten Fällen der reinste „Egotrip“ – um ein weiteres Modewort zu verwenden.
Die Beziehungen und dementsprechend die Familien sind wegen dieser missverstandenen Selbstverwirklichung in einem desolaten Zustand.
Jeder betrügt jeden, jeder verlässt jeden, weil er sich angeblich selbst verwirklichen will.
Es gibt kein Versprechen, das noch Gültigkeit hätte. Es gibt keine Verpflichtung, die es wert wäre, ihr nachzukommen. Die Selbstverwirklichung ist der alles bestimmende Gott, dem alles untergeordnet wird.

Und was wird damit erreicht?
Enttäuschung, Tränen, Leiden. Das ist das Ergebnis dieser vollkommen fehlgeleiteten Selbstverwirklichung.

Wenn du etwas kaufst, bist du zunächst misstrauisch, wenn dir jemand viel mehr für sehr viel weniger Geld als andere anbietet, nicht wahr? Das Gleiche gilt für deine persönliche Entwicklung. Wie in allem kommst du auch hier nur so weit, wie dein Einsatz reicht. *Dein Einsatz bestimmt deinen Weg.*
Die so genannte Selbstverwirklichung bekommt man zum „Nulltarif“. Man braucht ja nur das zu tun, wozu man gerade Lust hat.
Das Auffinden des Selbst dagegen kostet viel Mühen und Kraft.
Da ihr Mühe scheut und die Bequemlichkeit liebt, seid ihr natürlich durch „einfache“ Lösungen leicht verführbar.
Was Ich aber nicht verstehe: Willst du dir ein Paar Schuhe kaufen und findest ein Paar, das besonders billig ist, wirst du misstrauisch und erforschst den Grund für den niedrigen Preis.
Bei Schuhen, wo es um etwas mehr oder weniger Geld geht, tust du es. Bei deiner Seele, wo es um dein Leben geht, willst du es nicht tun?
Das ist wirklich verrückt.

Gib deshalb die Illusion auf, du könntest eine Entwicklung umsonst bekommen. Das gibt es nicht. Alles hat seinen Preis.
Ein Preis für die Selbstverwirklichung besteht zum Beispiel darin, dass du dies schon mal erkennst.

Heute ist dein Geburtstag!

Du stutzt und fragst dich, wie Ich darauf komme.
Ich frage dich zurück: Wieso kommst du nicht selbst darauf? Weißt du nicht, dass jeder Tag dein Geburtstag ist?

Du weißt es nicht? Wie merkwürdig, denn du streichst täglich Meine Geschenke ein. Und du bedankst dich manchmal auch ganz artig.

Ich freue Mich immer, wenn dir Meine Aufmerksamkeit Freude bereitet.
Aber noch etwas: Wenn täglich *dein* Geburtstag ist, dann muss auch Meiner täglich sein.

Bei dieser Gelegenheit möchte Ich nun auch einen Wunsch anmelden: Freue dich doch ein wenig mehr. Stell dir vor, dass die Freude ganz klein in deinem Herzen entsteht und immer größer wird. Lass die Freude durch deinen Brustkorb, deine Arme, Hände, deinen Kopf und schließlich durch deinen ganzen Körper strömen.

Schicke deine Freude als warmes, gelbes, freudiges Licht zu deinen Verwandten, Freunden, Bekannten und zu deinen Feinden. Zu deiner Umwelt. Zur ganzen Welt.

Merkst du nun, dass jeder Tag ein Geburts-Tag ist? – Die Geburt des Selbst. Denn das Selbst lebt vom Geben, von der Freude, vom Glanz, der in den Augen deiner Mitmenschen durch deine Liebe entsteht.

Deswegen ist Geben der Weg zur Seligkeit.

Ganz zart und doch so stark.

Dein Körper ist ein Werkzeug. Ein besonders vollkommenes, aber ein Werkzeug.

Der Körper ist kein Identitätsträger. Dies ist die Seele. Der Körper ist nur Hülle.

Der Computer ist ein hoch spezialisiertes Werkzeug. Würdest du deshalb glauben, er sei du? Dies wäre doch wirklich etwas verrückt, wenn ein Mensch mit seinen unbeschränkten Möglichkeiten sich mit einer beschränkten Maschine identifizierte!

Genau dies tut der Mensch aber ununterbrochen.
Er meint, er sei der kleine vergängliche Kasten, dessen Zerbrechlichkeit ihn ständig bedroht.

Du bist nicht der Computer. Du bist derjenige, der ihn bedient. Ohne dich wäre der beste Computer ein sinnloser Kasten, der irgendwo in der Ecke stünde und niemandem nützte.

Du bist das Göttliche Selbst. Du bist die unsterbliche, ewige Seele. Der ganze Sinn und Zweck deines Körpers besteht darin, dass du Selbst-Erkenntnis, Selbst-Bewusstsein erlangst.
Einen anderen Zweck hat er nicht.

Nur die Seele kann Glückseligkeit dadurch erreichen, dass sie das Höchste Selbst verwirklicht.

Der Körper dagegen ist nur ein Widerschein.

Juni

Glaubst du, du bist äußerlich hässlich? Freue dich! Denn du hast viele Sorgen nicht, die Menschen mit einem vielleicht etwas ebenmäßigeren Gesicht haben.

Befasst sich zum Beispiel jemand mit dir, dann weißt du ziemlich genau, dass der Grund dafür nicht nur dein Äußeres sein kann.

Du kommst auch nicht in Versuchung, mit denjenigen zu spielen, die von deinem Äußeren angezogen werden.

Du wirst auch nicht so enttäuscht, wie es Menschen leicht geschieht, die sich mit ihrer äußeren, sprich: mit ihrer körperlichen Erscheinung identifizieren.

Alles Äußerliche, alles Körperliche, ist veränderlich und vergänglich.
Begegnungen, die auf dieser Ebene stattfinden, sind sehr instabil und reich an Verletzungen.
Sie führen außerdem häufig zu Arroganz, Hartherzigkeit und Einsamkeit.

Viele Menschen auf der ganzen Welt streben nach Schönheit und verwickeln sich immer wieder in rein äußerliche Beziehungen. Dies ist der Grund dafür, warum sie zum Teil so verzweifelt, einsam und hart sind.

Traue niemandem, der sich besonders auf dein Äußeres bezieht. Wer weiß, was er tut, wenn er deine Seele sieht!
Traue dir ebenso wenig, wenn du dasselbe machst. Wer weiß, was du anderen damit antust, ohne es zu merken, weil nicht mehr das Feinsinnige in dir dein Verhalten bestimmt.

Siehst du, Ich sage doch zu Recht: Sei froh, wenn du nicht hübsch bist!

Mohammed war ein weiser, Heiliger Mann mit einem großen Herzen. Er bemühte Sich deshalb, den Menschen einen sicheren und einfachen Leitfaden an die Hand zu geben, mit dem sie Gott nahe kommen konnten.

Der Prophet hat mit dem Islam eine Religion gegründet, die vielen Millionen Menschen Segen bringt.

Mohammed konnte aber zweierlei nicht verändern, das zu Schwierigkeiten führen musste: Die Polygamie und das Essen von Fleisch. Beides waren zu Seiner Zeit völlig selbstverständliche Sitten, gegen die vorzugehen sehr schwer gewesen wäre – besonders, da schon bald die Machtkämpfe um Seine Lehre ausbrachen, was leider für viele Religionen typisch ist.

Mohammed war ein großer Menschenfreund, der in anderen stets das Gute sah und jedem uneigennützig helfen wollte.

Durch Ihn ist im Islam ein Schatz an wunderbaren Lehren erhalten, der endlich wieder in seinem liebevollen und friedvollen Inhalt erkannt und gelebt werden muss.
Dann kommt mit Sicherheit Frieden in diese besonders gefährdete Region der Welt.
Im Westen gibt es viel Ablehnung dem Islam gegenüber. Hüte dich vor Vorurteilen. Sie schaden nicht nur dir, sondern schwächen die ganze Welt. Der Islam ist eine vollkommene Religion wie das Christentum, das Judentum, der Buddhismus oder der Hinduismus – um nur einige zu nennen.

Sieh den Islam als eine Heilige Lehre an, die du wie deine eigene Religion achten solltest und von der du zu jeder Zeit viel lernen kannst.

Ihr liebt die Sensationen: Schnelle Autos, große Abenteuer, spannende Filme, hinreißende Erlebnisse.

Und was habt ihr davon? Nichts.

Glaube Mir, all dies sind Fehlentwicklungen, über die ihr nur deshalb nicht nachdenkt, weil sie bei euch so verbreitet sind.

Man kann aber nicht sagen, Pest sei deshalb keine Krankheit, weil sie alle haben.

Traue nicht der Sensation, denn das Leben ist in Wahrheit Ruhe, ist Frieden, ist Vollkommenheit.
Das Leben fließt im Grunde ruhig dahin.
Wohin? Zu Mir.

Es kommt von Mir, es geht zu Mir, und Ich begleite es ununterbrochen.
Nichts geschieht in der Welt, ohne dass Ich anwesend bin.
Und Ich bin in vollkommener Ruhe.

Zu dieser Ruhe musst du gelangen, denn sie, nicht die Hektik, ist dein Ziel.
Betrachte diese Wahrheit und prüfe an ihr, wie viel Ruhe du bereits erlangt hast.

Je mehr du feststellst, dass dein Leben von Sensationen, von Angespanntsein oder, wie ihr sagt, von Stress bestimmt ist, desto deutlicher kannst du erkennen, wie weit du dich von dem Weg entfernt hast, der für dich bestimmt ist und den dein Selbst ununterbrochen herbeisehnt.

Gib dich keinen Illusionen hin, und glaube nicht, es ginge auch so.
Diese Illusion stellt einen mehr oder weniger großen Umweg dar.

Denn es gibt kein anderes Ziel als die Ruhe, als den Frieden, als das Selbst, das du bist.

Wer glaubt, es gebe keinen Gott, verschließt die Augen.
Er geht blind durchs Leben und muss ununterbrochen Acht geben, dass er nicht gegen etwas stößt, das er nicht gesehen hat.

Es gibt zwei Möglichkeiten im Leben, aber nur einen Weg.
Entweder du entscheidest dich für Gott oder für die Welt.

Entscheidest du dich für Gott, so wird Er dich führen, dich leiten und dementsprechend deinen Weg und die Zeit verkürzen, die du benötigst, um zu Ihm zu gelangen.

Oder du entscheidest dich für die Welt.
Und was geschieht dann? Du wirst dich früher oder später derart in der Welt verstricken, dass du keinen Ausweg mehr weißt. Dies ist ein unumstößliches Gesetz.

Dies ist aber auch der Augenblick, in dem du dich nach innen kehrst und Gott suchst.
Dann bist du ganz überrascht, dass Er an deiner Seite ist. Immer. Auch in der Außenwelt.

Denn was ist Welt ? Der Weg der Unwissenden zu Mir.

Die Frauen emanzipieren sich. Sie verstehen unter Emanzipation das Gleichziehen mit dem Mann.
Das heißt, die westlichen Frauen emanzipieren sich nicht. Sie verlieren sich.

Wie kann eine Frau werden wollen wie ein Mann? Wie kann eine Frau außerdem einem Mann nacheifern, der sich schon lange selbst verloren hat?

Die Frauen sind völlig desorientiert. Sie glauben an Geld, Sex und Körper. Die Folgen davon sind Lust, Begierde, Angst, Wut, Bindung, Hass, Stolz.

Die Frauen werden so von innen her zerstört und glauben trotzdem, auf dem rechten Weg zu sein.
Welch eine Tragik!

Frauen sind die Sonne der menschlichen Gemeinschaft. Sie zeichnen sich durch Liebe, Würde, Hingabe und Keuschheit aus.

Die Frau ist die Sonne, die den Mann wie Butter schmelzen lässt.
Die Frau sollte deshalb vorsichtig mit ihren Reizen umgehen. Stachelt sie die Triebe im Mann an – lässt sie die Butter schmelzen –, dann wird sie möglicherweise schnell in Verwicklungen geraten, die ihre zarte Seele tief verletzen können.

Deshalb sage Ich immer wieder: Ein Herz, ein Partner, eine Sexualität.
Dies ist der beste Weg, um durch Liebe und Verpflichtung den Körper aufblühen zu lassen.

Im Jenseits gibt es keine Hölle. Nur Glück und Liebe.

Die Hölle ist auf Erden. Und ihr schmiedet sie euch selbst durch eure Taten und deren Konsequenzen.

Der Begriff Hölle ist an sich falsch. Das Bild von der Hölle, wie es zum Beispiel im Abendland geprägt wurde, zielt auf eine ewige Verdammnis ab.

Es gibt aber keine ewige Verdammnis.
Es gibt nur schwierige, zum Teil sehr schwierige Situationen auf Erden, die ihr durchleben müsst, um zu lernen.

Durch eure Taten zeigt ihr, wo ihr steht. Ich schaffe dann die Situationen, die eurem Entwicklungsstand entsprechen, damit ihr lernen könnt, was ihr lernen müsst, um schließlich alle, früher oder später, die endgültige Befreiung zu erlangen.

Und wovon werdet ihr befreit? Von den Ketten, die euch an die Erde binden. Da ihr dies so wenig glauben könnt, dauert der Prozess der Befreiung so lange. Ihr müsst durch viele Leben *erleben und erkennen*, dass eure Suche nach Glück in der Welt sinnlos ist und dass alles, was ihr sucht, in euch liegt.

Dies ist so einfach, so klar, so wahr.
Und trotzdem für viele so schwer zu glauben.

Die Paare und Familien liegen Gott besonders am Herzen.
Sie benötigen im Moment besonders dringend Hilfe. Sie haben in den meisten Fällen weltweit fast alles verloren, was zu einer glücklichen Familie gehört.

Du glaubst, Freiheit sei das höchste Gut. Fühlst du dich in irgendeiner Weise auch nur im Geringsten eingeschränkt, dann fühlst du dich bereits eingekerkert und rebellierst. Geschieht dies öfter, dann schlägst du um dich.

Warum eigentlich?
Wer hat je gesagt, die Freiheit, zu tun, was du willst, sei ein hohes Gut?
Ich mit Sicherheit nicht!

Ich sage vielmehr: *Freiheit ist, wenn du gerne tust, was du tun musst.*
Und was musst du, bezogen auf deine Familie, tun?
Als Mann bei deiner Frau bleiben.
Als Frau bei deinem Mann bleiben.
Als Paar füreinander und für die Kinder sorgen.

Kannst du das, dann bist du frei. Kannst du es nicht, dann hast du nicht den falschen Partner, wie heute gerne angenommen wird, sondern dann hast du noch nicht die entscheidende Tür deines Herzens geöffnet.

Möchtest du wissen, was Ich als wirkliche Freiheit ansehe? Ein offenes Herz.

Und wie bekommst du es? *Indem du alles einsetzt, um mit Liebe das zu tun, was du tun musst.*

Ich sage stets, dass ihr mit wenig Gepäck reisen sollt.
Viel Gepäck bedeutet viele Bindungen.

Du brauchst dies und jenes, um dich wohl zu fühlen. Hast du es nicht, bist du un-glücklich.

Damit machst du dich von irgendwelchen Dingen so abhängig, dass dein Glück und Unglück von ihnen bestimmt werden.
Dies ist nicht nur unklug, sondern ver-rückt, das heißt, du hast falsche Wertungen beziehungsweise Vorstellungen.

Dinge sind schlechte Lebensgefährten. Sie gehen schnell kaputt, gehen verloren oder werden gar gestohlen.

Benütze sie deshalb stets so, als wäre es das letzte Mal. Sei dankbar, dass du sie hast, sei aber gleichzeitig bereit, sie jederzeit aufzugeben.

Denke immer daran, dass auf Erden nichts von Dauer ist.
Alles sind nur Leihgaben, Seifenblasen, die jeden Moment platzen können.

Bist du an die Dinge gebunden, wirst du bei jeder platzenden Blase nass. Halte dich deshalb etwas abseits.
Betrachte deine Umgebung mit Interesse, mit Achtung und, wie gesagt, mit Dankbarkeit, dann kannst du keine bösen Überraschungen erleben.

Und noch etwas: Eine Seifenblase kann auch deshalb frühzeitig platzen, weil du ihr so nahe kommst, dass sie gegen deine Nase fliegt.

Sing doch einfach: „Gott ist da. Gott ist für *mich* da. Ich bin Gott. Wir sind für immer eins!"

Sing es mit *deiner* Melodie. Sing es immer wieder, bis dein Herz anfängt, sich zu weiten. Sing es weiter, und dein Herz weitet sich mehr und mehr.

Sing, sing. Dein Herz füllt nun den halben Brustkorb aus.

Sing, sing, sing, und dein Herz füllt ihn ganz aus.

Sing, sing, und es reicht von deinen Schultern bis zu deinem Becken.

Sing, sing, sing, und dein Herz reicht von deinem Kopf bis zu deinen Beinen und Füßen.

Nun bricht dein Herz von innen nach außen. Es umschließt dich.
Du bist eingehüllt von deinem Herzen, von deiner Liebe, von deiner innersten und stärksten Kraft.

Sing, sing. Dein Herz breitet sich weiter aus.
Dein Herz umfasst deinen Partner, deine Familie, deine Freunde, deine Nachbarn, deine Feinde, deine Stadt, dein Land – die ganze Welt.

Alles ein Gesang. Alles du. Alles Gott.

Du machst dir das Leben viel zu schwer.
Du möchtest dies. Du möchtest das.
Du möchtest, du möchtest, du möchtest – du möchtest dir das Leben schwer machen.
Du ärgerst dich, wenn nicht alles so verläuft, wie du es dir wünschst. Du haderst mit deinem Partner, deinen Kindern, deinen Freunden, deinen Kollegen. Du haderst mit Mir und meinst sogar, Ich hätte die „totale Macht".
Ich habe die vollkommene Macht der vollkommenen Liebe.
Mache es dir doch einfach. Lass *Mich* machen.

Du bist in deiner Entwicklung bis hierher gelangt, weil Ich dich führte und beschützte, obwohl du es nicht merktest.
Ich habe unzählige Male bewiesen, dass Ich besser als du weiß, was du brauchst – nur hast du dies häufig nicht bemerkt.
Meine Liebe ist das Granitfundament, auf dem du bauen kannst. Meine Macht ist *dein* Schutz.

Deshalb: Lerne Vertrauen. Lerne, *richtig* zu leben. Lehne dich zurück. Überlasse alles Mir.
Halte dir vor Augen, dass alles, was geschieht – hier oder sonstwo –, nur zu deinem Besten ist.
Denke nicht: „Im Grunde habe ich mir dies oder das anders vorgestellt." Sage vielmehr: „Es ist so. Ich hatte es mir anders vorgestellt, offensichtlich erfüllt Gott mir aber gerade einen Wunsch, der mir noch gar nicht bewusst war. Wie unglaublich zuvorkommend und fürsorglich von Ihm!"
Glaube Mir, in deinem gesamten Leben ist es wirklich so: Gott ist dein vollkommenster Freund und Diener. Deshalb kannst du loslassen, dich entspannen und dich von Ihm durchs Leben tragen lassen.

Ganz leicht wie eine Feder in Gottes Hand.

Krankheit, Armut, Trauer sind häufig nur sehr schwer zu ertragen. Sie sind aber niemals so schmerzhaft und so weit reichend in ihren negativen Folgen wie Unwissenheit.

Unwissenheit ist die schrecklichste Krankheit, die ein Mensch haben kann.

Im Mittelalter suchten die Alchimisten den Stein, bei dessen Berührung einfaches Metall zu Gold werden sollte. Sie waren kluge und gebildete Leute, fanden ihn aber trotzdem nicht.

Der Unwissende scheint einen Stein mit umgekehrter Wirkung gefunden zu haben. Anstatt alles in Gold zu verwandeln, macht er aus allem Blei.
Das ist die Tragik des Unwissenden: Alles, was er berührt, wird früher oder später schwer, dumpf und düster – ja, giftig wie das schwere Blei.

Wie viele Menschen stürzen sich einzig und allein ihrer Unwissenheit wegen ins Unglück! Wie viele sagen danach: „Ach, hätte ich das doch vorher gewusst!"
Aber: Wolltest du es wirklich wissen? Hast du wirklich Wissen gesucht?

Denke daran, dass der Hauptunterschied zwischen den Sophisten, die meinten zu wissen, und Sokrates, der wusste, darin bestand, dass dieser immer wieder betonte: „Ich weiß, dass ich nichts weiß." Die Sophisten dagegen gaben sich als die großen Wissenden aus, bewiesen aber im Gespräch mit Sokrates, dass sie letztendlich nichts wussten.

Wer prahlt, wer ohne viel Qualifikation meint, ein komplexes Problem sicher überschauen zu können, ist fast immer im festen Griff der Unwissenheit.

Halte dich fern von dieser allerschlimmsten Krankheit.
Freue dich über jedes noch so kleine Stückchen Wissen.

Sammle diese Stückchen wie Perlen, und befreie dich so Stückchen für Stückchen aus diesem schrecklichen Kerker.

Bei jedem Atemzug wiederholst du ohne dir dessen bewusst zu sein, das Urmantra „So – Ham“, „Er und ich sind eins“, das die Dualität von Gott und Mensch aufhebt.

Der Atem, diese besondere Manifestation des Göttlichen in dir, erinnert sich das ganze Leben hindurch, von Wem du abstammst: Von Ihm, der Großen Quelle, die alles Leben schafft und erhält.

Ununterbrochen wiederholst du: „Er und ich sind eins“ und merkst es weder, noch bedenkst du Folgendes: All die Ängste, die Befürchtungen, die größeren und kleineren Probleme und Sorgen in deinem Leben kommen nur daher, weil du die Bedeutung von „So – Ham“ noch nicht begriffen, nicht ergriffen hast.

Ununterbrochen fließt das Göttliche Selbst durch dich.
Es erhält dich am Leben. Es reinigt dich. Es erfüllt dich mit Kraft. Es heilt deine Krankheiten.

Wie kannst du überhaupt noch Ängste und Sorgen haben, wenn du dir dieses „Er und ich sind eins“ vor Augen hältst? Denn: Wo Gott ist, können keine Sorgen oder Ängste sein.

Spüre Gott in deinem Atem, spüre Gott in dir, und sei glücklich und frei.

Warum kann ein Vogel fliegen, ein Fisch schwimmen, ein Hund laufen? Weil Gott es so will. Das ist der ganze Grund.

Irgendwelche Naturgesetze spielen eine vollkommen untergeordnete Rolle. Es könnten noch so viele Naturgesetze etwas erklären oder als notwendig vorhersagen; wenn Gott es nicht will, wird es nicht eintreffen.

Für den Menschen ist Gottes Wirken schwer fassbar.
Gott schafft und sieht *vor* dem Erschaffen, dass es vollkommen ist, und wendet Sich dann seinem nächsten Werk zu.
Er signiert Seine Werke aber nicht. Er stellt sie wie zufällig hin.

Wegen dieser Zurückhaltung Gottes irrt sich der Mensch häufig in seinen Rückschlüssen. Nirgendwo ist da eine Unterschrift oder zumindest ein kleines „G“ zu sehen. Nichts steht da, selbst im hintersten Winkel nicht.

Gott verhält Sich ähnlich wie viele sakrale Künstler des Mittelalters, die ihre Werke ebenfalls nicht signierten, da sie davon ausgingen, dass das Entscheidende darin bestand, dass ihre Arbeit perfekt war.
Außerdem konnten sie sicher sein, dass die damaligen Gläubigen, die bekanntlich die Kunstwerke sehr genau betrachteten, sogleich wussten, wer sie geschaffen hatte.

Deshalb muss sich jeder fragen, der durch die Natur geht und ihre perfekte Ausgewogenheit sieht, wieso er nicht sogleich *hinter* all diesen Werken ihren Schöpfer erkennt.

Oder anders gesagt: Wie willst du je zu deiner Vollkommenheit gelangen, wenn du die Vollkommenheit um dich herum nicht siehst?
Wie willst du den Schatz in dir finden, wenn du seine Spiegelung nach außen nicht wahrnimmst?

Sieh all die Wunder, die dich umgeben, damit du so bald wie möglich das Wunder leben kannst, das du bist.

So – Ham

Halte dir immer vor Augen, dass die Unwissenheit eine schreckliche Krankheit ist. Sie schafft neben allem anderen Negativen viel Zwietracht unter den Menschen.

Der Christ sieht auf den Juden herab, dieser auf den Moslem und so in einem fort.

Was soll dieses dumme Denken in Klassen, Nationalitäten, Religionen?
Du stellst nur deshalb eine Bewertung als Mauer zwischen dich und andere, weil du nichts weißt.

Würdest du dich erinnern, dass du zum Beispiel im letzten Leben ein Jude, vor drei Leben ein Moslem, vor fünf Leben ein Hindu warst und noch ein weiteres Leben als Schwarzer in Marokko verbrachtest, dann sähe alles ganz anders aus.

Als Hilfe im Umgang mit der Unwissenheit will Ich dir eine Regel an die Hand geben: Entweder du nimmst an, dass du die vielen verschiedenen Religionen und Rassen nicht in früheren Leben am eigenen Leibe erfahren hast, dann bist du eine sehr junge Seele und musst dich deshalb in Zurückhaltung und Schweigen üben.

Oder du gehst davon aus, dass du die meisten Religionen und Rassen kennen gelernt hast – was meistens auch der Fall ist –, dann sieh die anderen, die dir begegnen, als Bilder deiner selbst, wie du in früheren Leben warst – was aber nicht bedeutet, dass du in deiner Entwicklung weiter, sprich ihnen überlegen bist.

Sieh sie herzlich und interessiert an. Höre ihnen aufmerksam zu. Versuche nicht zu verändern – wie solltest du auch verändern können, wo du selber nicht weißt, wer du bist?
Und mache dich von allen Vorurteilen und allen negativen Bildern frei.

Denn was sind verschiedene Meinungen, Rassen, Völker, Religionen?
Vorübergehende Erscheinungen des einen ewigen Höchsten Selbst, das du ebenso bist wie alle anderen auch.

Suche deine innere Stimme, folge ihr, und dein Leben wird eine ganz neue Dimension bekommen.

Deine innere Stimme kommt aus deinem Herzen und stammt von deinem Selbst. Und dieses Selbst ist Gott.

Finde deine innere Stimme, und du hast Gott als Führer gefunden, Der immer für dich da ist und dich in jeder Situation leiten wird.

Für Arjuna war Krishna diese Stimme. Arjuna in seiner Seelenstärke hatte dies erkannt und hielt sich vollständig daran. Was Krishna sagte, nahm Arjuna auf. Was Krishna bejahte, bejahte Arjuna auch. Was Krishna verneinte, verneinte er auch. Was Krishna befahl, führte Arjuna aus. Er dachte nicht nach, sondern folgte den Weisungen seines Göttlichen Freundes, und seine Taten waren kraftvoll und von großer Wirkung.

Finde deine innere Stimme. Prüfe sie.
Bitte Gott um Hilfe, nicht in die Irre geführt zu werden. Er wird dir helfen.
Halte dich dann an deine inneren Weisungen, und dein Leben wird voller Licht sein.

Bitte den Herrn, und du wirst den Partner finden, der zu dir passt. Bleibst du dennoch allein, frage dich, ob du wirklich einen Partner suchst oder was du durch dein Karma zu lernen hast.

Glaube Mir: Mein größtes Bestreben ist dein Glück.

Bist du trotzdem nicht glücklich, so musst du noch irgendetwas lernen, weswegen Ich dein Schicksal nicht verändern kann.

Aber selbst wenn Ich es verändere, bedeutet dies noch lange nicht, dass du deshalb auf Dauer glücklich wirst.

So betete ein Mann über Jahre, Ich möge ihm eine Frau geben.
Ich gab ihm eine Frau.

Er bat Mich anschließend um ein Kind, dann um ein zweites, ein drittes und schließlich um ein viertes.
All dies bekam er.

Bald litt er aber so unter seiner Familie, dass er sich nichts sehnlicher wünschte als die Zeit, in der er weder Frau noch Kinder gehabt hatte.

Überlege dir *genau*, was du dir wünschst.
Du kennst dich viel zu wenig, um zu wissen, was du *wirklich* brauchst.

Vertraue vielmehr darauf, dass der Herr dich seit dem Beginn der Zeit kennt und dir genau das geben wird, was dir tatsächlich gut tut.

Alles andere sind nur deine Vorstellungen von dem, was *du* dein Glück nennst.

Der heutige Tag war noch vor kurzem in Deutschland Nationalfeiertag. Jetzt ist der 3. Oktober der Tag der Deutschen Einheit.

Der eine entstand aus dem Leid, dass der Aufstand in der DDR niedergeschlagen wurde.
Der andere aus Freude über die Vereinigung beider Deutscher Staaten. Beide Tage zusammen spiegeln die Essenz des Lebens wider.

Denke immer daran, dass das Leben eine unendliche Aneinanderreihung von Freud und Leid ist.
Die Freude entsteht aus dem Leiden und das Leiden aus der Freude.
Dies ist das Gesetz der Außenwelt, die unstet ist, weil sie ständiger Veränderung unterworfen ist.

Du kannst dem Unsteten und damit dem Leiden nur entkommen, wenn du dich nach innen wendest.
Im Inneren, in dem großen Schatz, den du in dir trägst, findest du ständigen Frieden und bleibendes Glück.

Dieses Glück ist aber grundsätzlich anders als jenes der Außenwelt.
Es beginnt ganz fein, ganz behutsam. Es kann aber schnell anschwellen und dich mitreißen.

Vor dieser großen Kraft fliehen die meisten Menschen. Sie sagen, sie suchten das Glück in der Außenwelt, weil es angeblich dort zu finden sei.

In Wahrheit fürchten sie die große Kraft des Glücks, das in ihnen schlummert und nur darauf wartet, von ihnen entdeckt zu werden.

Baue nicht auf Überlegenheit.

Heute magst du überlegen sein.
Wie lange wirst du es bleiben?
Wie lange warst du es nicht?

Die Welt ist durch Wechsel gekennzeichnet. Nichts ist von Dauer. Nichts bleibt.
Oder bleibt doch etwas?
Ja, all jenes bleibt, was du für deine Seele erwirkst, und begleitet dich von Leben zu Leben.

Sieh dir ein Genie wie Mozart an. Er formte über mehrere Leben seine musikalische Begabung aus, um sie in wenigen Jahren in großer Perfektion gestalterisch zu leben.
Er lernte aber menschlich wenig und starb deshalb jung.
Seine besondere Begabung hinderte ihn an der notwendigen seelischen Entwicklung.

Einstein war auch ein Genie. Er benutzte seine besondere Begabung aber nicht, um sich selbst und andere zu vermeiden, sondern um noch differenzierter menschlich zu wachsen.
Einstein war eine weise Seele, die nichts von einem Überlegenheitsgefühl wusste und wissen wollte.

Er kannte die Tücken des Lebens, die Unbeständigkeit und die Täuschung.
Er hielt sich deshalb fest an seinen Glauben und benutzte seine Zeit auf Erden, um seinen Kontakt zu Gott zu vertiefen.

War er ein Genie? War er vielen überlegen?
Wie unwichtig diese Fragen sind.
Er war tief in seinem Herzen glücklich und zufrieden.

Das war entscheidend. Das blieb und bleibt.

AIDS ist eine schreckliche Krankheit. Sie ist aber auch ein Spiegel dafür, wie weit ihr gesunken seid.

Eure Sexualmoral ist auf einem erschütternd tiefen Stand angelangt.
Euer Gesundheitssystem ist fast ausschließlich an Geld orientiert.

Ihr denkt über die Schrecken von AIDS nach. Ich finde, ihr solltet einmal darüber nachdenken, zu welch einem furchtbaren Ort ihr die Welt beziehungsweise euch selbst habt verkommen lassen.

Ihr seid in einem derart desolaten Zustand, dass der Herr alle Hände voll zu tun hat, um euch vor der endgültigen, überdies selbst gewählten Zerstörung zu bewahren.

Natürlich wird es Ihm gelingen, euch zu retten und die Welt genesen zu lassen. Ihr aber werdet gründlich umdenken müssen.

Empfangt deshalb die Gnade des Herrn, denkt um, und beginnt bereits heute damit, eure Erkenntnis in die Tat umzusetzen.

Es gibt überhaupt keinen Grund, wieso du besorgt oder traurig sein müsstest. Ich sorge seit dem Beginn der Welt für dich. Wieso sollte Ich es heute nicht auch tun?

Ich versichere dir, dass Ich stets das für dich Beste anstrebe und erreiche. Du bist Mir viel mehr wert, als dein Leben oder dein Wohlstand dir wert sind.
Ich nehme dir nie einen Gegenstand oder gar einen Menschen weg, ohne dass ein wirklich triftiger Grund vorliegt.
Mein Grund ist immer dein Wohlergehen und das der anderen. Ich wäge immer ab.

Ich möchte dir an einem Beispiel erläutern, was Ich meine.
Ein Mann und eine Frau lebten jahrelang glücklich zusammen. Die Frau war sehr froh, zudem sehr gläubig, und Ich schätzte ihre Liebe und Offenherzigkeit. Sie war Mir sehr nahe. Der Mann hatte keinen so guten Kontakt zu Mir. Er war ein erfolgreicher Geschäftsmann, der liebevoll für seine Familie sorgte.

Es kam der Tag, an dem sein Karma bedingte, dass er sterbenskrank wurde.
Die Frau litt entsetzlich unter der Angst, ihn zu verlieren.
Sein Zustand verschlechterte sich von Tag zu Tag. Sie betete mit so viel Liebe und Verzweiflung zu Mir, dass Ich ihr helfen *musste*.

Gott wägt ab.
Ich verlängerte ihrem Mann das Leben, und sie war überaus dankbar.
Wofür war sie aber dankbar? Es geschah nämlich das, wovor Ich sie hatte bewahren wollen: Was als Härte erschien, war reine Fürsorge, was wie Hilfe aussah, war sehr hart.

Der Mann genas und verliebte sich bald darauf in eine andere Frau und verließ seine Familie.
Die Frau hatte nun zweierlei verloren: Ihren Mann und ihren Glauben an ihn.
Ihr Glaube an Gott aber, ihre Liebe und ihre Gebete hatten etwas Entscheidendes bewirkt: Sie verstand nun, dass Gott alles zu ihrem Besten einrichtete und dass sie Ihm ganz und gar vertrauen konnte. Komme, was wolle.

Sie hatte das Ziel erreicht.

Das Böse ist in Wahrheit nicht.
Der Erleuchtete, der Gottverwirklichte sieht kein Böses mehr. Er sieht stattdessen, wie Gott alles nur Denkbare einsetzt, um die Menschen zu führen.

So schrecklich eine Tat auf einer Ebene ist, so segensreich ist sie auf einer anderen.

Die Dämonen des zwanzigsten Jahrhunderts haben Schreckliches getan. Dies ist unbestreitbar.

Von einer höheren Warte aus betrachtet, haben sie auch Gutes geleistet: Sie haben die Menschheit in die tiefsten Niederungen geführt. Durch diese Erfahrungen lernten Millionen, dass sie den Pfad der Dunkelheit verlassen mussten, und damit entwickelte sich das Bewusstsein.

Außerdem erfüllten sie das Karma. Keiner kommt zu Schaden, der nicht vorher geschadet hat. Tust du heute Schlechtes, wird dir morgen Schlechtes getan. Die Welt wird vom wahren Talions-Gesetz regiert: *Wie du den anderen, so dir.*
Dies ist die entscheidende Veränderung des Satzes: Wie du mir, so ich dir!

Darüber hinaus werden diese Dämonen ihren Weg gehen. Sie werden so viele Inkarnationen durchleben, bis auch sie *so* vom Guten durchdrungen sind, dass sie ausschließlich Gutes sehen, hören und tun können.
Sie gingen somit in die tiefste Finsternis, um ein Licht der Welt zu werden.

Und was heißt all dies? Sei glücklich, denn das Böse gibt es in Wahrheit nicht.

Es gibt nur Entwicklung. Das heißt, *deine* notwendigen Schritte zum Glück!

Es war einmal ein Junge, der spielte in seinem Sandkasten. Da kam seine Mutter und sagte zu ihm: „Komm, es ist Zeit zu essen!“ Da antwortete der Junge: „Ich kann noch nicht, ich muss noch die Burg fertig bauen. In fünf Minuten bin ich da.“ Und was tat seine Mutter? Sie ließ ihn.

Warum? Weil sie erkannt hatte, dass erstens jeder seine Zeit hat, und zweitens, dass Kinder so am besten lernen können, wie wichtig es ist, Dinge zu Ende zu führen.

Hätte sie ihm dagegen gesagt, er solle sofort kommen, hätte sie ihm einmal deutlich gemacht, dass sein Wunsch ihr völlig egal ist, und dann, dass es nicht wichtig ist, dass er vollendet, was er sich vorgenommen hat.

Kinder lernen ständig. Viele Dinge, die Erwachsene an ihren Kindern ablehnen, haben diese von ihren Eltern gelernt. Viele machen sich aber die Konsequenzen ihres Handelns nicht so bewusst wie die oben erwähnte Mutter.

Ein Kind etwas zu Ende bringen zu lassen, wenn es plötzlich und ohne Vorwarnung auf etwas reagieren soll, ist etwas völlig anderes, als wenn die Mutter zu ihm gesagt hätte: „In fünf Minuten müssen wir gehen. Schau, dass du langsam zu einem Abschluss kommst.“ Nach fünf Minuten – plus ein wenig Toleranz! – hätte die Mutter dann gehen sollen.

Warum? Weil das Verstehen und das Nachempfinden eines Kindes sehr wichtig sind. Klare Grenzen und das Einhalten von Abmachungen sind es aber nicht weniger.

Eltern sollten deshalb stets abwägen. Sie sollten ihre Kinder führen und liebevoll weisen.

Entscheiden sollte aber die Liebe, die Logik des Herzens, denn sie allein weiß, *was wann* angesagt ist.

Ich schuf die Welt, und Ich schuf die kosmischen Gesetze.

Mein Wille war es, dass es die Anziehungskraft der Erde geben sollte, ebenso die Gezeiten und die verschiedenen Schmelzpunkte der Metalle und Mineralien.

Ich schuf all dies und hätte es deshalb auch anders gestalten können. Die Vollkommenheit, die Ich anstrebte, bestimmte die Wahl. Es musste *alles* so zusammenpassen, dass sowohl das Einzelne als auch das Ganze vollkommen sind.

Dies ist geschehen. Wieso sollte Ich dann die Gesetze ändern? Kann man das Vollkommene verbessern? Natürlich nicht.

Trotzdem greife Ich in die Naturgesetze ein. Zum Beispiel, wenn Ich einem Gläubigen helfen oder ihn gar retten will. Ich verändere dann alles so, dass es ihm zum Besten gereicht. In den meisten Fällen ist es Mein Wunsch, dass Meine Hilfe von anderen außer dem Betroffenen – und auch von diesem bisweilen – unbemerkt bleibt.

Es gehört eben zum Wesen eines Vaters, dass er nicht veröffentlicht, was er für seine Kinder tut. Seine Kinder haben ein Recht darauf, dass er sich um sie kümmert. Warum sollte er deshalb große Worte machen?

So ist auch das Verhältnis zwischen Gott und dem Gläubigen: Gott gibt, und der Gläubige erlebt es als Gnade.

Der Ungläubige ist bei alledem aber nicht unbeteiligt, denn er verdeckt Gottes Handeln damit, dass er es einfach Zufall nennt und nicht weiterdenkt.

Es gibt einen Indischen Spruch, der heißt: „Triffst du Buddha unterwegs, erschlage Ihn."
Dieser Spruch klingt schrecklich, und versteht man ihn wörtlich, ist er es auch. Richtig verstanden, drückt er dagegen eine große Weisheit aus.

Fragst du dich zum Beispiel nicht, wie es angeht, dass die verschiedenen Religionen in manchen Punkten sehr unterschiedliche beziehungsweise sogar gegensätzliche Aussagen machen, Ich aber alle gut heiße und fördere?
Die Antwort ist: Es hängt einzig und allein vom Standpunkt ab.

Die Christliche, die Hinduistische und zum Teil auch die Buddhistische Religion lehren, der Gläubige solle sich ein Bild Gottes machen, es anbeten und Gott dadurch näher kommen.
Das Judentum, der Islam und der strenge Buddhismus lehren, man solle sich kein Bild machen. Gott sei jenseits aller Beschreibung.

Was ist nun richtig?, fragst du. Die Antwort ist: *Beides*.
Am Anfang benötigst du ein Bild von Gott. Du musst erleben, dass Gott dein Freund, dein wahrer Vater, deine liebevollste Mutter ist. Dass Er immer für dich da und dass Er immer währende Liebe ist.
Früher oder später gelangst du dahin, dass das Bild für dich eine zu große Beschränkung darstellt. Es ist der Moment gekommen, in dem du „Buddha erschlägst", das heißt dich auf deinem Weg zu Gott von dem Bild befreien *musst*, um dem *Inhalt*, dass du nämlich selber Gott bist, näher kommen zu können.

So erklärt sich die Ablehnung von bildlichen Darstellungen Gottes im Judentum und im Islam.
Dieser Zeitpunkt darf aber nicht zu früh kommen. Erst wenn dein Herz mit dem sichtbaren Gott erfüllt ist, hast du die Kraft, den Unsichtbaren zu suchen und zu finden.
„Erschlägst" du dein Bild zu früh, kann es dir Mühe bereiten, Gott zu verwirklichen, da dein Herz noch nicht so aufgeladen ist, dass es wie von selbst vom Magnet Gott angezogen wird.

Alles hat seine Zeit. Geduld ist der Segen der Zeit. Und der Weg zu Gott ist fast ausschließlich mit Liebe, Geduld und Vertrauen gepflastert.

Du machst viel zu viel! Was lehrt das Tao Te King? „Tue nichts, und alles wird getan.“

Was heißt das? Zum Beispiel, sich einfach zurücklehnen und den „lieben Gott einen guten Mann sein lassen“?

Mit Sicherheit nicht. Laotse war ein Erleuchteter und zudem ein sehr fleißiger Mann. Er wusste, dass Gott Faulheit nicht besonders schätzt.

Was er meinte, war Folgendes: Nimm dich und deine Angelegenheiten nicht so wichtig. Stell dich doch einmal neben dich. Lass deinem Leben seinen Lauf. Wie viele Menschen ruinieren zum Beispiel damit ihre Gesundheit, dass sie 800%ig gesund leben – und sich ernähren wollen.

Handle, sei dabei aber nicht verbissen. Sei leicht. Erzwinge nichts. Gehe geschmeidig mit dem Strom der Ereignisse. Füge dich in das Geschehen ein. Das ist rechtschaffenes Handeln.

Kannst du in Rechtschaffenheit leben, kommt irgendwann mit Sicherheit der Augenblick, in dem dein Charakter gefragt ist und du auch gegen den Strom schwimmen oder wie ein Fels in der Brandung stehen musst.

Du musst aber erst einmal *mit* dem Leben gehen können, damit du anschließend *dein* Leben in die Hand nehmen kannst.

Nicht handeln bedeutet loslassen.
Was willst du aber loslassen, wenn du nichts hast?

Die heutigen Verhütungsmittel und der damit verbundene Partnerwechsel fügen der Gesellschaft einen großen Schaden zu.

Jede zerbrochene Ehe schafft zerbrochene Herzen. Eine Gesellschaft benötigt aber, um blühen zu können, glückliche Herzen in glücklichen Menschen.

Verhütungsmittel sind nur sinnvoll in einer Ehe, die beide Partner füreinander verpflichtet. Familienplanung ist wichtig, sollte aber nicht in Egoismus entarten.

Dass zum Beispiel manche Paare Abtreibung als eine Form der Geburtenkontrolle ansehen, zeigt an, auf welch einen tiefen Stand die Menschen in diesem Zeitalter gesunken sind.

Sexualität hat immer mit der Wahrscheinlichkeit zu tun, einen neuen Körper zu zeugen. Dies liegt jedoch nicht in eurer Gewalt.
Soll ein Kind geboren werden, so kann dies nur eure Ethik, nicht aber ein Verhütungsmittel verhindern.

Dies sollte dich nicht vom Genießen deiner Sexualität abhalten.
Du solltest es nur bewusster tun.

Das Huhn gibt Eier. Das Schaf Milch und Wolle. Die Kuh unendlich viel Milch – und in manchen Gegenden wird sie als Dank dafür auch noch geschlachtet. Sie gibt damit auch noch ihr Leben.

Die Pflanzen geben Sauerstoff, verschönern die Welt und enthalten wunderbare Nährstoffe.

Die Flüsse, die Meere und die Ozeane versorgen die Erde mit Wasser, bilden die Klimata und reichern die Welt mit viel Schönheit an.
Die Erde gibt den Nährboden für alles, was auf ihr wächst.
Die Sonne gibt Licht und wärmt.

Und alle tun dies umsonst. Keiner bekommt etwas. Keiner nimmt etwas.

Nur der Mensch vermarktet alles. Er sieht alles nur in Geldkategorien.
Und was wird daraus? Eine Umweltkatastrophe nach der anderen. Ein Unglück nach dem anderen. Eine Einsamkeit, eine Depression nach der anderen.

Lerne von der Welt. Lerne von Gott. Beide dienen ohne Eigennutz. Beide sind in dauernder Ruhe und Glückseligkeit.

Gib dein falsches Rechnen auf. Viel Geld = viel Glück ist eine Gleichung, die genauso wenig aufgeht wie die von viel Essen = viel Glück. Durch das viele Essen ruinierst du dir auf Dauer deine körperliche, durch viel Geld auf Kosten anderer und deiner Umwelt verdirbst du dir schnell deine seelische Gesundheit.

Mit viel Geld kann nur der gut leben, der viel geben und auch ohne viel Geld glücklich sein kann.

Danke der Welt, die dir so unendlich viel schenkt, die dir so unsagbar treu dient. Sieh diese Leistung, würdige sie. *Und überlege dir deinerseits, was du für die Welt tun kannst.*
Wo du dienen kannst. Worin dein Geschenk an die Welt und an Gott besteht.

Denn Göttlich ist es, dienen zu wollen, ohne es zu müssen.

Lebe in Wahrheit. Die Wahrheit ist eine wahrhaft starke Kraft, die dich zur Befreiung von allen Zwängen, von allem Schweren, vom Tod selbst führen kann.

In Wahrheit zu leben bedeutet aber nicht nur, die Wahrheit zu sagen, nichts zu verfälschen, niemanden – im wahrsten Sinne des Wortes – hinters Licht zu führen.

Wahrheit bedeutet auch psychische Wahrheit.
Wie sehr bist du noch in deiner Vergangenheit verhaftet? Wie sehr beschäftigt dich noch, was in deiner Kindheit geschah? Was hast du von deinen Eltern oder aus deiner Kindheit übernommen, was nicht dein Eigen ist?

Wie ist deine Beziehung zu deinen Eltern? Kannst du in Wahrheit mit ihnen sein, oder bist du zum Beispiel nett, wenn du sie triffst, und ärgerst dich und redest schlecht über sie, wenn du sie verlassen hast?

Kläre deine Beziehung zu deinen Eltern beziehungsweise zu deiner Ursprungsfamilie insgesamt. Heile deine Verletzungen, befreie dich von der Wut. Es gibt genug gute Techniken, mit deren Hilfe du an deinen Gefühlen arbeiten kannst.

Was auch immer du entscheidest, tu etwas. Dein Ziel ist nämlich zu erkennen, dass deine Eltern an deinem Schicksal überhaupt nicht beteiligt sind. Du hast dir deine Eltern mit deinem Karma geschaffen, sonst niemand.

Oder glaubst du etwa, dass der Heilige Franz von Assisi und Hitler in ihrem nächsten Leben dieselben Eltern bekämen?

Wenn dem so wäre, wäre die Welt in der Tat nicht zu retten – weil ohne Sinn – und deshalb schon lange untergegangen.

Es gibt dumme und kluge Menschen. Zu welchen zählst du dich?

Ich zähle diejenigen zu den Dummen, die wenig oder gar nichts für sich tun. Die Klugen sind für Mich dagegen diejenigen, die die Göttlichen Lehren studieren, durchdenken und in die Tat umsetzen.

Viele, viele Menschen sind leider dumm, sprich faul.
Faulheit ist eine besondere Form der Dummheit, da der Faule glaubt, sich durch Aufschieben vor dem Erledigen der anfallenden Dinge drücken zu können.

Keiner kann sich drücken. Jeder muss *seine* Entwicklung machen. Wer aber Zeit vergeudet, verschwendet Lebens-Zeit. Das ist dumm.
Deine Lebensspanne ist bemessen. Nutze sie. Bitte den Herrn, dir die Aufgaben zu geben, an denen du am besten wachsen und die für dich vorgesehene Entwicklung machen kannst.

Falls du den Irrglauben hegen solltest, Nichtstun sei ein Geschenk, gib ihn heute noch auf.
Nichtstun ist eine Last, die auf Dauer jeden zermürbt und dich für viele negative Einflüsse und Süchte öffnet.

Arbeit ist Gnade. Handeln ist *die* Chance, dich zu entwickeln.
Freue dich über alles, was du tun kannst. Besonders, wenn es für andere ist.

Anderen zu helfen, andere zu trösten, für andere dazu sein, dies ist die Glückseligkeit, die du auf Erden erreichen kannst.

Gutes zu tun ist Klugheit, die dir all das bringt, was du woanders vergeblich suchst.

Sei klug, gehe mit Gott, und Gott wird dich mit noch mehr Klugheit segnen.

Dies ist, auf eine Formel gebracht, der Weg des Lichts, den alle suchen.

In vielen Fällen bin Ich gegen Psychotherapie. Ich vertrete hierbei die landläufige Meinung, dass viele Therapeuten selber dringend Heilung benötigen und deshalb keine Hilfe, sondern eine nicht unerhebliche Gefahr für ihre Patienten darstellen.

Die Therapeuten, von denen Ich spreche, sind weder klar im Gefühl noch im Kopf. Weder haben sie ihre Liebe entwickelt, noch leben sie nach positiven, tragfähigen Idealen. Sie sollten deshalb besser selber in Behandlung gehen, denn Ich weiß, wie unglücklich sie im Grunde ihres Herzens sind.
Es gibt aber Therapeuten, deren Arbeit Ich gut heiße, fördere und zu denen Ich Menschen schicke, die Hilfe benötigen.
Diese Therapeuten sind Helfer auf dem Weg zum Goldenen Zeitalter .

Warum spreche Ich hierüber? Weil manche Gläubige falsche Vorstellungen von Mir beziehungsweise *ihren* Aufgaben haben. Sie leben nach dem Motto: „Gott wird es schon richten!" Das ist in mancher Hinsicht richtig, weil Ich tatsächlich helfe, wo Ich nur kann.
Du musst aber auch etwas tun. *Du* musst deine Entwicklung machen.

Deswegen sage Ich: Es gibt drei Kategorien von Gläubigen.

Die einen tun zu wenig. Sie verschwenden ihre Zeit und damit ihr Leben, indem sie auf den lieben Papi warten, der alles für sie richtet. Sie kommen nicht sehr weit.

Die anderen tun zu viel. Sie rennen überallhin, wo es irgendetwas Interessantes gibt. Probieren mehr oder minder jede Methode aus, die ihnen geboten wird. Studieren diese oder jene Theorie. Mit einem Wort: Sie sind ständig „auf Achse", finden kaum Ruhe und verbrauchen ihre gesamte Energie *im Suchen und nicht im Finden.*

Die dritten sind Mir die Liebsten. Sie suchen ernsthaft. Prüfen, überlegen, spüren nach, beten um die richtige Entscheidung und handeln danach.
Außerdem haben sie Umgang mit guten Menschen.
Wenn sie sich für etwas entscheiden, dann bleiben sie dabei.

Wenn sie in Schwierigkeiten geraten, lassen sie sich nicht beirren, sondern beten und vertrauen auf Gottes Hilfe.

Dies sind die Gläubigen, die notfalls konkret an sich arbeiten. Die fachliche Hilfe in Anspruch nehmen, um einen Knoten zu lösen.
Sie glauben nicht, dass Gott alles für sie erledigen muss und wird.
Deshalb helfe Ich ihnen, und sie finden auf ihrem Weg genau die Hilfe, die sie benötigen.

Juli

Gehe heute mit dem Vorsatz in die Welt, nur Positives zu sehen und zu hören.

Achte auf nichts, was dir nicht gefällt, was dein ästhetisches Empfinden verletzt und was deiner Moral nicht entspricht.

Sieh und höre nur Schönes, Gutes, Vollkommenes.

Bei vielen Menschen verhält es sich wie bei Suchtabhängigen, sie schimpfen besonders auf das, was sie nicht lassen können.

Der Mensch schimpft auf seine Umwelt beziehungsweise auf die Welt an sich. Dabei ist er nur deshalb auf Erden, weil er so stark an sie gebunden ist.

Sieh und höre das Vollkommene, und werde dadurch frei.

Gutes und Schönes zu hören und zu sehen bedeutet, dich *aktiv* für neue Energien zu öffnen. Das heißt, dass du deinen Blick veränderst und dich *bewusst* für das Positive entscheidest und das Negative beiseite lässt.

Versuche es einmal, und du wirst sehen, wie viel du plötzlich von dem angeblich so verborgenen Gott wahrnehmen wirst.

Gott ist nämlich immer zu sehen.

Es hängt einzig und allein von der Blickrichtung ab.

Halte die Mitte. Lass dich nicht von Extremen verleiten. Extreme Gefühle bringen Probleme.

Traue nicht dem „Rausch der Gefühle“, er kann dich schnell ins Unglück führen.
Übersteigerte Freude, Wut und Hass schaden deiner Seele, da sie dich aus deiner Mitte bringen.

Hüte dich auch vor leidenschaftlichen Gefühlen einem Menschen gegenüber.

Leidenschaft führt immer zur Enttäuschung, denn Leidenschaft ist ein Ritt auf dem wilden Pferd namens Außenwelt mit all seiner Verführungskraft.
Irgendwann wirft es dich ab, und du kannst froh sein, wenn du nur in einen Sumpf fällst.
Fällst du nämlich auf harten Steinboden, kann es dir alle Knochen oder gar das Genick brechen. Du wärst dabei nicht der Erste.

Halte die Mitte.

Willst du überschwänglich sein, dann sei es Gott gegenüber. Er kann damit umgehen. Er ist der Einzige, Der dich niemals wirklich enttäuscht, auch wenn Er Sich manchmal nicht so verhält, wie du es dir wünschst.
Er hält immer die Mitte.

„Halte die Mitte“ heißt deshalb: Lerne zu warten, habe Geduld, überstürze nichts. Wer Dinge überstürzt, verliert sich und die Dinge.

Loslassen ist die wichtigste Voraussetzung für richtiges Handeln.
Reiche Mir dein Tun dar (7.1.), und handle in dem Bewusstsein, dass Ich die Quelle deines Willens, deiner Kraft und all deiner Fähigkeiten bin.

Halte die Mitte, das heißt, handle und stelle dir dabei vor, dass Ich handle, und überlasse Mir die Früchte deines Tuns.

Das wird dir Erfolg, Frieden und Freiheit geben.

Shalom.

Wozu hast du dein Ego? Um dein Selbst zu finden.
Und was tust du? Du lässt dich von ihm wie ein Hund an der Leine überall hinziehen.

Ich rate dir deshalb etwas anderes.

Genieße *bewusst* dein Ego. Denke: „Ich bin ich.“ Spüre ganz tief in dir, dass du *du* bist und kein anderer. Einmalig. Einzigartig.

Spüre es ganz genau und mehr und mehr.

Wenn du es spürst, lass es nicht mehr los. Halte dein Gefühl fest, und lass es wirklich *dein* Gefühl werden.

Übst du dich darin eine Zeit lang, dann wirst du von selbst (!) merken, dass du höher hinausmöchtest.

Verändere nun die Übung, und sage: „Ich bin Er.“
Dies wird dir eine ganz neue Kraft geben.

Nach einer Zeit verändere diese Übung in: „Ich und Er sind eins.“

Bleibe bei dieser Übung, und du wirst erleben, dass sie sich von selbst verändert. Du wirst nur noch an Ihn denken können.

Alle Dualität ist aufgehoben.

Ganesha hat nur noch einen Zahn (7.9.).

Achte auf dein Denken. Dein Denken ist ein großer Schatz und eine noch größere Gefahr.

Mittels des Denkens kannst du dich auf den Weg zu Gott bringen und dort halten. Du kannst mit Hilfe des Denkens alles daraufhin prüfen, ob es dir gut tut oder schadet, ob es reinigt oder verunreinigt, ob es Heilig oder schlecht ist.

Das Denken als Unterscheidungsvermögen ist das große Geschenk, das Gott dem Menschen gab, damit er sich verwirkliche.
Das Denken ist eine immense Kraft. Lenkst du es richtig, heiligt es dein Leben. Lenkst du es nicht oder falsch, kann es dich dein Leben kosten.

Und wie kannst du es richtig lenken?
Richte dein Denken auf Gott aus. Wiederhole den Namen Gottes (27.2.), meditiere (25.7.) und bete.
Denke positiv.
Das positive Denken ist eine enorme Kraft. Durch das positive Denken kannst du deine Zukunft zu deinen Gunsten beeinflussen und dich vor den Konsequenzen negativen Denkens bewahren.

Schwanke nicht, wenn es dir zunächst schwer fällt. Dein Karma spielt dabei auch eine Rolle. Löse dein Karma auf. Die Wiederholung des Namens Gottes befreit dich am sichersten von negativem Karma.

Nimm dein Leben in die Hand. Gestalte es positiv mittels der spirituellen Praktiken. Sie werden mit absoluter Sicherheit dein Leben zum Positiven hin wenden.
Verstehe jeden Misserfolg als einen Ansporn, noch mehr zu tun. Wiederhole, wiederhole, wiederhole den Namen des Herrn. Tue dies, und Gott ist auf deiner Seite.
Die Wiederholung des Namens Gottes zieht Gott unweigerlich zu dir hin. Und ist Gott bei dir, kann Negatives dir nichts anhaben.
Du wirst positiv denken und glückhaft in dein Schicksal eingreifen.

Denke daran: Gottes Wunsch ist es, dass du erfolgreich bist. Er tut wirklich alles, damit du erfolgreich bist.
Dein Erfolg ist Seine Freude.

Wünsche begleiten dich während deines Verweilens auf Erden.
Wünsche entstehen dadurch, dass du mit einem starken Wunsch bereits auf die Erde kommst: Dein Selbst sehnt sich die Glückseligkeit herbei, die du im Jenseits erlebt hast.
Dein Ego setzt diesen Wunsch dahingehend um, dass es das Glück in der Welt sucht.
Es sucht ein Leben lang. Und dies über viele Leben.
Diese Suche hat den Sinn, dein Bewusstsein zu schärfen.

Durch deine Erlebnisse und dein Durchdenken kommst du eines Tages dahin, das Glück in *dir* und nicht in der Außenwelt zu suchen und zu finden.
Findest du es, hören sowohl deine Wünsche als auch dein Suchen auf.
Bis dahin ist es ein langer Weg, denn die Außenwelt spiegelt dir immer wieder vor, du könntest in der Welt all das finden, was du suchst. Das Einzige, was sich daraus aber ergibt, sind Verstrickungen, die dich an die Erde binden.
Ich meine damit nicht, dass alles, was die Welt bietet, schlecht ist. Das Problem besteht, wie immer, nicht in der Welt, sondern in dir, das heißt in deinem Denken.
Das Denken hat die Eigenschaft, an Materiellem zu haften. Das Denken schafft die Bindungen, durch die du früher oder später leidest, denn alles Irdische hat seine Zeit. Irgendwann vergeht es.

Hast du dich gebunden, erlebst du den Verlust als Schmerz.
Deswegen lautet die goldene Regel: Genieße dein Leben. Genieße alles, was der Herr dir an Schönem schenkt. Benutze es und bereichere dein Leben.
Binde dich aber weder an Dinge noch an Menschen. Lebe so, dass du alles jederzeit abgeben kannst, ohne den geringsten Schmerz zu empfinden.
Denke stets: *„Gott hat es mir gegeben. Alles liegt in Seiner Macht. Nimmt Er es wieder an Sich, dann soll in mir nur Dankbarkeit dafür sein, dass ich es so lange haben durfte."*
Genieße die Welt, und sei dir stets dessen bewusst, dass zum Genießen das Loslassen gehört. Wer nicht loslassen kann, kann nicht genießen, weil die Verlustangst ihm ununterbrochen im Nacken sitzt.
Liebe das Leben. Liebe die Pracht, die um dich ist. Liebe Gott, der dir all dies gab.
Und sei glücklich darüber, dass Er dir auch noch das Loslassen schenkte, wodurch du alles genießen kannst, ohne am Ende leiden zu müssen.

Die so genannten Industrieländer haben die Macht auf der Erde.
Es sind fast alles Christliche Länder. Ebenso waren fast nur Christliche Länder am 1. und 2. Weltkrieg beteiligt.

Dies macht deutlich, wie sehr Christi Lehre ihren Sinn, das heißt ihr Herz, in diesen Ländern verloren hat.

Christus lehrte die Kraft, die Macht des Herzens. Auf dem Weg von damals bis heute blieb nur noch die Macht übrig.

Ein weiteres Problem für die Christlichen Länder besteht darin, dass das, was von Christi Lehre übrig blieb, mit der Zeit verfälscht wurde.
Zum Beispiel gingen die Karma- und die Wiedergeburtslehre vollständig verloren.
Das Ausmaß dieses Verlusts ist mit Worten kaum zu beschreiben, denn er stürzte Millionen und Abermillionen von Menschen zuerst in Unwissenheit und dann ins tiefste Unglück.

Wie viele hätten anders gehandelt, wenn sie gewusst hätten, dass ihre Taten große Konsequenzen nach sich ziehen und nicht einfach mit einem Gebet oder zwei Kirchgängen oder einer größeren Spende abgegolten sind!

All die Verführer, die über Jahrhunderte die Menschen ins Unglück stürzten, fanden zum Beispiel in Hitler, Stalin und ähnlichen Dämonen die Konfrontation, bei der sie durch Leiden lernten.

Hüte dich deshalb davor, andere auszubeuten.

Dein Körper lebt nicht ewig: Heute mag er weiß sein und dein Konto schwarz. Morgen, in deinem nächsten Leben, kann es umgekehrt sein, und du musst am eigenen Leibe erleiden, was du heute diesen Menschen antust beziehungsweise angetan hast.

Nicht an frühere Leben zu glauben ist nicht nur töricht, sondern auch herzlos. Das Schlimmste daran ist aber, dass es ein völlig falsches Bild von Gott schafft.
Kannst du dir vorstellen, Ich sei so erbarmungslos, eine Seele der Verdammnis, noch dazu ewiger Verdammnis preiszugeben? Wie sollte dies mit Meiner unendlichen Liebe vereinbar sein? Du bist Ich, und Ich bin du. Wie sollte Ich einen Teil Meiner Selbst verlieren wollen?
Dies ist unmöglich.

Jeder wird gerettet werden. Das habe Ich immer wieder gesagt. Und Ich stehe unverrückbar zu Meinem Wort. Glaube fest daran. Ich werde dich unweigerlich zur Befreiung führen.

Erschrick nicht über die Härte, die du zum Teil in der Welt siehst, hörst oder gar erlebst.
Es wird alles zehnfach vergolten.
Ohne das Leiden bliebe dein Herz verschlossen. Ohne dein Leiden wärest du anderen, besonders aber dir selbst der größte Feind.

Nun fragst du: „Warum muss aber die Welt so brutal sein? Hätte Gott es nicht anders einrichten können?"
Die Antwort ist: Nein. Gott hat keine andere Wahl, solange der Mensch einen freien Willen hat.
Der freie Wille bedingt, dass der Mensch durch Leiden lernen muss. Der freie Wille, auf den kein Mensch verzichten möchte, bedingt, dass er nicht durch Lehren, sondern nur durch *Erlebtes* und *Durchlebtes* lernen kann und *will.* Diesem menschlichen Wunsch muss Gott nachkommen, denn griffe Er hier ein, wäre der freie Wille nur mehr ein leeres Wort. Schall und Rauch.

Damit ein jeder aber die Möglichkeit hat, aus seinen Fehlern zu lernen, gibt es die Wiedergeburt und das Gesetz des Karma. Jeder hat damit *seine* Chance, das zu lernen, was er lernen *muss.*
Und dies, obwohl er in seinem Willen uneingeschränkt bleibt.

Weil dem so ist, kann Ich sagen, dass jeder gerettet wird, dass der Schöpfungsplan vollkommen ist.
Und dass jeder in Meine Liebe gebettet ist.

Gott leistet immer Präzisionsarbeit.

Gott macht nichts halb, nichts unvollständig. Darüber hinaus schafft Er alles vollkommen harmonisch und ästhetisch.

Dass ihr heute keine Ästhetik mehr habt, dass eure Kunst im Grunde gar nicht mehr ästhetisch genannt werden kann, zeigt, wie weit ihr von Gott weg seid.

Ihr habt euch so weit entfernt, dass Gott alle Hände voll zu tun hat, um euch zu retten.

Ohne Gottes Hilfe und Sein ständiges Eingreifen wäre die Welt nicht zu retten.

Dies ist ein Zeichen dafür, wie schlecht es um die Welt steht – wobei Ich der Vollständigkeit halber sagen möchte, dass die Welt nicht zum ersten Mal an solch einem kritischen Punkt steht.

Doch zurück zur Kunst. Ich sage: *Art comes from heart*, Kunst kommt vom Herzen.

Eure Herzen haben sich verschlossen. Sie sind eingemauert worden von eurem übermächtigen Ego, das mit euch macht, was es will.

Ihr nennt euch freie Menschen. Ich sage euch aber: Ihr seid Sklaven eures Ego, das euch völlig beherrscht und das euch derart verblendet, dass ihr gar nicht merkt, dass ihr hässliche Produkte verworrener Köpfe als Kunstwerke anseht.

Kein Wunder, dass so viele von euch kein Empfinden für die Schönheit und die vollkommene Ästhetik der Natur haben.

Die Natur sieht man eben mit dem Herzen, und unter keiner Ansicht, die du anschaust, steht ein Schild, das dir erklärt, wie du sie verstehen sollst.

Die Natur ist ganz einfach: Sie passt genau in dein Herz hinein.

Die Essenz von allem ist Göttliches Licht, das heißt, auf ein Ziel ausgerichtete Liebe.

Der Kern jedes Steins, jedes Metalls ist Licht.
Du musst bestimmte Metalle nur putzen oder Edelsteine schleifen, und schon funkeln sie.

Sie funkeln deshalb, weil das Licht in ihnen ist. Wäre kein Licht in ihnen, schluckten sie das Licht, das von außen kommt, und würden nicht glänzen.

Die Grundstruktur von allem, wirklich allem, was du auf Erden siehst, ist Licht.

Deshalb habe Ich im wahrsten Sinne des Wortes das Licht in der Hand.
Das Licht schafft, was Ich möchte. Es kann gar nicht anders.

Bedenke all dies, wenn du in dein Körperbewusstsein gehst oder in ihm bist: Du bist Licht.

Du bist deshalb nicht dein Körper. Dein Körper ist vergänglich. Du bist es nicht. Deine Körper haben keinen einzigen Tod überlebt. Du aber unzählige.

Achte, schütze, pflege deinen Körper.

Identifiziere dich aber mit dem, was du tatsächlich bist: Unumschränktes Licht – die Essenz von allem.

Heute werden Menschen vor allem nach ihrer Leistung bewertet und eingestuft.
Mag jemand noch so ein unangenehmer Mensch sein, leistet er etwas in seinem „Job", dann hält man ihn für „in Ordnung".

Die Einschätzung eines Menschen nach der *Quantität* dessen, was er leistet, ist in hohem Maße töricht und gefährlich.

Die Leistung eines Menschen ist besonders als Quantität, also rein nach dem, wie viel er leistet, von absolut zweitrangiger Bedeutung.

Entscheidend ist nur eines: Sein Charakter.

Charakter ist die Mischung aus Wissen und Herzlichkeit.

Beides, das Wissen und das Herz, haben sich über viele Leben geformt. *Sie* zeichnen einen Menschen aus.

Deshalb sollten Eltern, sollte die Gesellschaft alles tun, um den Charakter der Kinder, der Schüler und der Studenten zu fördern.

Der Charakter der Kinder heute ist das Schicksal eines Landes morgen.

Achte deshalb auf deinen Charakter. Das ist das Allerwichtigste. Sei du das Beispiel eines guten Charakters, denn damit bewirkst du das Allermeiste.

Achte ebenfalls auf die Entwicklung des Charakters der dir Anvertrauten.

Begegne ihnen mit Liebe. Wisse, worauf es bei ihnen ankommt, wo sie verstanden werden und wo sie Grenzen lernen müssen, wovor du sie bewahren und womit du sie konfrontieren musst.

Das Ziel von Charakter ist, dass du weißt, wie du mit dir und deinen Mitmenschen umgehen sollst, denn das Herzstück des Charakters besteht aus Liebe und Achtung und lehrt dich, andere so zu behandeln, dass ihre Zartheit und damit ihre Stärke erhalten beziehungsweise gefördert wird.

Selbstverwirklichung ist heute der weit verbreitete „Kassenschlager".

Jeder, der will, schreibt sich dieses Wunderwort auf sein Ladenschild und macht traumhafte Umsätze.

Die falschen Gurus und Propheten sind zuhauf unterwegs und werden durch eure Blindheit und Faulheit prächtig genährt.

Ihr liebt es, bequem und gleichzeitig spannend und amüsant zu leben.

Das ist für eine Selbstverwirklichung, die eine reine Egoverwirklichung ist, genau das Richtige.

Und die falschen Lehrer können sich ebenfalls selbstverwirklichen, indem sie dreimal „ziehen"!

Einmal ziehen sie euch mit billigen Parolen und falschem Glimmer an, dann ziehen sie euch das Geld aus der Tasche, und schließlich werden sie durch euer Kommen und euer Geld so bekannt, dass sie noch mehr Menschen anziehen.
Womit ihre trügerischen Parolen noch mehr Verbreitung finden.

Das Leben ist ein Wunderwerk. *Arbeit ist Gnade.*

Wenn du beides nicht siehst, darfst du dich nicht wundern, wenn du auf die Verführer dieser Zeit hereinfällst.

Betrüge dich nicht selber. Gehe nicht den scheinbar einfachsten Weg, er ist mit Sicherheit nicht der leichteste.

Scheue weder Arbeit noch Anstrengung, sondern sieh sie als ein Geschenk Gottes an, durch das du dich selbstverwirklichen kannst.

Diesmal aber im wirklichen Sinne.

Tugend ist der Atem des Universums.

Im Universum geschieht alles in höchster Harmonie. Tugend ist Harmonie.

Wer nicht nach den Kardinaltugenden Liebe, Wahrheit, Rechtschaffenheit, Friede und Gewaltlosigkeit lebt, ist weder mit sich noch mit seiner Umwelt in Einklang.

Im Universum ist nichts zufällig. Nichts egozentrisch oder gar egoistisch. Nichts, was sich nicht in vollkommenem Einklang mit Meinen Gesetzen bewegen würde.

Tugend ist auch dein Atem. Weißt du dies?
Weißt du, dass du ohne Tugend gar nicht lebensfähig wärest?

Alles in deinem Leben geschieht nur deshalb, weil Ich es so für dich wünsche und Mein Wille und Meine Liebe dein Leben sichern.

All dies drückt sich in deinem Atem aus.
Dein Atem ist die Erscheinung des Göttlichen durch dich hindurch.

Deshalb: Solange du atmest, drückst du mit jedem Atemzug aus, dass du mit Mir verbunden bist.

Und gibst du deinen Körper eines Tages auf, so ist der letzte Atemzug der Augenblick, in dem du merkst, dass du Ich bist.

Lebe aus diesem Wissen heraus heute *bewusst* die Tugend, die Göttliche Ordnung, die in dir ist.

Setze sie um, und du erreichst Mich, bevor du deinen Körper verlässt.

Schweig, schweig, schweig.

Merkst du denn gar nicht, wie viel du redest?

Wenn du meinst, wenig zu reden, sprichst du immer noch zu viel.

Du redest so viel, dass du dir auch noch ein-reden kannst, du würdest den anderen mit deinem vielen Reden etwas geben.

Du gibst aber nicht. Du nimmst.

Wer viel redet, verschwendet seine eigene Energie und die anderer.

Viel Reden ist kein Zeichen von besonders geselligem, sondern von unsozialem Verhalten.

Du meinst wiederum, du schweigst viel.

Du fällst als der große Schweiger auf. Was du tust, ist nicht schweigen. Es ist die Unfähigkeit, dann zu reden, wenn es angemessen wäre – dafür redest du jemanden in Grund und Boden, wenn du schweigen solltest.

Das Schweigen, das Ich meine, entsteht aus dem Wissen um die Kraft der Worte.

Es gibt Zeiten, in denen diese Kraft nach außen gehen, und andere, in denen sie in dir bleiben muss.

Verwechselst du diese Zeiten, geht die Kraft verloren.

Ich könnte noch viel sagen, doch nun höre nicht mehr auf Meine Worte, sondern auf die Kraft und den Klang des Schweigens in dir.

Im zwanzigsten Jahrhundert sind viele Bräuche, Sitten, Trachten und Handwerkskünste verloren gegangen.

Ihr meintet aufräumen zu müssen, weil ihr der Ansicht wart, die alten Vorstellungen hätten euch neben vielem anderen auch das Unglück zweier schrecklicher Kriege gebracht.

Es stimmt, es musste einiges überdacht und auch verändert werden.
Ich bin aber kein Freund von Revolutionen.
Ich lehre die Evolution, das ist die Revolution ohne „R“ wie Rache und anschließende Reue.

Revolution ist fast immer mit Blutvergießen verbunden.
Menschliches Blut ist sehr, sehr kostbar. Wird es vergossen, führt dies immer zu Verwicklungen – bis in spätere Leben hinein.

Ich bin deshalb auch gegen jede abrupte und radikale Veränderung. Sie ist entweder nicht von Dauer, oder sie ruft starke Widerstände auf den Plan, die den Fortschritt behindern.

Ich bin für behutsame, geschmeidige Lösungen, die aus Liebe, Wissen und Geduld erwachsen.

Man muss nicht ein ganzes Haus niederreißen, nur weil man gerne ein paar Wände versetzt hätte.

Versuche zunächst, das zu verstehen und zu lieben, was du verändern möchtest.
Überlege dir stets den einfachsten Weg, durch den du die wenigsten Gegenkräfte aktivierst.

Stark tun ist immer ein Zeichen von Dummheit. Und Dummheit ist Schwäche.

Du sei aber stark. Habe Geduld. Sei behutsam, liebevoll und umsichtig.
Es wird dich Zeit kosten. Manchmal viel Zeit.

Du wirst aber gerade deshalb sehr schnell sein.

In dieser Welt streiten fast alle: Die Regierenden, die Landräte, die Bürgermeister, die Nachbarn, die Verwandten, die Eltern, die Kinder.

Was tust du, damit sich dies ändert, damit endlich wieder Frieden in die Welt kommt?
Oder gehörst du zu denen, die Angst vor der Atombombe haben, gleichzeitig aber bei jeder Gelegenheit Öl ins Feuer gießen, indem sie ihre Negativität, ihre Aggressivität und ihren mangelnden Glauben offenbaren?

Die Welt wird nicht zerstört werden. Dafür verbürge Ich Mich.

Der römische Feldherr Julius Cäsar schlug die Gallier und prägte den Satz: *Veni, vidi, vici* – ich kam, sah und siegte.

Bei Mir ist die Reihenfolge anders. Mein Sehen und mein Wollen sind bereits der Sieg des Lichts über die negativen Kräfte.

Hier möchte ich etwas Grundsätzliches sagen: Ich greife gewöhnlich nicht ins Weltgeschehen ein, um euren freien Willen nicht einzuschränken. Sobald aber Gefahr droht oder das Karma eines Gläubigen es gebietet, greife Ich ein. Jedoch geschieht dies häufig so, dass es unbemerkt bleibt und die freie Entscheidung der Beteiligten nicht einschränkt.

Mein Ziel ist es deshalb in dieser so gefährlichen Zeit, die Menschen auf das Positive, auf das Göttliche auszurichten. Ich werde die Welt vor dem Untergang bewahren. Sei versichert und beruhigt, denn ich tue es nicht zum ersten Mal!

Glaube deshalb nicht an den Weltuntergang. Nimm lieber Meine Kraft in Anspruch und wandle deine Negativität um.

Verbreite Liebe und Frieden um dich. Beglücke deinen Partner, deine Kinder, deine Umgebung, und in der Welt wird tatsächlich eine Bombe explodieren.

Eine Explosion der Liebe.

Öffne dein Herz weiter und weiter. Lass alle Menschen um dich deine Liebe spüren.

Denke daran: Freiheit bedeutet, lieben zu können.

Wer nicht lieben kann, ist nicht frei – mag er auch noch so sehr das Gegenteil empfinden und behaupten.
Liebe macht dich lebendig. Liebe gibt dir Kraft. Liebe gibt dir die Allmacht, die dir gebührt.

Ohne Liebe bist du starr, dunkel, kalt und vergänglich.
Durch die Liebe fließt du in dir, durch dich, durch alle, die du liebst.
Liebe ist der Hauch Gottes. Liebe ist Gott. Gott ist Liebe.

Die Liebe, die du für andere empfindest, die Liebe, die dich zu deinem Partner wie magisch hinzieht, ist nur eine Widerspiegelung der Liebe Gottes.

Führe dir vor Augen, wie stark du dich zu manchen Menschen hingezogen fühlst. Wie stark deine Liebe zu einzelnen Menschen war und ist – und bedenke, dass sie nur einen kleinen Teil der Göttlichen Liebe ausmacht.

Mache dir bewusst, wie glücklich du bist, wenn deine Liebe erwidert wird. Dieses Glück ist aber nur ein Bruchteil der unendlichen Glückseligkeit Gottes. Die Liebe Gottes ist unendlich groß, allumfassend und selig machend. Denn die Liebe gibt und vergibt.

Öffne dich weiter und weiter für diese allumfassende Liebe, und du wirst spüren, dass diese Liebe das ist, was du immer suchtest: Uneingeschränkte Glückseligkeit.

Ich verstehe dein Problem: Du kannst nicht glauben, weil du nicht weißt; und du weißt nicht, weil du nicht glaubst.

Deine großen Fragen sind: Wo komme ich her? Wo gehe ich hin? Warum bin ich überhaupt auf Erden?

Du hast versucht, aus diesem für den Menschen so typischen und unlösbar scheinenden Zirkel dadurch herauszukommen, dass du dich auf die Wissenschaft stürzt und durch sie alles erfassen, beweisen und verstehen willst.

Das ist aber ein sinnloses Unterfangen.

Wie willst du von dem Weniger auf das Mehr schließen können? Wie kannst du, wenn du ein Ei siehst, aber noch nie eine Henne gesehen hast, vom Ei her die Henne verstehen?

Anstatt dein Denken anzustrengen, lass los.

Beginne damit, hin und wieder zu beten. Ich werde dir mit Sicherheit antworten.

Versuche, täglich mehr darauf zu vertrauen, dass Ich für dich da bin. Ich bin es wirklich. Du hast seit vielen Leben Mein Wort.

Wieso löst du es nie ein? Warum stellst du Mich nicht auf die Probe?

Bedenke noch etwas, falls du noch immer zögerst: Wir haben ganz ähnliche Ziele: Dein Lebensziel ist es, Vertrauen zu lernen. Meine Aufgabe besteht darin, dir zu helfen.

Zum Schluss noch etwas. Ich habe diese Aufgabe aus Meiner freien Entscheidung heraus gewählt. Und Ich liebe sie.

Es gibt positive und negative Macht. Es sind die Wünsche, die mittels der Macht befriedigt werden sollen, die zwischen guter und schlechter Macht entscheiden.

So ist auch der Satz „Wissen ist Macht“ zu verstehen. Bezieht er sich auf positive oder negative Wünsche?

Einige antworten Mir auf meine Frage: „Macht wofür?“ mit: „Macht zu tun, was man will. Anderen zu befehlen und Ähnliches mehr.“

Das mag sein. Wozu brauchst du aber eine solche Macht? Was bringt es dir, zu tun, was du willst? – Und wenn du betrunken bist und vom zehnten Stock herunterspringen möchtest? Ist dann deine Freiheit auch günstig und gut für dich?

Ah, du meinst, wenn jemand betrunken ist, dann sei das etwas anderes!

Kennst du aber Menschen, die nicht betrunken sind? Die meisten sind doch trunken von ihren Wünschen und wissen deshalb überhaupt nicht, was sie tun. Zudem wünschen sie sich Macht, um ihre Wünsche zu befriedigen. Und je negativer die Wünsche sind, desto negativer färbt sich die Macht.

Für Mich ist Wissen deshalb nur dann eine positive und damit sinnvolle Macht, wenn du der Welt Gutes tun kannst und dadurch den Schlüssel zum Schatzkästchen der Glückseligkeit in die Hand bekommst.

Alles andere Wissen ist nur mehr oder minder geschicktes Verbergen der eigenen Ohnmacht.

Oder anders ausgedrückt: Das eine Wissen führt dich zum Om – das heißt, zum Ursprung –, das andere zur Ohnmacht.

Ich will dir heute vermitteln, wieso Ich immer wieder betone, es sei für dich wichtig, ohne Bindungen zu leben. Wohlgemerkt: *Ohne Bindungen, nicht ohne Beziehungen.*

Schließe die Augen. Entspanne dich. Lass alle Gedanken los. Übergib sie Mir. Stell dir nun einen Menschen vor, mit dem du dich besonders verbunden fühlst.

Siehst du ihn? Überlege dir, worin deine Ver-Bindung zu ihm besteht.
Schau sie dir genau an.

Materialisiere sie nun, das heißt stell sie dir als Seil, als Kette, als Stab, als Balken, als Licht oder Ähnliches vor.

Lass diese Bindungen schwerer und schwerer werden.
Kannst du spüren, wie schwer diese Bindungen sind?
Präge dir diese Erfahrung genau ein!

Lass sie nun immer leichter und leichter, immer dünner und dünner werden, und löse sie schließlich ganz auf.

Komm nun zurück.

Siehst du, das war es, was Ich mit der Last und damit der Gefahr von Bindungen meinte.

Wenn du dir nämlich vor Augen führst, wie stark du an andere im wahrsten Sinne des Wortes gebunden bist, kannst du auch verstehen, wie du durch diese Bindungen von einem Leben ins nächste gezerrt wirst.

Mache dich deshalb frei. Mache dich leicht.

Du bist ein Vogel mit goldenen Flügeln und kein Schwertransporter.

Werde dir dessen bewusst, fliege geradewegs in den Himmel und werde eins mit der Sonne.

Ich lasse niemanden fallen. Dieses Versprechen erstreckt sich auf *alle* Gebiete.
Auch auf deine Partnerschaft.

Ich versuche, dir immer den Partner zu geben, der zu dir passt.
Ich benötige aber *deine Liebe, deine Opferbereitschaft, deine Verantwortung, deine Verpflichtung, deine Tugend und deinen Glauben.*
Hast du einen dieser Eckpfeiler einer Beziehung nicht, wird Mein Geschenk an dich entsprechend unvollständig sein.

Eure Partner müsst ihr *immer* als Mein Geschenk an euch ansehen.
Ich habe sie euch gegeben, damit ihr ein Leben lang nicht allein seid.

Bevor du Dummheiten machst, überlege dir, was du alles durch deine Familie hast und was du mit ihr verlieren würdest.

Überlege jeden Schritt, der dich auch nur einen Zentimeter von deiner Familie wegführt. Durch die Dynamik, die der Gefühlswelt eigen ist, könnten schnell aus einem Zentimeter Kilometer werden.

Bedenke außerdem auch noch zweierlei: Erstens ist ein Glas schnell zerbrochen. Es zu kleben ist aber schwer.
Zweitens gibt es heutzutage viele, viele Menschen, die von einer Beziehung oder, genauer gesagt, von einer Trennung zur nächsten leben. Und was sagen sie am Ende ihres Lebens? „Ich bin enttäuscht."

Lass dich nicht vom trügerischen Schein verleiten. Die Außenwelt, die Illusion ist vielfältig.

Halte vielmehr an der alten Weisheit fest: *Nur Standfestigkeit führt auf Dauer zum Glück.*

Das Leben ist voller Wechselfälle. Was heute gut ist, kann morgen schlecht sein. Was heute schlecht ist, kann morgen gut sein.

So auch deine Beziehung zu deiner Ursprungsfamilie. Natürlich ist es wichtig, dass du das Viele siehst, was sie dir gab.

Der große Fehler des Menschen besteht jedoch darin, dass er das, was er bekommt, als selbstverständlich ansieht – und mit einer Lastenwaage wiegt. Das, was er nicht bekommt, dagegen auf die Goldwaage legt.

Es kann nun aber sein, dass deine Familie gegen deine spirituelle Entwicklung ist. Dass sie dich sogar daran hindern möchte, Gottes Weisungen zu folgen. Halte dich in diesem Fall an das alte Gesetz: Folge stets Gottes Weisungen, denn wer mit Gott geht, siegt. Wer gegen Gott geht, wird verlieren.

Was bedeutet dies für dein Leben? Halte dich an Meine Weisungen und setze sie um.
Ist deine Familie dagegen, versuche nicht, sie zu überzeugen. Halte dich vielmehr zurück und, wenn nötig, halte dich fern.

Versuche niemanden zu verändern, der sich nicht verändern will.
Wenn jemand etwas nicht lernen möchte und du versuchst, ihn trotzdem zu belehren, dann ist dies nichts anderes als ein Kampf von Ego gegen Ego.

Es kann Situationen geben, in denen dir dein Gefühl oder deine innere Stimme sagt, dass du dich ganz von deiner Familie zurückziehen musst.

Tue es niemals im Zorn, du würdest dich dadurch nur an sie binden.
Ehre vielmehr deine Familie als Gott, denn sie schuf dein Schicksal.

Sieh, was du durch sie gelernt hast, weil du es lernen musstest.
Sei dankbar, und mache dich damit frei.

Es war einmal ein Junge, der lebte in ärmlichen, aber glücklichen Verhältnissen. Seine Eltern ehrten Gott, liebten einander und liebten die Kinder. Sie waren mit allen in dem kleinen Dorf befreundet, in dem sie lebten. Sie waren aber, wie gesagt, arm, und dieser Junge hatte große Träume.

Er erzählte seine Träume seinen Eltern, und diese meinten, klug wie sie waren, er könne sie niemals in dem Dorf verwirklichen, sondern nur in einer großen Stadt. Sie erklärten ihm auch, dass man viel Geld benötige, um in die Stadt gehen zu können, was sie aber nicht besäßen. Er solle deshalb wie sie Bauer werden. Sie seien nicht reich, hätten aber alles, was sie brauchten, und seien zudem auch noch zufrieden und glücklich.

Damit konnte sich der Junge nicht zufrieden geben. Eines Tages packte er seine Siebensachen, schrieb seinen Eltern einen liebevollen Abschiedsbrief und zog los.

Er erreichte die Stadt und fühlte sich verloren, einsam und unsicher. Bald war das wenige Geld verbraucht, das er mitgenommen hatte, und er musste jede nur erdenkliche Arbeit annehmen, um sich überhaupt ernähren zu können. Zum Schlafen suchte er sich eine ruhige Stelle im Freien, denn etwas anderes konnte er sich nicht leisten.

Dann geschah das Wunder. Er fand eine Arbeit, die ihm den Aufstieg ermöglichte. Sein Traum ging in Erfüllung. Er wurde reich. Er hatte es geschafft. Alles hatte sich so gefügt, wie er es sich vorgestellt hatte.

Trotzdem blieb ein Teil seines Traumes unerfüllt: Wo war das große Glück, das er sich stets so bunt ausgemalt hatte? Das Glück, das er von zu Hause kannte?
Hätte er – außer dass er in der Stadt mehr verdiente (und auch ausgab) – nicht ebenso gut zu Hause bleiben können?

Er spürte, dass er unbedingt wieder Kontakt zu seiner Familie, besonders zu seinen Eltern, aufnehmen musste. Er fuhr deshalb zu ihnen. In ihrer Liebe lebte er auf. Zudem erkannte er, dass die Verwirklichung seines Traumes ihm etwas sehr Großes geschenkt hatte: Zu *sehen*, was er bereits gehabt hatte, als er noch völlig unerfüllt träumte.

Die moderne Wissenschaft hat unbestreitbar Großes entdeckt und entwickelt.
Sie ist aber gleichzeitig in hohem Maße für den Verfall der Sitten und den erschreckenden Schwund an Glauben verantwortlich.

Die Wissenschaft gaukelt euch nämlich vor, alles sei materiell.
Dies ist ein großer Irrtum mit gewaltigen Folgen.

Ich sage dir: Nichts ist materiell. Alles ist reiner Geist.
Alles besteht aus einem Wort von Mir. Mein Wort, Mein Wille, Meine Liebe sind die Essenz von allem.

Die Materie, auf die sich die Wissenschaft so begierig stürzt, ist im Grunde nur Schall und Rauch, reine Illusion.
Deshalb ist die Wissenschaft von den Illusionen nichts anderes als Illusion.

Je mehr sich jemand aber in Illusionen verstrickt und in ihnen sein Glück sucht, desto mehr wendet er sich von Gott ab.

Genau dies findet heute statt.
Die Menschen suchen, bestärkt durch die Wissenschaft, in der Außenwelt ihr Glück und verstricken sich immer mehr.
Die Folgen davon sind Einsamkeit, Härte, Egoismus und Gewalt.
Das sind die typischen Zeichen dafür, dass der Mensch den Illusionen mehr Bedeutung als Gott beimisst.

Gott ist der Maßstab. Von Ihm solltest du dich an die Hand nehmen lassen und mit ihm solltest du durch die Welt gehen.

Es gibt ein Gesetz, das heute in Vergessenheit geraten ist: Wendest du dich Gott zu, so hilft Er dir, die Welt zu bestehen.

Wendest du dich dagegen der Außenwelt, der Illusion zu, so zieht Sich Gott zurück und wartet geduldig, bis du dich Ihm wieder zuwendest.

Wendest du dich der Illusion zu, so wirst du dich verstricken. Es ist die Aufgabe der Außenwelt, zu verstricken. Leiden ist dann die zwangsläufige Folge.

Lass dich deshalb von Gott an die Hand nehmen. Strecke Ihm deine Hand entgegen, und du wirst merken, mit welcher Liebe und Fürsorge Er sie ergreift.

Er wird dich sicher durch dein Leben führen, und du wirst etwas Entscheidendes erleben: Du bist nie mehr allein, Er ist immer an deiner Seite, immer für dich da.

Ein Mensch. Ein Gott. Ein Sein.

Nun ist bereits über die Hälfte des Jahres vergangen. Ich habe dir viele theoretische und praktische Gesichtspunkte genannt.

Heute möchte Ich dir erklären, wie du meditieren kannst.

Setze dich an einen ruhigen Platz, und zwar am besten zweimal täglich ungefähr zwanzig bis dreißig Minuten.

Wichtig ist, dass du es immer zur selben Zeit tust – zum Beispiel immer nach dem Aufstehen –, damit es dir zur Gewohnheit wird. Die Gewohnheit ist wichtig, da sie dich vor Unregelmäßigkeit bewahrt.
Zünde dir eine Kerze an und setze dich vor sie hin. Schau dir die Flamme eine Zeit lang an und überlege dir, dass die Flamme ihr Licht an viele, *viele Kerzen weitergeben kann, ohne weniger zu werden.*

Hast du das Licht lang genug betrachtet, schließe deine Augen und stell dir in deinem Geiste vor, dass die Flamme auf deiner Stirn zwischen deinen Augen ihr Licht verströmt.

Führe sie dann in dein Herz, wo sie die Lotosblume deines Herzchakras öffnet.
Lass dieses Licht in deinen ganzen Brustraum strömen und spüre, wie dieses Licht Reinigung und Liebe ist.

Gehe von hier in deinen Hals und deinen Kopf, und lass das Licht deine Gedanken beruhigen und reinigen.

Vom Kopf aus leite das Licht in dein Herz, deine Schultern und Arme bis hin zu deinen Händen und Fingerspitzen.

Lass das Licht dann von deinem Herzen in den Bauchraum fließen, und fülle ihn völlig bis hinunter ins Becken aus. Atme allen Kummer und alle Anspannung aus und das reine, helle Licht ein.

⇨

Führe das Licht weiter in deine Beine und Füße und von hier über den Rücken – den du nie vergessen solltest – bis zu deiner Schädeldecke, wo dein Kronenchakra ist.

Sei dir bewusst, dass dein ganzer Körper von Licht erfüllt ist, das heißt aus Licht besteht, das bis an den äußersten Rand deiner Aura strahlt.

Schicke nun, ausgehend von deinem Kronenchakra, deinen Verwandten und Freunden Licht. Hülle sie ganz damit ein.

Hülle ebenfalls deine Feinde in Licht.

Dehne anschließend dein Licht über deinen Wohnort, über deine Nachbarn, über deine Stadt, über dein Land, über deinen Kontinent, über die ganze Welt aus.

Dein Licht geht anschließend zu den Mineralien, Pflanzen, Tieren und allen Menschen.

Breite es über allen nicht sichtbaren Wesen aus, die um die Welt und in der Welt sind.

Lass dein Licht bis ins Universum strahlen und genieße diese Weite.

Nach einer Weile sammle dein Licht wieder ein, und lass es durch das Kronenchakra in die Lotosblüte deines Herzens fließen, und halte diese Flamme als deine ständige Kraft in dir, auf die du immer wieder zurückgreifen und von der du dich nähren lassen kannst.

Bitte Gott, Er möge dich segnen und leiten.

Öffne dann deine Augen und habe einen frohen Tag.

Du hörst nun seit einer Weile Meine Lehren und fragst dich, inwieweit sie mit bestehenden Religionen wie Christentum, Buddhismus oder Islam zu vereinbaren sind.

Ich lehre keine neue Religion. Ich lehre nichts Neues. Ich lehre den Kern aller Lehren.
Ich bin das Wesen aller Lehren.
Der Sinn jeder Religion ist es, Mich zu erlangen.
Ich schuf die Welt. Ich schuf den Menschen. Ich weiß, was die Welt braucht. Ich weiß, was du benötigst, um endlich dein Ziel erreichen zu können.

Dir als Christen sage Ich, dass Christus in manchen Punkten anders war, als es dir überliefert ist.
Christus kannte und lehrte das Gesetz von Karma und die Folge von Tod und Wiedergeburt. Er sprach deutlich vom ewigen Leben, da Er das Leben im Jenseits *bewusst* kannte und deshalb davon reden konnte.

Er sprach nicht von der Hölle, denn Er wusste, dass es sie nicht gibt.
Er sprach vielmehr von den Ketten, die sich jeder Mensch durch seine Unwissenheit schafft, um dann durch die Konsequenzen seines Handelns gebunden zu sein.

Christus war strikter Vegetarier. Selbst Gekochtes, wie Bohnen oder Gemüse, aß Er kaum, sondern ernährte Sich vorwiegend von Beeren, Wurzeln, Früchten und Samen.
Und Er trank keinen Alkohol.

Bedenke: *Sieh niemals das Trennende in den Religionen, sondern ausschließlich das Verbindende.*
Buddha, Mohammed, Christus, Zoroaster waren Gott-Menschen, die Heilige Lehren verkündeten und viele, viele Menschen zum Heil führten.

Wäge ab. Urteile aber nicht.
Gehe den Weg zu Gott, den dich deine Religion lehrt – und siehst du in jedem Lebewesen und in jedem Ding Gott, dann hast du die Lehre verwirklicht.
Alles andere ist Beiwerk.

Es ist typisch für den Menschen, dass er sich immer wieder allein und ungeschützt fühlt.
Dies liegt einmal an seiner Betrachtungsweise und dann daran, dass er so wenig sieht.

Viele Menschen sehen überhaupt nicht, mit wie vielen Geschenken sie bedacht werden – und dass jedes Geschenk ein Wunder ist.

Ihr schätzt vieles aber auch deshalb nicht, weil ihr es einfach nicht seht und versteht.

Jedes Leben ist von unzähligen Wundern begleitet.
Immer wieder greifen Himmlische Kräfte ein, um dein Leben zu beschützen, um Gefahren von dir abzuwenden, um dich aus gefährlichen Situationen zu retten.

Dies kann manchmal mehrere Male an einem Tag stattfinden – ohne dass du auch nur das Geringste merkst.

Ändere deshalb deine Einstellung: Wenn irgendetwas in deinem Leben geschieht, das dich betrübt oder verletzt, dann miss dem keine allzu große Bedeutung bei, sondern nimm es als eine Gelegenheit, daran zu denken, wie häufig du bewahrt wurdest und dass du immer, immer beschützt wirst.

Jungfräulichkeit ist ein von vielen völlig missverstandener Begriff.
Bei der Geburt Buddhas und Christi spielt zum Beispiel die Jungfräulichkeit insofern eine Rolle, als sie die Reinheit der Mutter eines Gott-Menschen ausdrücken soll.

Mit Reinheit soll und darf aber nicht gemeint sein, dass eine Frau niemals mit *ihrem* Mann körperlich zusammengekommen ist.
Dies würde nämlich bedeuten, dass eine verheiratete Frau stets unreiner als eine unverheiratete wäre, was absurd ist.
Die Mutter des großen Indischen Heiligen Ramakrishna Paramahamsa hatte bereits drei Kinder geboren, als sie mit Gottes Licht schwanger wurde.
Sie war vollkommen rein. Deshalb hat sie der Herr auserwählt.

Heute sind alle Begriffe verworren und jede Moral beziehungsweise Ethik verfälscht. Heute geht es weder um Jungfräulichkeit noch um Keuschheit noch um Reinheit.
Jeder lebt einfach – das heißt „einfach" lebt keiner mehr, sondern nur noch zigfach! – vor sich hin und lebt aus, was ihm oder ihr in den Sinn kommt und über den Weg läuft.

Dieses Verhalten ist die größte Schädigung, die eine Frau sich zufügen kann. Die Seele der Frau ist *besonders* zart, empfindsam und aufnahmefähig. Die Frau muss deshalb mit der größten Vorsicht, Umsicht und Klarheit leben, um keinen Schaden zu nehmen.

Die Jungfräulichkeit muss die Frau so verstehen, dass *sie* es ist, die die Konsequenzen von Beziehungen trägt. Sie wird schwanger, sie riskiert ihre Gesundheit oder gar ihr Leben bei jeder Geburt. Sie zieht in den allermeisten Fällen die Kinder auf.
Viele Frauen haben heute drei bis vier Aufgaben, denen sie gerecht werden müssen: Sie sind Partnerin, Mutter, Hausfrau und außerdem häufig berufstätig. Frauen leisten somit sehr viel. Deswegen habe Ich diesbezüglich drei Fragen:
Warum muss die Frau heute derart überfordert werden?
Warum wird die Frau in ihrer Riesenleistung so wenig gesehen?
Warum sieht die Frau nicht selbst, was sie leistet?

Es ist Zeit, dass sich dies grundlegend ändert.

Es ist an der Zeit, dass Ich mit einigen Eltern schimpfe. Manche Eltern sind nämlich von einem Extrem zum anderen umgeschwenkt.

Bestand die so genannte preußische Erziehung darin, dass das Kind, Ich möchte sagen, mit Hass verfolgt und ihm all das angetan wurde, *was mit Hass zusammenhängt, wie etwa Schläge, Einschüchterung, Demütigung, Verletzungen an Körper und Seele*, so findet heute häufig genau das Gegenteil statt. Kinder dürfen heute beinahe alles – manchmal fällt auch noch dieses kleine „beinahe" weg. Kinder bestimmen dann vollständig das Leben ihrer Eltern beziehungsweise ihrer Umwelt. Kinder sind somit die unumschränkten Herrscher, die machen können, was sie wollen.

Was sind das für Eltern, die ihre Kinder so aufwachsen lassen und ihnen überhaupt keine Grenzen setzen? Es sind sehr wenig verantwortungsbewusste Eltern, die Freiheit mit Willkür, Entwicklung mit Laisser-faire verwechseln. Kinder müssen geführt werden. Kinder brauchen viel, viel Liebe.
Liebe besteht aber auch darin, dass ihnen klare Grenzen gesteckt werden.

Kinder müssen Respekt ihren Eltern und allen Erwachsenen gegenüber haben.
Respekt hat nichts mit Angst beziehungsweise Kadavergehorsam zu tun.
Respekt ist die Ehrerbietung, die Jüngere Älteren gegenüber haben sollen.
Diese Ehrerbietung ergibt sich von selbst, wenn Kinder in einer engen Beziehung zu Gott erzogen werden.

Gleichzeitig sollen aber auch die Älteren die Jüngeren achten und nicht als Dummerchen behandeln.
Denke als Erwachsener, dass du nicht weißt, welche Seele in dem kindlichen Körper vor dir steht – es könnte die Seele eines Heiligen oder großen Meisters sein.
Kinder sollen Erwachsene als weise Lehrer betrachten.
Erwachsene sollen Kinder als heranreifende Seelen achten, die gerade von Gott gekommen sind und noch stark Seine Energie ausstrahlen.

Lebt mit großem Respekt, lebt mit Achtung füreinander. Spürt die Liebe, die euch alle verbindet. Habt alle zusammen Liebe und Ehrfurcht Gott gegenüber. Das ist das beste Heilmittel für all die Probleme, die euch im Umgang miteinander bedrücken können.

Ich frage Mich, warum machst du dir das Leben so schwer? Das Leben ist Freude und Glück. Alles andere sind nur Irrwege.

Du hast Sorgen? Singe den Namen des Herrn.

Du hast Kummer? Singe den Namen des Herrn.

Du bist erfolglos? Singe den Namen des Herrn.

Du möchtest mehr leisten? Singe den Namen des Herrn.

Du möchtest die Welt verbessern? Singe den Namen des Herrn (27.2.).

Und was geschieht jetzt? Ich gebe euch die beste Medizin selbst für die schwerste Krankheit. Wie schade, dass viele sie nicht nutzen können.

Könnte es sein, dass du dir die Welt viel umständlicher und schwieriger vorstellst, als sie tatsächlich ist, und dass sie sich dir deshalb als mühsam und schwierig zeigt?

Bedenke: Du erwartest nichts anderes, und du würdest auch nichts anderes annehmen.

Beschwere dich deshalb nicht. Sondern bedanke dich bei der Welt, dass sie deinen Wunsch erfüllt und sich so kompliziert gibt!

Du möchtest die Welt nicht so kompliziert? Du möchtest keine Sorgen? Du suchst wirklich Frieden, Freude, Glück?

Merkwürdig, Ich höre so genau hin, Ich höre aber nicht, dass du den Namen des Herrn wiederholst!

Du folgst Meinen Lehren, du wiederholst den Namen des Herrn (27.2.), du betest und meditierst regelmäßig, und trotzdem hast du das Gefühl, dein Leben rühre sich nicht von der Stelle – oder noch schlimmer, du denkst, es wird alles nur schwerer.

Sei nicht enttäuscht. Vertraue Mir, wenn Ich dir sage, dass dies ein ganz normaler Vorgang ist: Du wendest dich mehr deinem Selbst zu, und dein Ego konstelliert alles, um dich von diesem Weg abzubringen.

Dein Ego weiß nämlich genau, dass der Weg zum Selbst eine Machteinbuße für es, für das Ego, bedeutet.

Deswegen arbeitet es mit aller Kraft gegen deine spirituelle Entwicklung, indem es zum Beispiel deine Ungeduld anstachelt.
Deine Ungeduld macht dich für das blind, was du bereits erreicht hast. Diese Blindheit schafft einen Teufelskreis: Du siehst nicht, was du geleistet hast, und wirst deshalb ungeduldig.
Die Ungeduld macht dich noch blinder und so fort.

Das Scheitern und die neuerliche Machtergreifung deines Ego sind damit vorprogrammiert.

Hüte dich deshalb vor deiner Ungeduld, denn sie stellt eine der großen Mächte dar, die dich an der Erlangung beziehungsweise Verwirklichung deines Selbst hindern.

Kämpfe aber nicht gegen deine Ungeduld, sondern nimm sie wie ein kleines Kind an, das beachtet werden möchte.
Sieh sie als etwas an, das zu dir gehört, das du aber deshalb nicht überbewerten, mit dem du dich nicht identifizieren musst.

Vertraue immer darauf, dass Gott dir helfen wird und dass du mit Sicherheit Erfolg haben wirst.

Sei glücklich, denn du bist schon lange am Ziel.

August

Es kursieren heutzutage viele falsche spirituelle Vorstellungen, die euch mehr schaden als helfen.

Eine davon ist, ihr hättet euch dieses Leben vor der Geburt selbst ausgesucht. Diese Theorie hat etwas Richtiges und ist gleichzeitig falsch.
Richtig ist, dass du dir dein Schicksal durch deine Taten und deren Konsequenzen schaffst. Deine Taten zeigen, auf welchem Bewusstseinsstand du dich befindest. Die Konsequenzen, die du erleben wirst, schaffen den Rahmen, in dem du lernen kannst.
Die Theorie, du hättest dir dein Leben ausgesucht, ist aber insofern falsch, als es im Jenseits gar kein Du beziehungsweise Ich gibt, das wählen könnte. Es wird hier etwas vorausgesetzt, was als solches nicht vorhanden ist und dementsprechend nicht tätig werden kann.
Deshalb suchst nicht du dein Leben aus, sondern Gott weist es dir gemäß deinen Taten in früheren Leben zu.
Dies geschieht im Einklang mit dem allumfassenden kosmischen Plan, der zwar in einzelnen Punkten immer wieder geändert wird, weil manche Entwicklungen, bedingt durch den freien Willen des Menschen, anders verlaufen. Am Schluss geschieht aber alles stets so, wie Gott es vorgesehen hat. Dies ist die Gewähr dafür, dass keine Seele verloren geht beziehungsweise jede die Chance für *ihre* Entwicklung erhält.

Wieso spreche Ich nun darüber, dass du dein Leben nicht ausgesucht hast, sondern gemäß deinen früheren Taten zugewiesen bekamst? Der Unterschied scheint nicht allzu groß zu sein.
Ich tue es deshalb, weil diese Vorstellung ein Aufblähen des Ego bewirkt nach dem Motto: „Ich habe mir dieses Leben ausgesucht, schau mal an, was ich alles kann!“
Ganz anders ist dagegen die Haltung, die sich aus der Tatsache ergibt, dass das Leben ein Geschenk Gottes sei. Hier könnte der Einzelne Folgendes über sein Leben sagen: „Ich habe dieses Leben, um entsprechend meinen Taten in früheren Leben zu lernen. Ich möchte diese große Chance zu wachsen so gut wie irgend möglich nutzen und danke Gott, dass Er mir diese Gelegenheit gegeben hat.“
Dies ist die richtige Haltung allem gegenüber, was dir im Leben begegnet.
Hast du diese Haltung, gibt es keine schrecklichen Ereignisse mehr, sondern nur Geschenke, die dich bereichern sollen.

Handeln ist notwendig im Leben.
Wer nichts tut, verliert sich. Arbeit ist Gnade.

Wähle dir deshalb einen Beruf, in dem du viel Gutes tun kannst.
Je mehr du für andere da bist, desto beschenkter ist dein Leben.

Fühlst du dich nicht beschenkt, überprüfe deine Einstellung.
Was nicht von Herzen kommt, geht nicht zum Herzen hin – und kommt auch nicht zurück.

Deine Haltung deiner Arbeit gegenüber ist entscheidend.
Suche nicht, was dir Freude macht, sondern *vollbringe mit Freude, was deine Aufgabe ist.*

Nichts ist schlimmer als Menschen, die griesgrämig, unfreundlich und lustlos ihrer Arbeit nachgehen. Diese Haltung ist außerdem höchst schädlich.
Sie führt entweder über Süchte wie Alkohol und Nikotin oder direkt zu gesundheitlichen Schäden.

Eine negative Einstellung zur eigenen Arbeit ist dafür verantwortlich, dass so viele Menschen unglücklich, haltlos und krank sind.
Sie glauben, Freizeit sei alles. Dabei ist Arbeit alles.

Bedenke noch etwas: Helfende Hände sind besser als betende Lippen. Das heißt, sei für andere da, und das Glück kommt zu dir.

Deshalb: Diene, hilf, sei für andere da, und du wirst an Meiner ständigen Glückseligkeit teilhaben.

Einige sichern ihre Wohnungen beziehungsweise Häuser wie Festungen. Da werden die Fenster vergittert, die Eingangstüren armiert, die Kellerschächte verriegelt, Bewegungsmelder montiert, Alarmanlagen installiert.

Ich möchte eines klarstellen: Ich bin für Sicherheit, für Vorsicht, für Bedachtsamkeit.
Wer mit seinem Hab und Gut gedankenlos beziehungsweise achtlos umgeht, läuft Gefahr, es zu verlieren.

Ich bin aber auch gegen die Einstellung, die hinter manch einem Sicherheitsdenken steht.

Wie gesagt, du sollst dein Eigentum sichern. Du darfst Diebe und Räuber nicht durch deine Nachlässigkeit einladen, bei dir ihr Glück zu suchen.

Du darfst aber auch nicht glauben, dass eine Alarmanlage beziehungsweise die verriegelten Türen und Fenster dich vor deinem Karma bewahren.

Glaubst du, du kannst gegen Wahrheit und Rechtschaffenheit, gegen Liebe, Friede und Gewaltlosigkeit dein Geld verdienen und es auf Dauer sichern?

Gib dich ja nicht diesem gefährlichen Irrglauben hin!
Unrechtmäßig erworbenes Geld bringt dir entweder Unglück, oder du verlierst es bald wieder – oder beides.

Gestohlenes Geld hat die Eigenschaft, dass es bald in die Hände von Dieben, Rechtsanwälten, Ärzten oder Therapeuten wandert. Es schafft dir mit anderen Worten entweder Schwierigkeiten, oder es macht dich krank.

Sichere dein Hab und Gut. Dies ist eine Notwendigkeit.

Der beste Schutz, außer deiner praktischen Vorsicht, besteht aber in spiritueller Umsicht, nämlich darin, dass du in Liebe, Rechtschaffenheit, Wahrheit, Frieden und Gewaltlosigkeit lebst.

Dann ist dein Leben gesegnet, und du wirst von allen Göttern beschützt.

Sei vorsichtig mit Geld. Geld kommt und geht.
Ethik dagegen kommt und wächst.

Es gibt fünf Formen, wie dein Verhältnis zu Geld und zu Gott sein kann.
Erstens: Du bist in der Welt und hast kein Geld.
Zweitens: Du bist in der Welt und hast Geld.
Drittens: Du wendest dich von der Welt ab und Gott zu und verlierst Geld.
Viertens: Du wendest dich Gott zu und bekommst Geld.
Und fünftens: Du wendest dich Gott zu und bekommst nicht mehr Geld.

Oberflächlich betrachtet, scheint es keinen großen Unterschied zwischen dem Weg über die Welt zum Geld und dem über Gott zu geben.

Siehst du aber genauer hin, erkennst du, dass es sich grundlegend anders verhält: Bist du in der Welt, dann hat das Geld dich und nicht du es.
Deshalb besteht der Wandel häufig darin, dass Gott dich an die Grenzen des Ruins führt, damit du umdenkst, das heißt frei wirst.

Falls es deinem Karma entspricht und deiner Entwicklung zuträglich ist, segnet dich Gott zu einem späteren Zeitpunkt mit Geld, *nachdem* Er sicher ist, dass sich deine Beziehung zum Geld verändert hat.

Merke dir, dass du *niemals* auf Dauer in der Welt erfolgreich sein kannst – auch wenn es noch so sehr den Anschein hat.

Halte deshalb stets diese Reihenfolge in deiner Wertung ein: Als erstes kommt Gott. Als zweites dein Partner und deine Kinder. Als drittes dein Beruf.
Als viertes dein Einkommen.

Kehre diese Reihenfolge *niemals* um, denn ohne Gott in deinem Herzen ist Geld ein Gift, das langsam deine Seele auffrisst, ohne dass du auch nur das Geringste merkst.

Die Ehe ist Heilig. Weißt du dies?

Weißt du auch, warum in der Kirche geheiratet wird? Du meinst, um dort durch den Pfarrer Gottes Segen zu empfangen. Dies ist richtig. Aber nur ein Teil der Wahrheit.

Der andere Teil besteht darin, dass du dir mit dem Gang in die Kirche dessen bewusst wirst, dass die Ehe selbst ein Heiliger Ort wie die Kirche ist.
Ich sage häufig, der Körper sei der Tempel Gottes.
Die Ehe ist es noch mehr, denn hier geht es nicht nur um einen, sondern um zwei, drei, vier Körper – was natürlich von der Zahl der Kinder abhängt.

Die Ehe ist Heilig, weil in der Geborgenheit der Ehe zwei Menschen zueinander finden, was eine große Leistung ist. Dazu wächst im Schutz der Ehe mit den Kindern die Generation von morgen heran.

Wer die Ehe zerstört, zerstört die neue Generation.

Nur ein Wahnsinniger würde mit einem Hammer in eine Kirche gehen und den Altar, das Taufbecken oder gar das Kreuz zerstören.

Erkenne die Heiligkeit der Ehe.
Bewahre und beschütze sie und tue alles, um diesem Heiligen Ort gerecht zu werden.

Das Leben besteht aus Auf und Ab.
Weil das Leben sich hinauf und hinunter bewegt, heißt dies jedoch noch lange nicht, dass du diese Bewegungen mitmachen musst. Oder ist es etwa für jeden Kirmesbesucher Pflicht, Achterbahn zu fahren? Natürlich nicht!

Lass dich nicht in Negativität verwickeln. Sie ist die größte „Achterbahn" im Leben.
Falls es dir häufig geschieht, dass du mit anderen streitest, dich ärgerst beziehungsweise wütend wirst, so sieh dies als ein Alarmzeichen an. Du hast offensichtlich noch viel Negatives aus dem jetzigen und aus früheren Leben in dir.
Befreie dich von diesem gefährlichen Ballast. Hole dir notfalls gute fachliche Hilfe. Es ist in manchen Fällen kein Zeichen von Schwäche, sondern von Klugheit und Demut, sich helfen zu lassen. Ansonsten zieh dich zurück, wenn du dich ärgerst. Lasse dich nicht weiter verwickeln. Trinke ein Glas kaltes Wasser in kleinen Schlucken und mache anschließend folgende Meditation:
Stell dir vor, du bist eine Distel, voller Stacheln und Aggressionen.
Lebe dein Distel-Dasein. Lebe deine Negativität in deiner Phantasie aus.
Hast du dies für dein Gefühl zur Genüge getan, stell dir vor, dass du eine Rose bist. Du bist schön, und du duftest. Du hast aber auch noch große und kräftige Stacheln.
Konzentriere dich zuerst auf die Stacheln.
Glaubst du, dich lang genug auf die Stacheln konzentriert zu haben, richte deine Aufmerksamkeit auf die Knospe und lass sie zur vollen Blüte aufgehen.
Hast du dieses Gefühl lang genug erlebt, stelle dir vor, eine Lotosblüte zu sein.
Sieh, wie du mit deinen Wurzeln tief im Schlamm steckst. Deine Knospe schwebt aber über dem Wasser und ist makellos rein.
Lass die Reinheit der Lotosblüte in dich fließen. Fülle dich mehr und mehr damit an.
Stell dir vor, dass diese Lotosblüte aus reinem, hellem, klarem Licht besteht und dass dieses wunderbare Licht in dich fließt: Vollkommen ruhig, vollkommen glücklich, vollkommen rein.
Stell dir nun dein Herz als eine noch halb geschlossene Lotosblüte vor. Lass sie aufgehen und spüre, wie mehr und mehr Liebe dein Herz erfüllt. Diese Liebe wird so groß, dass du ganz davon erfüllt bist.
Du bist nur noch Liebe und spürst, wie viel Göttlicher Segen in dich strömt.
Alles Eins – alles Gott.

Eure Vorstellungen über das Böse beziehungsweise Negative sind in den meisten Fällen unvollständig, um nicht zu sagen falsch.

Ich weise euch an, stets das Gute zu denken, zu sehen, zu hören und zu sagen. Haltet euch an diese Meine Anweisung, denn sie gibt euch sowohl weltliche als auch spirituelle Kraft.

Was sollst du aber mit dem Negativen tun?

Als Erstes musst du erkennen, dass es das Böse *an sich* nicht gibt. Alles ist Gott. Nur deine Einstellung beziehungsweise dein Umgang damit bedingt, ob etwas gut oder böse ist.

Stelle dir vor, du hast böse Gedanken.
Du kannst diese Gedanken pflegen und dich sogar daran freuen.
Dies wird dir mit Sicherheit früher oder später Schaden bringen.

Du kannst die negativen Gedanken wegschieben, was aber zu Verdrängungen führen kann.

Das Beste ist, du gehst offen und ehrlich mit ihnen um und verwendest sie als Wegweiser – zum Beispiel so, dass sie dich zu einem sehr guten Therapeuten führen.

Finde heraus, wie sie entstanden sind, das heißt, wo ihre Wurzeln liegen und wie weit sie reichen.
Kreise die Wurzeln genau ein und reiße sie dann mit Stumpf und Stiel heraus.
Dies ist die tiefe Bedeutung Meines Satzes: Ihr solltet böse Gedanken mit der Wurzel ausreißen.

Gehst du nämlich so vor, beweist du die Wahrheit, dass alles in deiner Hand liegt. Dass du der Schöpfer deines Schicksals bist.

Und dass dir nichts Böses zustößt und dass du niemandem schaden kannst, wenn du deinen wahren Wert kennst.

Dies ist das Ziel allen Wissens.

Es gibt keinen Rachegott, es gibt keinen bösen Gott. Es gibt nur Mich. Und Ich bin voller Liebe und Gnade.

Ich habe die Welt so eingerichtet, dass keiner verloren geht.
Mögen seine Handlungen noch so schlecht sein.

Er wird durch die Konsequenzen seiner Handlungen geläutert. Er wird früher oder später erkennen, dass es nur einen Weg gibt: Den Weg der Liebe.

Deswegen gibt es im Grunde auch kein „negatives" Karma. Du stößt vielmehr in deinem Leben auf Konsequenzen deines früheren Handelns, die dich das lehren, was du zu lernen hast.

So genanntes negatives Karma ist wie Schulnoten, die aufzeigen, wie viel du weißt beziehungsweise in die Praxis umsetzen kannst.

Deswegen gibt es, genau besehen, nur den einen Weg, der durch die Göttliche Liebe bestimmt ist.

Dieser Weg macht dich frei.
Gehe ihn bewusst, und du bist nicht mehr an die Welt gebunden.
Du bist nur noch Mir nahe.

Das ist es, was du all die Leben lang gesucht hast.
Das ist das unendliche Glück, das du in der Welt nicht finden konntest.

Ich bin das Glück. Alles andere sind nur die Wege dahin.

Viele Ärzte, Wissenschaftler und Industrien, wie die chemische beziehungsweise pharmazeutische, sollten sich vor Meinem Zorn in Acht nehmen.
Wenn Ich von den Dämonen der heutigen Zeit spreche, meine Ich auch sie.

Erbarmungslos gehen viele dieser Menschen über das Leiden ihrer Mitmenschen hinweg. Hauptsache, sie steigern ihren Profit und bauen ihre Macht aus.
Diese Haltung ist eine Sackgasse ohne Ausweg und ohne Zukunft.
Die Herzlosigkeit und Brutalität muss und wird ein Ende nehmen.

Mein Ziel ist es, dass den Schwachen und Schutzlosen mehr und mehr geholfen wird.
Ich stehe immer zu Meinem Vorsatz und Meinem Wort.

Die Ausbeutung des Menschen durch den Menschen hat ein Ausmaß erreicht, das das Erträgliche bei weitem übersteigt.
Mein Vorsatz und Mein Wille bestehen darin, dass Liebe, Hilfsbereitschaft und spirituelles Wissen über die gesamte Welt verbreitet werden.

Institutionen, die menschliches Leid ausnützen, um Profit zu machen, haben nur zwei Möglichkeiten: Entweder sie denken um, oder sie gehen unter.
Dass manche Ärzte in diesen Ausbeutungsprozess mitverwickelt sind, finde Ich besonders verwerflich, und es zeigt, wie tief die menschliche Gemeinschaft im Ganzen gesunken ist.

Alle müssen lernen. So auch die Ärzte. Sie müssen erkennen, dass Medikamente und Therapiemethoden nur 50% der Heilung ausmachen.
Die anderen 50% bestehen im Wesen des Arztes, in seiner liebevollen, nachempfindenden Art, seiner Geduld, seiner warmherzigen Stimme und seiner inneren Ruhe.

Vertrauen schafft Heilung. Liebe schafft Heilung. Beten schafft Heilung. Eine positive spirituelle Ausrichtung schafft Heilung.
Technik und sachliches Wissen allein schaffen dagegen keine Heilung.

Das müssen Ärzte lernen, dann gelangen sie vom *good doctor* zum *God doctor* – vom guten zum Göttlichen Arzt.

Die Sprache lebt von Inhalten, die über Begriffe vermittelt werden. Der Kern der Begriffe besteht in der Bedeutung, die sie ausdrücken. Überall, wo Bedeutung eine Rolle spielt, ist aber Vorsicht angesagt. So kann zum Beispiel in einem anderen Land etwas ganz selbstverständlich sein, was in deinem Land eine große Beleidigung darstellt. Und umgekehrt.
Es hat eben eine andere Bedeutung.

Im Deutschen sagt man zu einem Vierbeiner, der das Haus bewacht und euch zum Teil Gesellschaft leistet, „Hund". Kinder mögen „Wauwau" sagen. Bei dem Begriff „Hund" weiß aber zunächst jeder, was gemeint ist.

Und genau hier beginnen die Schwierigkeiten.
Jeder hat nämlich eine andere *Vorstellung* von „Hund", *obwohl* er den gleichen Begriff verwendet.
Der eine denkt an einen kleinen, der andere an einen großen Pudel. Noch einer an einen Schäferhund. Wieder ein anderer an einen Bernhardiner oder an eine Promenadenmischung.
Obwohl jeder den gleichen Begriff „Hund" verwendet, hat beinahe jeder eine andere Vorstellung davon.

Diese Tatsache ist von großer Wichtigkeit, wenn du dich mit jemandem unterhältst. Glaube *nie*, dass er die Begriffe mit denselben Vorstellungen wie du verbindet.
Finde deshalb heraus, welche Vorstellungen deine Gesprächspartner mit den Begriffen verbinden, die du verwendest.
Wie verschieden ihre Vorstellungen von deinen auch sein mögen, urteile nicht, sondern respektiere die Bilder der anderen, denn sie stammen aus ihren Lebenserfahrungen.

Begegne jedem Menschen mit Achtung und Vorsicht. – (Achte darauf, wie ähnlich diese beiden Worte verstanden werden können, obwohl Ich natürlich verschiedene Bedeutungen meine. Siehst du?!)
Versuche niemanden zu überzeugen, sondern frage dich vielmehr, was du von ihm lernen kannst.

Diese Haltung drückt sich dann automatisch in der Freundlichkeit deiner Sprache und in der Geduld deines Wesens aus.

Es war einmal ein Mann, der angelte gerne in seiner Freizeit – und kümmerte sich auch sonst nicht um die Zusammenhänge im Leben. Deshalb bekümmerte es ihn auch nicht, dass Fische für seine Freizeitbeschäftigung sterben mussten.

Eines Tages nun – nach dem Muster, das aus vielen Märchen bekannt ist – fing er einen großen Fisch. Der sprach zu ihm: „Wenn du mich am Leben lässt, erfülle ich dir deinen sehnlichsten Wunsch!"

„Ich wünsche mir, unermesslich reich zu sein", antwortete der Mann sogleich. „Gut, dein Wunsch ist erfüllt", erwiderte der Fisch, „bei dir zu Hause steht ein Tisch. Wenn du dessen Schublade dreimal hintereinander öffnest, ist sie beim dritten Mal mit Geld gefüllt. Ich verknüpfe aber", fuhr der Fisch fort, „die Erfüllung deines Wunsches mit zwei Bedingungen: 1. vergiss mich nicht, und 2. finde heraus, wer ich bin!"

Der Fischer befreite den Fisch und ging anschließend überglücklich nach Hause.
Er fand den Tisch, öffnete die Schublade dreimal und sah sie beim dritten Mal mit Geld überreich gefüllt.

So wurde er zu einem reichen Mann. Er kaufte sich Häuser, Ländereien. Er hatte viele Angestellte. Er heiratete und hatte mehrere Kinder.

Je mehr die Zeit verging und je reicher er wurde, desto mehr vergaß er den Fisch und die Frage, wer jener sei.

Manchmal, zu Beginn seines Reichtums, waren ihm die beiden Bedingungen des Fisches noch durch den Kopf gegangen.
Später wurde er bei dem Gedanken an den Fisch regelrecht ärgerlich. Er fand ihn anmaßend und selbstgerecht. „Im Grunde unglaublich, was dieser Fisch von mir erwartete", dachte er dann.
Die Zeit verging, und er benötigte immer mehr Geld, um all seine Wünsche bezahlen zu können.
Er war eben ein sehr reicher Mann mit entsprechenden Verpflichtungen.

⇨

Eines Tages kam ein riesiges Erdbeben und zerstörte all sein Hab und Gut. Auch der Wundertisch verschwand. Es blieb ihm nur das nackte Leben.

Verzweifelt irrte er durch seine verwüsteten Ländereien, bis er erschöpft zu Boden sank und einschlief. Da erschien ihm der Fisch im Traum und sagte: „Du hast Mich und Meine Bedingungen völlig vergessen. Du lebtest nur *deine* Interessen und hieltest Mich für selbstsüchtig, weil Ich dir zur Bedingung machte, an Mich zu denken. Du Tor.
Ich hatte dir diese Bedingungen als weitere Geschenke gegeben. Solange du an Mich gedacht hättest, wärest du sicher gewesen. Und hättest du nachgeforscht, hättest du herausgefunden, dass Ich nur dein Schöpfer sein kann, der dir alles gab und gibt.

Nun hast du alles verloren. Du bist einen Umweg gegangen. Umwege können aber die kürzesten Wege sein, wenn du durch sie lernst. Und sehe Ich dein Leid, sehe Ich dein Bemühen, bin Ich voller Gnade für dich ...“

Sieh dir den Wind an, mit welcher Leichtigkeit er über die Erde streicht.

Nichts bindet ihn. Nichts hält ihn.

Geschmeidig strömt er an dem Unbeweglichen vorbei. Manchmal ganz weich, ein andermal ganz stark.

Manchmal nimmt er etwas mit.
Eine Zeit lang.

Am Ende lässt er aber alles los. Auf Dauer nimmt er nichts mit sich. Bindet nichts an sich und bindet sich an nichts.

Der Wind ist frei und doch für alle hilfreich und für die Erhaltung der Welt notwendig.

Heute hast du deinen Vornamen.

Wann werde Ich *dich* „Wind" rufen können, und du siehst Mich an und kommst?

Viele bitten mich um Hilfe.

Diese Bitte besteht aber häufig nicht in der Bitte um Hilfe zur Selbsthilfe, sondern vielmehr darin, dass sie jemanden suchen, der ihnen hilft, indem er alles für sie macht, alle Probleme löst, alle Schwierigkeiten auf sich nimmt.

Meine Aufgabe besteht aber darin, euch so zu helfen, dass ihr euch selber helfen könnt.
Ich bin kein Selbstbedienungsladen für Faulenzer oder solche, die ohne viel Aufwand ans Ziel gelangen wollen.

Ich biete dir das Höchste Ziel: Sein, Bewusstsein, Glückseligkeit.

Und was musst du Mir bieten?

Disziplin, Fleiß, Glauben, Tugend, Liebe und Vertrauen.
Setzt du diese ein und baust auf Mich, kannst du noch in diesem Leben das Höchste Ziel erreichen.

Es liegt alles in deiner Hand. Nicht aber in deinem Schoß.

Selbstachtung ist das Salz des Lebens.

Es gibt verschiedene Aromata, die das Leben unbedingt benötigt, um gut gewürzt zu sein. Von diesen ist Selbstachtung das wichtigste.

Salz hat die Fähigkeit, aus einem schal schmeckenden Essen ein abgerundetes Gericht zu machen.
Ähnlich verhält es sich mit der Selbstachtung.

Die meisten Menschen heute leiden unter allen möglichen seelischen Schwierigkeiten, weil sie keine Selbstachtung, kein Selbstwertgefühl haben.

Ein starkes Selbstwertgefühl ist das beste Mittel gegen seelische Probleme.

Woraus entsteht diese so wichtige Selbstachtung?

Durch die Erfahrung mehrerer Leben.

Du musst die Erfahrung machen, dass alles einen Sinn hat und Gott auf deiner Seite ist. Dann kann dich nichts mehr erschüttern.

Da es um Selbst-Achtung geht, handelt es sich zwangsläufig um das Selbst und damit um den Gott in dir.

Diesen Gott kann nur jeder Einzelne für sich finden.

Gott kann weisen, Gott kann stützen und den Weg erleichtern.
Den Weg gehen musst aber du.

Deswegen suche Gott in deiner näheren Umgebung und hier besonders in der Natur, und erkenne, wie in der Natur alles selbstlos dient.
Gelange von der Natur zu dir, das heißt zu deinem Inneren, und von hier zum Dienst am Nächsten.
Bitte Gott um Führung, und du wirst mit Sicherheit den Schrein in deinem Herzen finden, in dem dein Selbst und damit auch deine Selbstachtung strahlen.

Alles hat seine Zeit.

Es gibt Zeiten, in denen du aktiv, und andere, in denen du in Ruhe sein musst. Es gibt Zeiten, in denen du gehen, und andere, in denen du sitzen musst.

Genauso verhält es sich mit dem Lernen und dem Handeln, dem Sprechen und dem Schweigen, dem Essen und dem Fasten.

Die rechte Mitte ist die Essenz des Lebens.
Der Weise kennt die Mitte. Er fühlt sich in die Dinge ein, weil er sich selbst kennen gelernt hat.
Der Weise ist weise, weil er ebenso abwarten wie schweigen kann.
Er betrachtet interessiert die Dinge um sich.
Erst wenn er weiß, dass der rechte Augenblick gekommen ist, handelt er. Das ist das Geheimnis seines Erfolges.

Lerne Geduld. Handle nicht aus dem Grund heraus, dass du nicht warten kannst.
Dass du keine Geduld hast, kannst du auch daran erkennen, dass du einerseits zu viel redest, andererseits dann schweigst, wenn du reden solltest.

Lerne zu fasten. Fasten bezieht sich nicht allein darauf, keine Nahrung zu sich zu nehmen.
Fasten ist das Reinigen und Erstarken durch unterlassene Nahrungszufuhr, denn gerade durch das Essen nimmst du viele Energien auf, die in dir Anspannung und Unruhe erzeugen – nicht gerade die besten Voraussetzungen, um Geduld zu erlangen.
Musst du etwas entscheiden beziehungsweise handeln, setze dich zum Beispiel vor deinen Hausaltar oder geh in eine Kirche, bitte um innere Führung, und stelle dir die Situation genau vor, in die du dich begeben wirst.
Stelle dir vor, wie sich alles entwickeln wird, und reiche es Gott dar (7.1.).

Vielleicht wirst du dich beim ersten Mal noch nicht ganz in den Fluss der Dinge hineinbegeben können.
Übe immer wieder. Versuche deine Fehler zu entdecken.
Finde den rechten Zeitpunkt für dich und deine Umwelt heraus.
Gib dich in den Fluss der Ereignisse, und du wirst erfolgreich sein.

Der Körper ist ein hohes Gut. Kümmere dich um ihn. Pflege ihn. Halte ihn innen und außen rein.
Das heißt, iss keine Speisen, die dich verunreinigen, wie Fleisch, Fisch, raffiniertes Mehl, Zucker und Ähnliches mehr.

Wiederhole den Namen des Herrn (27.2.), bete und meditiere regelmäßig. Halte deinen Körper äußerlich sauber, indem du ihn regelmäßig wäschst und ordentlich kleidest.

Was heute aber, besonders im Westen, zum Teil mit dem Körper getrieben wird, ist vielfach erschreckend. Da arbeiten Menschen mehrere Stunden täglich mit Maschinen und Gewichten, quälen sich und ihren Körper, nur um noch eine Rundung mehr zu haben oder zu behalten.
Oder sie betreiben Sportarten, die nachweislich schädlich sind, nur weil es „Mode“ ist und angeblich „Spaß“ macht.

Alles, was Spaß macht, deinem Körper aber schadet, ist Sucht und sollte als solche behandelt werden.

Bodybuilding, wie diese Praktiken heißen, von denen Ich oben sprach, bewirkt, dass die Muskeln an Umfang zunehmen.
Wird es zu viel betrieben, verspannt es den Körper. Die Energie fließt nicht mehr. Dein Körper ist dann nicht mehr ein wunderbares Werkzeug, mit dem du alles nur Erdenkliche machen kannst, sondern ein muskelbepackter Käfig, in dem du sitzt. Wozu brauchst du all die Muskeln? Bist du denn ein Zugtier?

Pflege deinen Körper. Mache auch Übungen und trainiere deinen Köper, um seine Lebendigkeit zu erhalten und zu unterstützen.

Sei aber versichert: Der beste Weg ist, zweimal eine halbe Stunde zu meditieren (25.7.), dich ausgewogen zu ernähren und regelmäßig, aber mäßig Sport zu treiben.

Halte die Mitte. Die Mitte schafft deshalb Segen, weil sie alles Extreme ausschließt.
Und alles Extreme auf Dauer deinem Körper, deiner Seele und deinem Geist schadet.

Tugend ist stets der beste Schutz.
Ohne Tugend gibt es auf Dauer kein Gelingen.

Meinst du, Beispiele für das Gegenteil zu kennen, so sei versichert, dass du dich durch den Schein blenden lässt.

Ich kenne das Herz der Menschen und die Konsequenzen, in die sie sich verstricken, und wiederhole deshalb: Ohne Tugend kein Gelingen.

Dies ist in der Ehe nicht anders.
Ohne Liebe, Treue, Ehrlichkeit, Fürsorge, Geduld und Opferbereitschaft gibt es auch hier kein Glück.

Streit ist in den heutigen Ehen sehr verbreitet.
Obwohl es Anleitungen dafür gibt, wie man angeblich richtig streitet, sage Ich dir: Streiten ist falsch.

Im Streit können so schnell derart tiefe Wunden geschlagen werden, dass man nicht bedenkenlos mit diesem Mittel der Auseinandersetzung umgehen sollte.

Natürlich müssen manche Menschen streiten. Ich weiß das.
Sie müssen aber wissen, dass dies kein Dauerzustand sein sollte, sondern ein Übergang zu einer liebevolleren Form der Auseinandersetzung.

Eine Ehe lebt von Klärungen. Ohne Klärung vermodert jede Beziehung.

Dein Ziel muss deshalb sein, klären zu können, ohne streiten zu müssen.

Dies ist der Weg der Liebe, der zum Frieden und damit zum wahren – weil dauerhaften – Erfolg führt.

Euer Leben ist so stark mit Aggressionen durchsetzt, dass ihr überhaupt nicht mehr darüber nachdenkt, welch gefährliche Gefühle Aggressionen sind.

Außerdem sind sie in den westlichen – und östlichen ! - Ländern beinahe genauso verbreitet wie die Luft zum Atmen.
Dies ist ein deutliches Zeichen dafür, wie tief eure Kultur, eure Moral und eure Ethik gesunken sind.

Ich mache für diese katastrophale Entwicklung besonders den Film, und hier vor allem das Fernsehen, verantwortlich.

Filmemacher wollen Geld machen. Und wie macht man am leichtesten Geld? Indem man die animalischen Tendenzen im Menschen anspricht. Deshalb wurden unwürdiges sexuelles Verhalten und furchtbare Aggressivität zum salonfähigen Thema deklariert beziehungsweise Schritt für Schritt dazu gemacht.

Diese negative Entwicklung wurde so geschickt vorangetrieben, dass kaum jemand merkte, wie sehr seine Seele verunreinigt wurde und welch immenser Gefahr er sich aussetzte.

Hast du große Aggressionen, arbeite daran, damit sie sich lösen und die Macht über dich verlieren.
Halte dir aber immer vor Augen, dass es dein Ziel sein muss, vollkommen ohne Aggressionen zu leben: In Frieden mit dir und deshalb mit deinen Mitmenschen und mit deiner Umwelt.

Sieh und ehre Gott in allem und allen, wiederhole Seinen Namen (27.2.), und du wirst spüren, wie sich dein Leben verändert. Wie Glück und Frieden in dich gelangen und du immer mehr die Einheit der Schöpfung erleben kannst.

Dies ist Frieden. Dies ist Gnade. Dies ist die Erfüllung deines Lebens, die du woanders lange genug umsonst gesucht hast.

Im Sommer, wenn es heiß ist, sehnst du dich nach einem kühlen Plätzchen und freust dich über jede Erfrischung.

Im Winter, wenn es kalt ist und Schnee und Eis die Landschaft bestimmen, denkst du an die Wärme des Sommers und vergisst, wie sehr du damals die Kühle des Winters herbeigesehnt hast.

Was Ich hier schildere, ist ein sehr wichtiger Spiegel deines Verhaltens.
Die Menschen sehnen sich besonders nach dem, was sie nicht haben, und schätzen gering, was sie besitzen.

Dieses Verhalten ist wie geschaffen, um erst unzufrieden und schließlich unglücklich zu sein.

Genieße jeden Tag. Sieh ihn und alles, was dir begegnet, als ein Wunder an. Betrachte alles, was geschieht, als extra für dich geschaffen.

Sei dankbar. Sei dankbar, glücklich und zufrieden – dies ist das Beste, was du für dich, für deine Umgebung und für die ganze Welt tun kannst.

Genieße es, wenn du schwitzt. Genieße es, wenn du frierst. Genieße es, wenn du allein bist. Genieße es, wenn du in Gesellschaft bist. Genieße es, wenn du Schwierigkeiten hast.

Denke immer, dass alles Gott ist. Dass Gott dir ständig begegnet.
Verstehst du? Gott begegnet dir!

Wie häufig muss Ich es wiederholen, bis du es endlich glaubst, siehst, spürst?

Sauberkeit ist Göttlichkeit.
Ordnung ist Segen.

Halte dich und deine Umgebung rein und ordentlich, dies ist entscheidend für deinen inneren und äußeren Erfolg.

Richte Tage in der Woche ein, an denen du dein Zuhause putzt und aufräumst. Das ist sehr wichtig.

Weißt du, dass Unordnung Energie frisst?

Eine unordentliche Schublade nimmt dir circa eine Viertelstunde Energie an einem Tag. Ein Schrank zwischen einer halben und einer Stunde.
Bei einer unordentlichen Wohnung oder gar einem Haus bleibt dir kaum, wenn überhaupt, noch Energie übrig.

Unordnung macht depressiv. Schmutz macht krank. Achte deshalb auf Ordnung und Sauberkeit. Denke an alle Tiere und Pflanzen um dich herum, wie viele von ihnen sauber oder gar duftend sind.

Halte dich auch innerlich rein.

Sowohl auf der Körperebene, indem du rein, sprich ausgewogen, isst und zum Beispiel an einem Tag in der Woche fastest.
Als auch auf der seelischen Ebene, indem du den Namen Gottes wiederholst (27.2.), betest und meditierst (25.7.).

Hältst du dich an diese inneren und äußeren Reinigungen, wirst du auf alle Aufputschmittel, wie Tee und Kaffee, leicht verzichten können, da du vor Energie überquillst.

Es gibt keine Misserfolge im Leben, sondern nur die Alternative, ob du aus deinen Erlebnissen hilfreiche Schlüsse ziehen kannst oder nicht.

Dein Verstand ist dein Schicksal. Der Verstand wertet. Der Verstand entscheidet zwischen gut und böse, hilfreich oder schädlich.

Richte ihn deshalb auf Gott aus, damit du den rechten Nutzen aus all dem ziehen kannst, was dir begegnet.

Mit Meinen Lehren und Meiner Liebe in deinem Herzen kann dir auf Erden nichts Schlimmes widerfahren.

Denn die Essenz von allem ist der Sinn, da alles einen Sinn hat.
Es gibt nichts Sinnloses auf Erden, geschweige denn, dass dir Sinnloses widerführe.

Glaubst du dagegen an den Zufall und an sinnlose Begebenheiten, zeigst du damit nur, wie wenig du bisher vom Leben verstanden hast.

Lass dich nicht davon beirren, dass manches anders verläuft, als du es dir vorstellst. Erstens ist dies zu deinem Besten, und zweitens ist es eine gute Gelegenheit für dich herauszufinden, welcher tiefere Sinn dahinter steht.

Anstatt an so viel Sinn- und Nutzloses zu denken, wie du es häufig tust, adle deinen Verstand: Denke an Gott und versuche, Ihn und Sein Wirken in allem zu entdecken, was mit dir, in dir und um dich herum geschieht.

Dann kann aus dem Banalsten das Allersinnvollste werden.

Du meditierst täglich (25.7.), du wiederholst den Namen des Herrn (27.2.) und hast trotzdem das Gefühl, dass sich in dir überhaupt nichts verändert. Glaubst *du* denn, *dass* sich etwas verändern kann?

Dazu eine kleine Geschichte: Es war einmal ein kleiner Junge, der liebte Turteltauben. Er bat seine Eltern so lange, bis sie ihm ein Paar schenkten.
Er war überglücklich. In jeder freien Minute saß er vor dem großen Käfig und betrachtete voller Freude seine Turteltauben.

Dann bauten sie ein Nest. Die Freude des kleinen Jungen kannte keine Grenzen mehr: Nun würden sie brüten, und bald hätte er noch mehr Tauben, die er beobachten und bewundern könnte, träumte er.
Jedes Mal, wenn er zum Käfig kam, sah er nach, ob bereits ein Ei im Nest lag.

Eines Tages lagen sogar zwei Eier darin. „Bald habe ich zwei wunderschöne Täubchen mehr", dachte er. „Und wenn die groß sind, dann werden sie auch brüten. Ich werde bald sechs, dann acht, zehn, zwölf – eine ganze Taubenschar haben, die in einer großen Voliere mit schönen Büschen glücklich leben wird", träumte er vor sich hin.

So vergingen die Tage.
Immer wieder sah er im Nest nach und überprüfte, was sich in der Zwischenzeit getan hatte.

Er bemerkte nicht, dass er so viel Unruhe stiftete, dass die Tauben nicht brüten konnten, und dass aus den Eiern niemals kleine Tauben schlüpfen würden, weil sie der Unruhe wegen nicht regelmäßig gewärmt wurden.

Ziehe eine Lehre aus der Geschichte von diesem kleinen Jungen, der es nicht besser wusste.
Habe Vertrauen, dass alles seinen Lauf nimmt.
Du musst nicht immer nachsehen, überprüfen, vergleichen.
Vertraue, dass das Göttliche, an das du angeschlossen bist, dich automatisch dahin führt, wohin du kommen sollst.

Vertraue, sei glücklich, und viele, viele wunderschöne Tauben werden *deinen* Himmel schmücken.

Der heutige Mensch hat unzählige Ängste.
Er fürchtet dies, und er befürchtet das.

Ängste sind ein Alarmsignal, das du ernst nehmen solltest.
Hast du Ängste, dann musst du dich fragen, was du falsch machst.

Wünsche erzeugen Ängste und Kummer.
Mäßige deine Wünsche, und deine Angst wird sich verringern.

Achte auf deine Ernährung. Wer Fleisch isst, entwickelt Ängste. Erstens nimmst du über das Fleisch die Ängste der Tiere auf. Zweitens entwickelst du durch das Essen von Fleisch aggressive Anteile in dir, was ebenfalls Ängste hervorruft – ob du es merkst oder nicht.

Du kannst der Tierwelt nicht so viel Leid antun und annehmen, selber unbehelligt leben zu können. Das Universum ist eine Einheit. Verhältst du dich falsch, fällt es unweigerlich auf dich zurück.

Liebe die Tiere, dann wirst du auch die Liebe zu dir selbst finden.

Die Liebe ist der Garant für Glück und ein tiefes Gefühl von Sicherheit. Die Liebe ist der beste Schutz gegen alle nur erdenklichen Ängste.

Deswegen ist Liebe das beste Mittel, innere Ruhe zu finden.

Du haderst häufig damit, dass es so viel Leiden in der Welt gibt. Du fragst dich immer wieder, wieso Ich die Welt so schuf, dass derart viel Leiden in ihr ist.

Du verstehst das Leiden falsch. Einerseits ist das Leiden notwendig, damit du wächst und innerlich ruhig und gelassen wirst.

Die Menschen betrachten das Glück, das sie in der Außenwelt finden, als ihren Freund. Und das ist gut so – auch wenn es zuweilen ein sehr unbeständiger Freund ist.

Andererseits macht dir das Leiden, das ihr so flieht, deutlich, dass es noch eine andere Welt gibt: Die Welt *in dir*, in der du Liebe und Mitgefühl findest.

Das Leiden ist so betrachtet ein Geschenk. Zudem öffnet es dein Herz und lehrt dich Demut, Achtung und Dankbarkeit.

Und noch etwas: Leiden entsteht immer dort, wo die Liebe nicht fließt. Wer leidet, hat etwas zu lernen. Der ganze Sinn des Lebens ist es, lieben zu lernen. Einen anderen Sinn hat das Leben nicht.

Liebe ist Leben, und Leben ist Liebe. Wer nicht liebt, lebt nicht.
Das Leiden ist die Hebamme, die euch ins Leben bringt.

Aber bedenke stets: Diese Sätze sollen dir helfen, dein Leiden zu verstehen, nicht aber andere ihres Leidens wegen zu verurteilen.

Denn verurteilen heißt, nicht zu lieben, sprich nicht zu leben.

Wo findest du Gott?

Die richtige Antwort ist: In deinem Herzen.

Aber was tun, wenn du Ihn dort nicht finden kannst?

Dann suche Ihn in deinem Partner.

Kannst du Ihn dort auch nicht finden, dann suche Ihn in deinen Kindern.

Kannst du Ihn hier auch nicht finden, gibt es für dich keine einfache Lösung.

Du bist dann nämlich krank und einer der vielen, die heute weder in ihrer Ehe noch mit ihren Kindern den Weg zur Erfüllung finden können.

Und glaube Mir, der Weg, den ihr heute häufig geht, nämlich den Partner zu verlassen und euch allein mit oder ohne Kinder durchzuschlagen, ist in den meisten Fällen die falsche Lösung sowohl für euch als auch für die Kinder.

Fliehe nur in der allergrößten Not von deinem Partner.
Versuche, wenn du irgend kannst, die Lektionen zu lernen, die er dir aufgibt.

Außerdem benötigen Kinder Vater und Mutter. Mit einem allein ist es so, als gingen sie einarmig und einbeinig durchs Leben.

Finde deine Kinder. Finde deinen Partner. Dann findest du dich.
Dann findest du Gott.

Der feinsinnige französische Mathematiker und Philosoph Pascal sprach von der „*logique du coeur*", von der Logik des Herzens.
Er hatte genau begriffen, worum es im Leben geht.

Alle Mathematik, alles analytische Durchdenken führt dich nirgendwohin, wenn du nicht mit deinem Herzen lebst.

Analysiere die Welt. Analysiere die Umstände um dich. Analysiere und prüfe auch Gott. Aber dann entscheide dich. Das heißt, gib das Denken insofern auf, als du der Logik des Herzens den *ersten* Rang in deinem Leben zuweist.

Ohne Liebe ist dein Leben eine Wüste.

Du kannst noch so genau aufzählen und analysieren, wie viele Millionen Sandkörner die Wüste haben mag, es bleibt eine Wüste, in der du verdursten wirst, wenn du auf keine Oase stößt.

Die Oase ist die Liebe.
Die Liebe schafft Leben. Die Liebe lässt wachsen. Die Liebe lässt blühen. Die Liebe nährt. Die Liebe erhält. Die Liebe lässt gedeihen.

Denke nicht über den Sand nach. Analysiere nicht an der Wüste herum. Auch der perfekt analysierte Sand gibt kein Wasser.

Sondern komm zur Oase und trinke.

Glück, Frohsinn und Zufriedenheit entspringen der Verbindung mit Gott. Dieser Satz beinhaltet weit reichende Bedeutungen, weswegen Ich ihn erläutern will.

Alles Glück, das ihr erfahrt, kommt von Gott, kommt vom Höchsten Selbst.

Das, was ihr immer wieder glaubt, dass nämlich die Welt euch Freude bereite, ist eine reine Täuschung.

Alle Empfindungen sind *in dir.*
Nichts Neues kommt hinein oder heraus. Was du erlebst, *aktiviert* nur Gefühle, die *bereits in dir sind.*

Du erlebst Freud und Leid, weil außen Erlebtes diese Gefühle in dir berührt. Deswegen sage Ich immer wieder, dass du deine Gefühle reinigen musst.

Hast du keine Trauer, keinen Schmerz, keinen Hass und keine Wut in dir, können sie auch nicht aktiviert werden.

Denke daran: Du bist Gott, du bist das Höchste Selbst.
Glück und Glückseligkeit gehören zu deinem Wesen.

Der Satz „Glück, Frohsinn und Zufriedenheit entspringen der Verbindung mit Gott" bedeutet deshalb auch, dass du peinlich genau darauf achten solltest, welchen Freuden du dich hingibst und mit welchen Freunden du deine Zeit teilst.

Gott ist nicht allein Glück, Frohsinn und Liebe.
Gott ist auch Ethik, weil Ethik dich vor Schaden bewahrt.

Halte dich deshalb an die Gottgewollte Ordnung.
Achte deinen Nächsten wie dich selbst. Liebe dich und deinen Nächsten gleichermaßen, und du wirst das Glück finden, das du immer suchtest.

Ein zartes, feines, strahlendes Licht. Die duftende Blüte deines Herzens.

Nichts schwächt dich so wie Unwissenheit.
Herzinfarkt, Krebs oder der Verlust eines Beines sind zusammen nicht so schrecklich wie die Unwissenheit.

Sie ist gefährlich wie ein hungriges Krokodil.
Kümmerst du dich nicht um sie und tust nicht alles, um sie aus deinem Leben zu verbannen, wird sie dich früher oder später auffressen.

Alles Leiden, alle Enttäuschung, alle Schmerzen musst du auf das Konto dieser schrecklichen Feindin verbuchen.

Kein äußerer Feind kann dir so gefährlich werden wie die Unwissenheit, der du – eben aus Unwissenheit! – auch noch Macht gibst.

Du gibst ihr Macht, indem du dir einredest, du seiest wissend, gar allwissend, mächtig und allen überlegen.

Mit Hilfe dieser Illusion treibt die Unwissenheit ihr schreckliches Spiel mit dir und bringt dich immer zu Fall.

Unwissenheit und Katastrophen gehören zusammen wie Wasser und Feuchtigkeit, Feuer und Wärme. Da gibt es kein Entrinnen.

Hüte dich vor Unwissenheit.
Bete um Wissen.
Wiederhole den Namen Gottes (27.2.) und meditiere (25.7.).
Verwechsle weltliches Wissen, wie zum Beispiel naturwissenschaftliche Kenntnisse, nicht mit dem Wissen, um das es hier geht.

Das Wissen, von dem Ich spreche, ist die Antwort auf die Frage, *wer du bist, woher du kommst, wohin du gehst.*

Hast du die Antworten auf diese Fragen gefunden und wirklich in deine Seele eingebunden, bist du frei.
Keine Unwissenheit kann dich mehr erreichen. Nie wieder.

Du hast dich für den spirituellen Weg entschieden und glaubst, nun ginge alles von selbst.

Dem ist überhaupt nicht so.

Als Erstes musst du in Kauf nehmen, dass der spirituelle Weg zunächst viel schwieriger als der weltliche ist.
Dafür aber im Verlauf immer einfacher wird.
Der weltliche Weg verläuft genau entgegengesetzt.
Am Anfang geht alles ganz einfach, um im Laufe der Zeit immer schwerer zu werden.

Ganz ungefährlich ist der spirituelle Weg aber nicht.
Es lauert dir hier eine große Gefahr auf, nämlich dein Ego.

Je mehr du voranschreitest, desto mehr fühlt sich dein Ego bedroht und lässt sich alles nur Erdenkliche einfallen, um den drohenden Machtverlust zu verhindern.

Je höher du dich entwickelst, desto größer wird diese Gefahr, mit der wirklich nicht zu scherzen ist und die selbst höchste Yogis zu Fall gebracht hat.

Suche dir deshalb einen Lehrer, von dem du weißt, dass er all die Klippen nicht nur kennt, sondern selbst erfolgreich gemeistert hat, und der dich deshalb leiten kann.

Oder bitte Gott Selbst um Führung. Er wird dich mit Sicherheit an die Hand nehmen und dich an allen Klippen vorbeiführen.

Er ist der allersicherste Führer, denn der Weg selbst muss auf Seine Weisung hören und dir helfen, Seine Gnade zu verwirklichen.

Wieso sollst du eigentlich positiv denken und dir keine Sorgen machen? Haben die Pessimisten nicht viel mehr Erfolg als die Optimisten? Es hat den Anschein, als sei es wirklich so.

Die Pessimisten haben nämlich immer Recht.
Misslingt etwas, können sie sich schon deshalb freuen, weil sie mit ihren negativen Prophezeiungen Recht behalten haben.
Geht etwas gut aus, freuen sie sich, *obwohl* sie das Scheitern prophezeit haben, weil sie trotz aller negativen Vorhersagen doch einen Vorteil davon haben.

Die Optimisten scheinen dagegen arme Tröpfe zu sein.
Geht es schief, haben sie sowohl den Kummer darüber zu tragen als auch die Tatsache zu verkraften, dass sie überzeugt davon waren, es würde klappen.
Mit anderen Worten: Sie tragen ein enormes Risiko.

So gesehen, muss man sich fragen, wieso es nicht viel, viel mehr Pessimisten gibt? Weil Pessimismus gegen das Leben ist.
Gott ist der absolute Optimist. Er behält immer Recht mit Seiner Aussage, dass alles zum Besten gedeihen wird.

Seit unendlich langer Zeit beobachtet Er die Entwicklung der Welt – und hat immer Recht: Ihre Entwicklung findet genau nach Seinem Plan statt.
Das bedeutet, dass der in dem unbewussten Kern aller Lebewesen eingebettete Göttliche Plan von Jahr zu Jahr, von Tag zu Tag, von Sekunde zu Sekunde mehr ent-wickelt wird. Sein Glanz wird dabei immer stärker.
Und der Erfolg der Optimisten wird ebenfalls immer größer. Oder anders ausgedrückt: Was soll schon schief gehen, wenn Gott Selbst Sich derart um die Welt bemüht, wenn Er sie wie Seinen Augapfel hegt und pflegt?

Es wird sich alles zum Besten wenden, dafür verbürgt Sich der Herr.
Lass deshalb deine Ängste fahren. Deine Stärke und dein Erfolg liegen in deinem Glauben und in deinem Vertrauen.
Stell dir vor, dass du deinen Tag mit Gott an deiner Seite verbringst.
Halte dich trotz der Wechselfälle, die typisch für das Leben sind, fest an Seiner Hand. Vertraue darauf, dass Er nur dein Bestes will, und du wirst Seinen Segen aus nächster Nähe erleben.

Langsam wird es dunkel. Ein Tag geht zu Ende. Jeden Tag geschieht dies.

Du solltest das Ende eines jeden Tages nochmals *bewusst* nutzen.
Frage dich, was du Neues erleben, was du lernen und erfahren konntest.

Hast du zum Beispiel heute nochmals etwas deutlicher feststellen können, was für ein Wunder dein Leben ist? Hast du gespürt, von wie viel Liebe du umgeben bist?
Glaube *nie, niemals* an das Schlechte.
Das Schlechte hat, auf Dauer gesehen, überhaupt keine Kraft.

Das Schlechte, das du erlebst, hat nur die Aufgabe, dass du merkst, was du noch zu lernen hast, um das Gute um dich sehen und würdigen zu können.

Das Schlechte ist der Maßstab dafür, wo du stehst und was du zu tun hast. Mehr Daseinsberechtigung hat das Schlechte nicht.

Erlebst du also viel Negatives, frage dich, was du zu lernen hast.

Und wie lernst du am besten? Indem du siehst, was du hast, und zufrieden bist!

Sieh das Licht um dich. Sieh die unendliche Liebe, in die du eingebettet bist.

Sieh dies jeden Tag mehr und mehr.
Und jeder Tag wird dir seinen Sinn offenbaren und dir zeigen, welch ein Geschenk er ist.

September

Viele von euch leben dahin, als sei nichts geschehen und als würde nichts geschehen.

Hörst du nicht das Knacken im Gebälk eurer kranken Lebensweise?

Ändere deine Sichtweise. Ändere dein Vokabular. Verändere deine Handlungsweise.

Große Veränderungen bahnen sich immer deutlicher an.

Es wird der Zeitpunkt kommen, wo es kein Zurück mehr geben wird.
Das wird der Augenblick sein, der in der Bibel als die Trennung von Spreu und Weizen beschrieben wird.

Ich werde diese Trennung durchführen.
Ich werde als der Richter über das gesamte Universum in Erscheinung treten.
Ich werde die ausmerzen, die die Göttliche Ordnung untergraben oder gar bekämpfen.

Die Unordnung wird ausgelöscht werden, und die neue Ordnung wird wie gleißendes Licht entstehen.

Verändere heute noch deinen Weg.
Wende dich dem Herrn zu, denn es gibt keinen anderen Weg.

Meine Aufgabe ist es, euch den Weg zu Gott zu weisen.
Dieser Weg ist der Weg der Liebe.
Er schließt deshalb alle Lebewesen mit ein.

Das jetzige Zeitalter ist von Gewalt bestimmt.
Es gibt heute viele Formen der Gewalt.
Kriege sind die offensichtlichste. Kampf, Raub, Mord, Vergewaltigung und Streit, Neid, Missgunst und vieles mehr sind an der Tagesordnung.
Es passt zu diesem Zeitalter, dass heute viel Fleisch gegessen wird.
Fleisch zu essen ist auch Gewalt.
Wer Fleisch isst, lässt schlachten. Ihn trifft das gleiche Karma wie den Metzger.

Es gibt aber auch noch verstecktere Formen der Gewalt, wie etwa die scheinbare Freundlichkeit, die tiefer liegende Aggressionen verbergen soll.
Scheinheiligkeit ist deshalb auch eine Form von Gewalt, sie soll nämlich anderen zeigen: „Schau, so weit bin ich ... und du bist da unten!“

Es gibt auch eine Gewalt, die sehr leicht den spirituellen Aspiranten in der heutigen Zeit befallen kann: Er richtet sich nur noch auf Gott aus und übersieht und übergeht alles und jeden, der um ihn ist.
Dies ist eine Verkehrung der Realität. Gott zu lieben und seinen Nächsten zu ignorieren ist etwa so, als stünde man vor einem König, sagte ihm mit den blumigsten Worten, wie sehr man ihn verehre, schlüge ihn aber gleichzeitig mit einem Stock.
Der König wird sich die Lobeshymne mit Sicherheit nicht lange anhören.

Achte deshalb darauf, wie andere auf dich reagieren.
Du sollst dich nicht von ihnen abhängig machen, sie aber auch nicht übergehen.
Halte die Mitte. Höre zu, ohne dich zu binden.
Sieh deinen Nächsten als deinen besten Spiegel, ohne seine Bestätigung zu suchen. Höre vielmehr Lobpreisungen und Schmähungen mit Gleichmut an.
Mache dich frei.
Bedenke aber stets, dass nur Liebe dich wirklich frei macht. Außer der Liebe gibt es nur den Schein.

Der Schein ist aber stets auf Bindung und Verwicklung aus.

In deinem Kulturkreis gibt es nicht den Begriff des Avatars – des in menschlicher Form erscheinenden Gottes –, da ihr ihn in früheren Zeiten nicht benötigt habt.
Menschen schaffen sich nur Begriffe von Dingen und Wesen, die existieren und mit denen sie zu tun haben.

Avatare haben von Geburt an 16 Eigenschaften: Allmacht, Allwissen, Allgegenwärtigkeit, sie können Karma verändern, über Leben und Tod entscheiden und die endgültige Befreiung von der Wiedergeburt gewähren.

Hohe Gelehrte und Weise überprüfen, ob jemand tatsächlich eine Gottesinkarnation ist oder sich nur als solche ausgibt.

Der Avatar oder – um es in deiner Sprache auszudrücken – Gott Selbst kommt auf die Erde, um die Welt vor drohender, sie vernichtender Gefahr zu retten.

Und Gott hat sich oft inkarniert – aus Liebe zu den Menschen beziehungsweise zur ganzen Welt.

Gott hält hier Sein Versprechen, das Er zu Beginn der Schöpfung gab: Er werde die Welt vor dem Zugriff des Bösen bewahren.

Gott hat immer Wort gehalten und wird es auch bis in die entfernteste Zukunft tun.

Warum erzähle Ich dir all dies am heutigen Tag?
Ich will dir damit sagen: Sei äußerlich tätig. Erfülle mit Liebe und Verantwortung deine Pflicht.

Lehne dich aber innerlich zurück: Warum solltest du dich sorgen, wenn Gott Selbst dir verspricht, dass Er dich immer beschützen und Selbst auf Erden kommen wird, um dich zu retten?

Nimm *bewusst* diese Worte auf, und lass dich von ihnen ganz mit Göttlicher Zuversicht anfüllen.

Spiritualität ist heute sehr verbreitet.
Darüber freue Ich Mich, da Spiritualität der einzig mögliche und gangbare Weg ist.

Was Mir aber nicht gefällt, sind viele Thesen, die überhaupt nicht zu diesem Weg gehören und einfach hineingemischt werden.
Anders ausgedrückt: Es wird in einer so wenig differenzierten Form über spirituelle Fragen gesprochen, dass Missverständnissen Tür und Tor geöffnet werden.

Ein Beispiel hierfür ist die Behauptung, ihr hättet euch euer Leben und dessen Bedingungen selber ausgesucht.
Dies ist falsch, denn nicht ihr sucht euer Leben aus, sondern Gott schenkt es euch eurem Karma gemäß.

Ein weiteres Missverständnis besteht in der Behauptung, es gäbe nichts Böses. Das Böse sei vielmehr nur vom eigenen Bewusstseinszustand abhängig.

Mit anderen Worten: Wärst du auf einem höheren Bewusstseinsniveau, würdest du das, was du heute als böse erlebst, nicht mehr als solches ansehen.
Diese Theorie geht zuweilen noch einen Schritt weiter. Sie behauptet dann, es gäbe im Grunde nichts Schlechtes. Alles seien nur notwendige Entwicklungsschritte.

Eine solche Behauptung muss genau differenziert werden, sonst ist sie sehr gefährlich.

Erstens gibt es natürlich auf der Ebene Gottes nichts Böses. Hier ist alles Licht, alles Gott, alles Eins.
Auf der Ebene Gottes gibt es aber auch keine Dualität.

Die Dualität von Ich und Du, Innen und Außen, Hell und Dunkel, Gut und Böse bestimmt aber die menschliche Welt.
Auf dieser Ebene gibt es natürlich das Böse.

Wobei du eines bedenken musst: Zwischen Gut und Böse entscheidet fast ausschließlich der *Vorsatz*.

So kann jemand zum Beispiel ein Schwein töten, um es von Schmerzen zu befreien. Ein anderer tut das Gleiche, aber nicht, um dem Schwein zu helfen, sondern allein deshalb, um es zu essen.
Einmal ist die Handlung gut, ein andermal schlecht.

Es gibt Menschen, die sehr böse Absichten haben und Schreckliches tun, wie zum Beispiel die Dämonen des 20. Jahrhunderts.

Die Aussage, dass – auf der Göttlichen Ebene – nur Gutes existiert, gibt dir aber auch einen wichtigen Hinweis: Achte auf deine Einstellung, prüfe deine Absichten, denn du wirst immer mit den Konsequenzen deines Handelns konfrontiert werden.
Du wirst nämlich so lange von dem Negativen gereinigt werden, bis du so licht, so hell bist, dass du für immer auf der Göttlichen Ebene bleiben kannst, wo es tatsächlich nur Gutes gibt.

Im Himmel gibt es aber deshalb nur Gutes, weil es Wächter gibt, die das Böse fern halten. Deshalb bleibt es an die Dualität gebunden.

Und hängst du deinerseits an der Dualität, bleiben das Gute und das Böse dein Reich – bis Gottes Segen dich befreit.

Ich möchte heute bereits über den Herbst sprechen. Nicht, um ihn „herbeizureden“, sondern um deinen Blick zu schulen.

Die feste Einteilung in verschiedene Jahreszeiten ist vom Gesichtspunkt der Wissenschaft her gesehen richtig, vom Leben her betrachtet wirkt sie häufig willkürlich.

Das Leben ist pulsierende Bewegung, die sich nicht in feste Regeln pressen lässt. In mancher Hinsicht hat zum Beispiel gerade das Lebewesen, das außerhalb der Norm liegt, weil es etwa besonders schön, stark oder klug ist, eine außergewöhnliche Entfaltungsmöglichkeit.

In diesem Monat beginnt der Herbst, und das bedeutet, die Natur in deinen Breitengraden bereitet sich auf ihre Ruhepause vor. Und wie tut sie es? Sie erblüht nochmals in einer vielfältigen Färbung.

Geh in dieser Zeit in die Natur und erfreue dich an ihrer Pracht und an all den Farben, die harmonisch zueinander passen.

Die Natur geht in ihre Ruhephase und blüht in Freude auf.

Nimm dir ein Beispiel an ihr.
Ziehe auch du dich in Freude vom saftigen „Sommerleben“ zurück und kehre dich nach innen.

Feiere deine Hinwendung zu deinem Herzen, zu deinem inneren Licht als ein großes Ereignis. Freue dich, dass du hier angelangt bist. Das heißt auch: Freue dich, wenn du älter wirst. Lass nicht etwa den Kopf hängen, sondern blühe auf.

All das lehrt dich die Natur. Gehe in die Natur, gehe zu ihr und durch sie zu dir und in dich.
Finde in dir dieses prächtige Farbenspiel, denn dann weißt du, dass du angekommen bist.

Der Grieche Protagoras stellte den „Homo-Mensura-Satz" auf, der besagt, dass der Mensch das Maß aller Dinge sei.
Dieser Satz hat in der Philosophie des Deutschen Idealismus und besonders im Marxismus seine Krönung gefunden.

Der Marxismus konnte aus vielerlei Gründen nicht funktionieren.
Erstens war Marx selbst kein besonders wissender und liebevoller Mensch – beides schlechte Voraussetzungen, um eine hilfreiche Idee ins Leben zu rufen.

Zweitens hatte Gott im Marxismus keinen Platz. Zudem wurde in allen Staaten, in denen diese Ideologie angeblich ausprobiert wurde, das Diktat der Gewalt mit Brutalität und größter Menschenverachtung durchgesetzt.

Der Satz „Der Mensch ist das Maß aller Dinge" ist deshalb falsch, weil nicht der Mensch, sondern Gott der Maßstab ist.

Ein Mensch, der sich ausschließlich als Mensch sieht, erkennt sich weder, noch findet er sich, sondern er verliert sich.
Der Marxismus lieferte genügend Beispiele dafür.

Denke dich als Gott, und du bist deinem Ziel sehr, sehr nahe.
Außerdem bist du dann gegen alle Verrücktheiten gefeit, die von gottlosen Menschen begangen werden.

Gott lässt es eben nicht zu, dass du an Ihn denkst und dich gleichzeitig nicht an Seine Ordnung hältst.

Mit dem Namen des Herrn (27.2.) auf den Lippen und Seinem Bild im Herzen löschst du nicht nur altes negatives Karma aus, sondern baust dir positives für die Zukunft auf.

Dies ist das wahre Maß.

Viele Hindus bitten den Gott Ganesha um Beistand, wenn sie etwas unternehmen, denn sie glauben, Er sorge für das Wohlgelingen der menschlichen Handlungen beziehungsweise Unternehmungen.

Ganesha hat den Körper eines Menschen und den Kopf eines Elefanten. Außerdem hat Er vier, manchmal sogar sechs Hände. In der einen hält Er einen Seiner Stoßzähne, in der zweiten ein Beil, in der dritten ein Seil, in der vierten eine Reisschale.

Was bedeutet all dies?
Der Elefantenkopf bietet die Erklärung. Mit dem Rüssel kann der Elefant Kleines wie Großes hochheben. Der Rüssel ist damit das Symbol für das Denken, mit dem du sowohl Kleinstes wie Größtes „bewegen", das heißt analysieren kannst.

Der abgebrochene Zahn symbolisiert die Überwindung der Dualität, zum Beispiel der von Welt und Gott.
Er macht uns damit auf die Wahrheit aufmerksam, dass alles eins ist.
Mit dem Beil zertrennt Gott die Bindungen, die dich an die Welt ketten.
Mit dem Seil bindet Er dich an Sich.
Die Schale Reis symbolisiert die vollkommene, reine Nahrung, die du auf allen Ebenen von Gott erhältst und die dich zu Gott führt.

Der Gott Ganesha besagt daher in Seiner Erscheinungsform: Trenne dich von deinen Bindungen. Halte dich an Gott und Seine Weisungen. Überwinde die Dualität von Du und Ich, von Dein und Mein. Komme durch die Nähe mit Gott zur Einheit, und dein Handeln wird erfolgreich sein, da dein Denken vom rechten Führer gelenkt wird.

Damit kommen wir zu einem weiteren Attribut von Ganesha: Häufig wird unter Ihm eine Maus dargestellt, die Er beherrscht.
Die Maus ist das Symbol für Wünsche, da Wünsche bekanntlich genauso schnell Junge bekommen wie die Mäuse.

Du wirst erfolgreich, wenn du deine Wünsche kontrollierst.
Reitest du auf deinen Wünschen und nicht sie auf dir, kannst du dir wie Ganesha einen dicken Bauch leisten – gefüllt mit Ruhe und Zufriedenheit.

Es stimmt, dass die so genannten Industrieländer ihre Macht ausnützen und für sich Reichtum, für die schwachen Länder aber Armut und Elend erwirtschaften – zum Beispiel durch Zölle, mit denen sie deren Produkte belegen, oder Subventionen, mit denen sie die eigenen Waren fördern.

Wenn zwei Menschen Probleme miteinander haben, trägt fast nie nur einer der Beteiligten alle Schuld, während der andere vollkommen unschuldig ist.

Indien zum Beispiel gehört zu den Ländern der so genannten Dritten Welt.
In vielem ist Indien ein Entwicklungsland beziehungsweise noch ein Kolonialstaat.

Die Engländer sind ebenfalls für die heutigen Schwierigkeiten mitverantwortlich.
Soll und Haben sind bei ihnen aber recht gut ausgeglichen: Sie haben viel genommen, aber auch viel gegeben.

Die Hauptverantwortung liegt bei den Indern selbst und ihren Führern.
Das Volk beziehungsweise seine geistigen, geistlichen und politischen Führer haben fast vollständig das Alte Wissen verloren oder verfälscht. Nur Brosamen blieben von dem wunderbaren Schatz der Veden übrig.
Dies ist der Grund für die Schwäche Indiens – und ist der Grund für die Schwäche eines jeden Landes.

Macht ist vergänglich. Über Jahrhunderte oder gar Jahrtausende, wie im Falle Indiens, überlebt nur der Geist, durch den Gottes Atem fließt.

Dieser Atem setzt sich aus Liebe, Rechtschaffenheit, Wahrheit, Frieden und Gewaltlosigkeit zusammen.
Alles andere ist leerer Schein, der niemals von Dauer ist.

Als Ich die Welt schuf, legte Ich zugleich einen Plan ihrer Entwicklung fest.

Der Mensch hat einen freien Willen.
Er kann deshalb, in einem bestimmten Rahmen, schalten und walten, wie er will.

Wegen des freien Willens muss Ich die Durchführung Meines Planes immer wieder ändern.
Ich muss ihn an die Gegebenheiten anpassen, die ihr schafft.

Das Ziel bleibt aber unverändert: Keine Seele geht je verloren.

Glaube fest daran, dass du gerettet wirst.
Meine Liebe zu dir ist unzerbrechlich.
Keine Macht der Welt kann Mich davon abhalten, dir zur Seite zu stehen.

Du bist gesegnet.

Von Anfang an.

Arbeite nie nur des Geldes wegen.
Wer nur des Geldes wegen arbeitet, verliert zunächst seine innere Ruhe, dann die Wahrheit und die Rechtschaffenheit und schließlich die Liebe und die Gewaltlosigkeit.

Selbst wenn du in der größten Not bist und unbedingt eine Arbeit annehmen musst, um deinen Lebensunterhalt zu sichern, nimm keine unmoralische Tätigkeit an und arbeite nicht allein des Geldes wegen.

Versuche immer, einen Sinn in deiner Arbeit zu sehen.
Suche einen Weg, sie gerne zu verrichten, denn sonst verlierst du dich.

Kannst du wählen, suche dir eine Tätigkeit, in der du etwas Gutes für die Gemeinschaft leisten kannst, in der du und *von der* du lebst.

Arbeite aber nicht nur in deinem Beruf, sondern auch an dir, damit du immer freudiger das tust, was du tun sollst.

Sieh nicht auf die Früchte deines Tuns.
Stelle dir vielmehr vor, dass Gott durch dich wirkt, dass du Sein Werk verrichtest, indem du Ihm und der Gemeinschaft, in der du lebst, dienst.

Reiche Ihm all dein Tun dar (7.1.) und bitte Ihn, dich zu führen und die Konsequenzen und die Früchte deines Handelns anzunehmen.

Danke am Ende deiner Arbeit Gott für Seine Führung und Seine Gnade.

Sei versichert: Reichst du so Gott deine Arbeit dar, wird Er sie segnen und dich mit Freude und Erfüllung beschenken.

Vieles ist in Wirklichkeit anders, als es dir erscheint.
Du glaubst zum Beispiel, manche Speisen täten dir gut. Tatsächlich aber schaden sie dir.

Du meinst, manche Art der Unterhaltung bereite dir Vergnügen und sei deshalb gut für dich. Ich dagegen weiß, dass sie dir schadet.

Ähnlich verhält es sich mit deinem Körper.
Du glaubst, ein schöner Körper sei ein Geschenk, ein weniger ansprechender dagegen eine Aufgabe, wenn nicht gar eine Auflage.
Ich meine genau das Gegenteil: Ein schöner Körper ist zumindest eine Aufgabe, in vielen Fällen sogar eine Auflage.
Ein nicht so schöner dagegen ein Geschenk.

Wieso Ich das behaupte? Weil Ich täglich sehe, wie viele Menschen sich durch ihren schönen Körper verstricken.
Schöne Menschen haben viel häufiger mit Arroganz, Kälte, Eigensinn und Egoismus zu kämpfen als weniger schöne oder gar hässliche.
Vor allem schöne Frauen, aber auch gut aussehende Männer sind viel häufiger Enttäuschungen ausgesetzt. Sie werden oft ihres Körpers, nicht aber ihrer Seele wegen gesehen. Dies lässt sie verkümmern, verbittern, hart werden.
Sie mögen einen noch so schönen Körper haben, ihre Seele ist aber ungenährt und dementsprechend verblüht.

Und was geschieht, wenn sie physisch altern?
Wenn das Wichtigste, was sie zu haben meinen, zu schwinden beginnt?
Häufig nagt dann die Verzweiflung an ihrer Seele.
Weniger schöne Menschen haben diesen Prozess durchgemacht, als sie noch mehr Kräfte zur Verfügung und mehr Lebenszeit vor sich hatten. Sie haben deshalb im Alter ein Kapital, auf das sie zurückgreifen können.

Denke an den Tod. Denke an die Vergänglichkeit deines Körpers und sei glücklich.
Sei so glücklich, als wenn du einem großen Unglück knapp entkommen wärst.
Sei glücklich, denn es ist wieder einmal gut gegangen.
Es war alles nur eine Täuschung.
Du stirbst nicht. Du bist nicht dein Körper.

Es gibt die Selbstverwirklichung, das heißt die Verwirklichung des Selbst, sprich des Göttlichen, in dir.

Und es gibt die Ego-Verwirklichung, die als Selbstverwirklichung verkauft wird.
Diese falsche Selbstverwirklichung ist in aller Munde.

Und was ist das Ergebnis? Die Beziehungen sind zerstört.
Die Familien zerrüttet. Die Gesellschaft steht am Abgrund.

Gute Geschäftemacher predigen aber weiterhin die so genannte Selbstverwirklichung, weil sie genau wissen, wo sie ihre Mitmenschen packen können: An ihrer Faulheit und an ihrer Neigung, sich von allem, was spannend und prickelnd ist, anziehen zu lassen.

Hüte dich vor einfachen Lösungen. Hüte dich besonders, wenn du dafür auch noch viel Geld zahlen musst. Sie sind alle billig, obwohl sie eine Menge kosten.

Das Leben ist nicht billig. Du hast dir dein heutiges Leben mit vielen, vielen Geburten und Toden erworben. Allein, das menschliche Leben ist sehr schwer zu erlangen und schon deshalb ein besonders hohes Gut.

Bleibe nicht dadurch in deiner Entwicklung stehen, dass du dich den Prüfungen entziehst, die dir weiterhelfen sollen.
Suche nicht eine Lösung in der Flucht, sondern überlege dir, was du an dir ändern kannst.

Möchtest du dich wirklich selbstverwirklichen? Dann frage dich, *ob* du etwas geben möchtest beziehungsweise *wie viel*.
Und prüfe dich, ob du tatsächlich so viel gibst, wie du denkst.

Wenn du all dies mit einem Ja beantworten kannst, frage dich, *was* es ist, das du geben willst.

Diese sind die besten Antworten auf die Frage nach der wahren Selbstverwirklichung.

Das Leben besteht aus Wechselfällen.
Auf Leid folgt Freude, auf Freude Leid.

Freue dich deshalb, wenn du dich um etwas mühen musst. Die Freude, die du erntest, wenn du es vollbracht hast, wird groß sein.

Was du leicht bekommst, wird schnell vergehen.
Was du dir mühsam erkämpfst, wird dich lange erfreuen.

Durchhaltevermögen ist deshalb die entscheidende Tugend, an die sich jeder halten sollte, der große Freude sucht.

Glück ist einerseits ein Geschenk von Mir an dich.
Auf der anderen Seite ist es *immer* von dir erworben.

Denke stets daran, wenn du dich abmühst, dass die Welt vollkommen gerecht ist.
Keiner bekommt irgendetwas, das er sich nicht verdient hätte – in diesem oder in einem früheren Leben.

Das Universum ist Materie gewordene Gerechtigkeit.
Deshalb kann es gar nicht anders sein.

Eine so genannte „Judasziege" wird von Hirten als Anführerin einer Herde eingesetzt, damit sie diese in den Schlachthof führt. Dort bleibt die Herde. Die Judasziege kommt dagegen frei, wird belohnt und kann die nächste Herde in den Tod führen.

Eines Tages wird sie aber alt. Und was geschieht dann? Sie wird damit belohnt, dass auch sie geschlachtet wird und eine jüngere Ziege ihren Platz einnimmt.

Was soll dir dieses Beispiel sagen? Hüte dich vor schlechter Gesellschaft. Sie kann dir noch so viel versprechen. Du magst noch so viele *sichtbare* Vorteile haben. Eines Tages wirst mit Sicherheit auch du betrogen.

Wer andere betrügt, wird irgendwann auch dich betrügen.

Betrügen, ebenso wie Lügen, wird nämlich schnell zur Gewohnheit, die gar nicht mehr wahrgenommen wird.

Traue deshalb niemandem, der anderen schadet – seien die Opfer Menschen oder Tiere.

Setze all deine Anstrengung ein, um bei und mit guten Menschen zu sein.
Bleibe lieber allein als in schlechter Gesellschaft.

Es mag anfangs noch so schwer sein. Am Ende zahlt sich die Gemeinschaft mit den Guten aber immer aus.

Denn dein Ziel ist das Absolute Gute.

Es war einmal eine Frau, die hatte einen schrecklichen Mann, der sich nicht um die Familie kümmerte, sie und die Kinder schlug, einen Großteil seiner Einkünfte vertrank und seine Freizeit in schlechter Gesellschaft verbrachte.
Die Frau dagegen war sehr gläubig. Sie betete viel und tat zudem alles, was sie konnte, damit ihre Kinder so weit wie nur irgend möglich in einem ordentlichen und sicheren Zuhause aufwuchsen.
Die Freunde dieser Frau rieten ihr aber, sie solle sich von ihrem Mann trennen. Sie meinten, ein Ende mit Schrecken sei immer noch besser als ein Schrecken ohne Ende.

„Nein", antwortete die Frau, „er ist mein Mann. Gott hat ihn mir anvertraut. Er wird wissen, warum. Vielleicht war ich im letzten Leben ein Mann und habe ihn so behandelt wie er heute mich.
Ich sehe mein Leben als einen Lernprozess. Wenn Gott zulässt, dass mein Mann mich schlägt, wird Er schon wissen, warum. Ich werde weiterhin meine Aufgabe erfüllen, werde beten und geduldig warten."
So geschah es auch, und sie schwankte nicht in ihrem Glauben, dass Gott ihr helfen würde, wenn die Zeit reif sei.

Eines Tages kam der Mann wieder einmal betrunken aus einem Lokal, lief auf die Straße und wurde von einem Auto angefahren.
Schwer verletzt kam er ins Krankenhaus und musste, eingegipst und dick verbunden, wochenlang liegen. Die Frau kam ihn jeden Tag besuchen, fragte ihn nach seinen Wünschen und half, wo sie konnte.
Der Mann litt sehr. Damit verwirklichte sich Gottes Gnade, denn der Mann konnte von Tag zu Tag mehr sehen, welch eine wunderbare Frau er hatte und mit welcher Liebe sie ihn bedachte.
Sein Herz öffnete sich, und unter Tränen der Liebe und Rührung bat er sie um Vergebung und versprach, sein Leben grundlegend zu ändern.
Er genas und hielt sein Versprechen.

Noch etwas zum Schluss: Du denkst, dies sei ein Märchen. Du täuschst dich. Es ist von Mir geschaffene, beobachtete, gehörte und weitergegebene Realität. Vertraue auf Meine Gnade, baue auf Geduld, bete um das, was du erreichen möchtest, und Ich werde alles tun, um es zu verwirklichen.
Kein Märchen, sondern *deine* Realität.

Denke stets daran, dass alles, was du siehst, hörst und empfindest, wie Nahrung ist.

Es geht in dich ein und beeinflusst dich.

Achte deshalb sorgsamst auf alles, was in dich gelangt.

Höre niemandem zu, der schlecht über andere redet.
Du hast sonst Teil an seinem negativen Karma.

Pflege keine Gemeinschaft mit denen, die Gott lästern oder die keine Achtung Heiligen beziehungsweise spirituellen Lehrern gegenüber haben.

Bist beziehungsweise bleibst du mit ihnen zusammen, so wird sich dein Schicksal mit dem ihrigen verbinden, und du wirst Schaden nehmen.

Hüte dich vor schlechten Filmen und besonders vor denen, die Aggressionen, Brutalität, verantwortungslose Sexualität und Amoralität verbreiten.

Was du siehst und hörst, kann jahrelang in dir bleiben und dich beeinflussen.

Deshalb: Sieh Gutes, höre Gutes, iss Gutes, beschäftige dein Denken mit guten Gedanken, und dein Leben wird in einer Form aufblühen, wie du es nie für möglich gehalten hättest.

Es gibt heute viele Menschen, die große Ängste und starke Selbstzweifel haben.
Dies hat mit diesem Zeitalter zu tun.

Andere Zeitalter kannten diese Schwierigkeiten nicht.

Die Heilung für diese Probleme besteht, wie bei fast allem, in Verständnis und Liebe.

Nimmst du jemanden mit seinen Ängsten und seinen Selbstzweifeln mit deinem Herzen an, so kann er sich öffnen, und das bewirkt bereits eine große Veränderung.

Liebe ist entscheidend im Leben.
Nicht weniger wichtig ist allerdings auch die Erkenntnis dessen, *was* sich hinter einem Symptom verbirgt. Denn Erkenntnis bewirkt Wachstum.
Und um Wachstum dreht sich alles in der Welt.

Bei Ängsten und Selbstzweifeln muss deshalb erkannt werden, dass sich dahinter ein Mangel an Vertrauen verbirgt.

Den meisten Menschen, die Angst haben, mangelt es an Vertrauen in Gott.
Deshalb sind sie versucht, alles selber zu machen, was jedoch eher das Ego aufbläht, als dass es Vertrauen entstehen lässt.

Natürlich sind Selbstständigkeit und die Bereitschaft, Verantwortung für das eigene Leben zu übernehmen, sehr positiv. Wenn jemand dadurch aber nicht glücklicher oder zumindest zuversichtlicher wird, sondern weiterhin von seinen Ängsten bestimmt wird, dann ist die Ausrichtung falsch.

Warum? Weil nur das Wissen, dass Gott *an* und *auf* deiner Seite ist, dich dauerhaft von allen Ängsten befreien kann.

Nur dann hatten alle Ängste einen Sinn: Dich am Ende zu DIR zu führen!

Ihr glaubt, dass Essen, Trinken und Sexualität große Güter darstellen. Was unternehmt ihr nicht alles, um eure Begierde nach diesen Gütern zu befriedigen? Und wie viel negatives Karma ladet ihr euch damit auf!

Wer sagt euch eigentlich, dass die Befriedigung dieser Triebe erstrebenswert ist? Dass sie euch großes Glück verschafft?

Wer sagt euch das? Warum glaubt ihr so fest daran?
Wieso überprüft ihr nicht einmal eure Erlebnisse auf diesem Gebiet und setzt sie in Verhältnis zu den Erwartungen, die ihr an das Glück stellt?

Und seid ihr mit dem Ergebnis zufrieden, so frage Ich euch: Woher wisst ihr, dass dies wirklich das Glück ist, das ihr sucht?

Ich sage euch: Das Glück, das ihr über die Befriedigung der Triebe erlangt, ist nur ein Abklatsch des Glücks, das ihr im Jenseits kennen gelernt habt und nun mit allen Mitteln sucht.

Deshalb bedenke einmal Folgendes: Über die Befriedigung deiner Triebe drehst du dich nur im Kreise. Du bist damit vollständig in die Außenwelt, in die Illusion verstrickt. Das ist alles.

Das wahre Glück ist in dir, und das bin Ich.

Kannst du dies nicht glauben, so sei versichert, dass du dich noch im Kreise drehst und dass Meine Aufgabe darin besteht, dir dies mit all Meiner Liebe zu zeigen.

Dies ist meine Aufgabe von Anfang an!

Der Anfang von allem ist entscheidend. Mit dem Anfang stellst du die Weichen für das Ganze.

Die alten Griechen sagten: „Wer den Anfang hat, hat die Hälfte.“
Achte deshalb auf den Anfang, denn es geht um das Ganze.

Der Anfang einer Beziehung ist entscheidend.
Lass dich nicht von vorschnellen Gefühlen und Entschlüssen bestimmen und hinreißen, die Konsequenzen können dich über mehrere Leben hinweg begleiten.

Lernst du einen Menschen kennen, zu dem du dich hingezogen fühlst, lasse dir Zeit – viel Zeit.

Ziehe dich zum Gebet zurück und bitte den Herrn, dich zu leiten, zu beschützen und das Richtige tun zu lassen.

Er allein kennt deinen Lebensweg, Er kennt die Sehnsucht deines Herzens. Er allein kann dich vor Fehlern bewahren.

Meditiere, suche die Stille, und du wirst in dir Seine Stimme finden, die dich leitet.

Deshalb sollten bereits Kinder in Kontakt mit der Inneren Stimme kommen, damit sie bei einer solch wichtigen Entscheidung wie einer Ehe die richtige Führung finden.

Beten ist mit das Wichtigste, damit du dein Verweilen auf Erden zu deinen Gunsten nutzen kannst.

Dabei geht es beim Beten nicht *primär* darum, dass du durch dein Bitten etwas erhältst, sondern dass du eine immer stärkere Beziehung zu Gott aufbaust.

Alle weltlichen Geschenke, die du durch das Beten erhältst, sind nichts anderes als Köder, als Bonbons, damit du in Kontakt mit der Kraft des Betens kommst.

Dieser Kontakt gliedert sich in fünf Stufen:

Zunächst betet der Mensch überhaupt nicht.

Dann betet er in Notfällen.

Drittens betet er mehr und mehr für sich und andere, wenn es seinen Interessen entspricht.

Als viertes betet er auch dann für andere, wenn er sich keinen Vorteil davon verspricht.

Und schließlich betet er nur noch für andere.

Der nächste Schritt, der sich hier anschließt, kann nicht mehr zu den genannten fünf gezählt werden, denn hier betet jemand nicht mehr, sondern kann kraft seiner Vollkommenheit *direkt* entscheiden und wirken.

Bete, bete, bete. Dies ist die beste Übung, um die schönsten Tugenden zu üben und dauerhafte Nähe zu Gott zu erlangen.

Alles hat seine Zeit. Auch die Sexualität.

Hast du dir einmal darüber Gedanken gemacht, warum die Sexualität in vielen Beziehungen mit der Zeit abnimmt?

Weil sie abnehmen soll!

Dies wollt ihr aber in diesem Zeitalter natürlich nicht wahrhaben, in dem sich viele von ihrem langjährigen Partner trennen, um mit einem anderen ihre Sexualität neu zu erleben.

Dies ist eine Sünde dem verlassenen Partner und sich selbst gegenüber.

Und was sind Sünden? Dummheiten, die aus Unwissenheit erwachsen.

Dass die Sexualität mit der Zeit abnimmt, ist ein Geschenk Gottes an den Menschen. Es soll ihm helfen, mehr und mehr den Körper loszulassen und sich damit auf den Tod vorzubereiten.

Je mehr du im Alter deine Sexualität lebst, desto mehr bindest du dich an den Körper, und desto schwerer wird es dir fallen, ihn zu verlassen.
Deshalb besteht die spirituelle Regel darin, ab sechzig oder fünfundsechzig – mit dem Einverständnis des Partners – nur noch in einer so genannten Platonischen Beziehung zu leben.

Verbunden mit der Wiederholung des Namens des Herrn (27.2.) ist dies die beste Methode, dich allmählich vom Körper zu lösen und dich mehr und mehr Gott anzugleichen.

Ich betone immer wieder, du sollst nicht so viele Wünsche haben. Wünsche sind nicht günstig für dich, weil sie dich an diese Welt und damit an Tod und Wiedergeburt binden.

Die Regel ist: Je mehr Wünsche, desto mehr Bindungen.

Deine Frage ist jetzt: Wie sollst du mit den Wünschen umgehen, die du nun einmal hast?
Die Antwort lautet: Sieh sie dir genau an.
Überlege dir bei jedem Wunsch, ob seine Erfüllung wirklich wichtig ist.

Bist du im Kontakt mit deiner inneren Stimme, frage sie, ob sie es gut findet oder nicht, wenn du dir diesen oder jenen Wunsch erfüllst.

Tue dies bei jedem Wunsch. Dies wird dir mit Sicherheit helfen.

Hörst du deine Stimme nicht oder zumindest nicht so klar, dass du dich darauf verlassen kannst, bitte Gott um Führung.

Setze dich an einen stillen Ort und finde Ruhe.
Wiederhole den Namen Gottes, und warte auf eine Antwort.
Innerhalb von zwanzig Minuten wirst du sie bekommen.

Denke immer: Du bist nicht allein.
Vertraue darauf, dass Ich dir helfen werde.

Allein dieses Wissen befreit dich von Druck.
Dadurch wirst du gefestigter, und die Außenwelt kann dich nicht so beeinflussen.
Das wirkt sich wiederum günstig auf deine Ruhe und damit auf das Abnehmen deiner Wünsche aus.
Denn Wünsche und innere Ruhe passen nicht zusammen.
Wünsche wollen erfüllt werden. Dies schafft Unruhe.

Lass dich nicht drängen.
Suche inneren Frieden, nimm Kontakt zu Mir auf, und das Problem mit deinen Wünschen wird sich immer mehr zu *deinen* Gunsten gestalten.

Das Leben hat sich langsam entwickelt.
Über lange Zeit und viele, viele Leben bist du herangewachsen. Gottes Liebe hat darüber gewacht, dass du nicht verloren gingst. Gottes Geduld hat dir deinen Raum geschaffen.

Wie heißt es so treffend? „Gut Ding will Weile haben!"
Dies ist ein kosmisches Gesetz.
Was Wert haben soll, muss langsam, manchmal mühselig heranreifen.

Nur Gott kann mit einer Handbewegung schaffen und auflösen.
Du musst Gott erst einmal erreichen, um ähnlich schnell dein Leben meistern zu können.
Bis dahin ist Geduld deine Lehrmeisterin, Zeit dein Werkzeug.

Sei deshalb vorsichtig, wenn irgendjemand oder irgendetwas dir eine schnelle Lösung verspricht.
Es gibt keine schnellen Lösungen.
Alles hat seine Zeit. Was du hier einsparst, musst du woanders aufwenden.

Bedenke stets, dass Geduld die Essenz deines Handelns sein sollte.
Geduld ist fast der gesamte Erfolg eines Lebens.
Geduld und das Wissen, *wann* beziehungsweise *wie* du handeln sollst, machen deinen Erfolg, machen rechtes Handeln aus.

Schnelle Lösungen wollen die Geduld umgehen – umgehen sie damit nicht den gesamten Erfolg?
Lasse dir deshalb Zeit für deine Entscheidungen.
Drängt dich jemand, werde misstrauisch.
Wer weiß, ob er nicht eher *seinen* als deinen Erfolg vor Augen hat?

Vorsicht und Geduld zu beweisen bedeutet aber nicht, untätig zu werden.
Ganz im Gegenteil.
Es bedeutet *zunächst,* viel innerlich und wenig äußerlich zu handeln.
Und *nach der Entscheidung* viel äußerlich *und* innerlich tätig zu sein.

Das heißt: Äußerlich zu handeln und trotzdem mit dem Inneren in Kontakt zu bleiben, denn der Erfolg entsteht durch Geduld und inneren Frieden.

Es gibt Phasen im Leben eines jeden, da glaubst du, du seiest vom Unglück regelrecht verfolgt: Was du auch beginnst, alles scheint schief zu gehen. Glaube Mir, für denjenigen, der sich auf dem spirituellen Weg befindet, kann es im Endeffekt kein Scheitern geben.

Es klingt übertrieben und unrealistisch, was Ich hier sage.
Es ist aber die schlichte Wahrheit.

Ich richte alles für dich so ein, dass dein Weg ohne Hindernisse verläuft.

Hier liegt aber der entscheidende Schlüssel für das Verstehen dessen, was Ich meine: *Ich spreche von deiner spirituellen Entwicklung, du dagegen meinst deinen weltlichen Erfolg.*

Dein weltlicher Weg kann nicht geradlinig verlaufen.
Es gibt immer irgendwelche Einbrüche, Unvorhersehbares, Überraschungen.

Und das ist gut so, denn das Auf und Ab bringt dich immer wieder in Kontakt mit deinem Inneren.

Ein spiritueller Weg kann aber geradlinig verlaufen.

Du fragst, wie das zu erreichen sei?

Indem du *erkennst*, was dir in der Welt geschieht; die Lehren, die dir hier nahe gebracht werden, verstehst, umsetzt und denselben Fehler nicht wiederholst.

Verhältst du dich so, wird dein Leben ein Fest sein, bei dem jedes neue Ereignis einen neuen Höhepunkt darstellt.

Du glaubst das nicht?
Das ist dein gutes Recht, aber kein Argument dagegen, es einmal auszuprobieren!

Lebe im Jetzt. Konzentriere dich auf die Gegenwart, denn nur sie IST. Alles andere ist dagegen nicht: Die Vergangenheit nicht, weil sie nicht mehr ist. Und die Zukunft nicht, weil sie noch nicht ist.

Der Mensch verschwendet sein Leben, weil er nicht in der Gegenwart lebt. Er hängt an der Vergangenheit und möchte sie ständig in die Gegenwart hineinnehmen.
Du kannst aber nichts leben, was nicht mehr ist. So wie du nicht in einem Haus überwintern kannst, das nicht mehr steht.

Siehst du, deshalb ist das Leben in der Vergangenheit so gefährlich: Du sitzt – um im Beispiel zu bleiben – auf dem blanken Boden und meinst, in deinem früheren Haus zu sein. So verständlich dieser Wunsch sein mag, weil dir dein Haus vielleicht viel bedeutet hat, so hindert dich das Leben in der Vergangenheit daran, jetzt zu sehen, dass du kein Haus hast und dass du eins bauen musst, wenn du den Winter gut überstehen willst.

Ebenso verhält es sich mit der Zukunft: Es nützt nichts, wenn du träumt, du hättest das Haus bereits, das noch nicht gebaut ist. Du musst planen, du musst jetzt gestalten, du musst die realistischen Möglichkeiten und Notwendigkeiten sehen und berücksichtigen.

Träume sind gut – sofern sie dich motivieren, die Gegenwart zu gestalten.

Denn die Gegenwart, das Jetzt, ist dein höchstes Gut, das nie wieder kommen wird.
Achte die Gegenwart über alles, denn in ihr allein kannst du Gott finden.
Natürlich ist Gott alles. So auch die Vergangenheit und die Zukunft.

Finden kannst du Ihn aber allein in der Gegenwart. Denn sie allein ist.
Und Gott ist das absolute IST, das allumfassende Sein.

Die unendliche Kraft der Gegenwart.

Man spricht bei euch viel von Gesundheitswesen beziehungsweise gesundheitlicher Versorgung.

Ehrlich gesagt, sehe Ich da nicht viel Gesundheit. Euer Gesundheitswesen und die dahinter stehende Philosophie sind selber krank.

Dies wird besonders an den Ärzten deutlich. Es gibt nicht wenige Ärzte, die sich mit Herz und Verstand für ihre Patienten einsetzen und wirklich ihr Bestes geben.
Viele Ärzte aber benehmen sich so, als wären sie eine Mischung aus Bankdirektor und Metzger. Es geht ihnen primär um Geld, Ansehen und darum, genug Zeit für ihre Hobbys oder ihre Karriere zu haben.
An letzter Stelle dieser Aufzählung stehen erst die Patienten.

Von Opfergeist, von Dienst am Nächsten, geschweige denn von Liebe ist bei diesen Ärzten kaum die Rede.
Wie schrecklich, dass diese Menschen das Sagen haben!
Und kein Wunder, dass sie nicht in „Gesundheits"-Häusern, sondern „Kranken"-Häusern tätig sind.

Was in fast allen Ländern fehlt, ist Liebe.
Zudem ist die Vorstellung weit verbreitet, man könne Liebe durch Leistung ersetzen.
Dies ist ebenso abwegig, als wolle man einen Toten dadurch wieder zum Leben erwecken, dass man ihm gut zuredet!
Anstatt Liebe durch Leistung ersetzen zu wollen, sollten die Ärzte vielmehr lernen, dass Krankheit einen Mangel an Liebe darstellt. Die Liebe wiederum aber nicht hoch professionelles Wissen und Können ersetzen kann!

Kranke Menschen brauchen Liebe, Verständnis und Zu-Wendung.

Nur wenn sie dies begreifen, werden Ärzte ihren Patienten wirklich helfen können.
Darüber hinaus müssen sie einsehen, dass Liebe durch technisches Wissen zu ersetzen nicht anders ist, als baute man für ein Auto ein phantastisches Getriebe, vergäße aber den Motor.

⇨

Ohne Liebe und ohne Anbindung an Gott wird es keine Heilung geben. Mögen die technischen Mittel noch so ausgeklügelt sein.

Dein Weg als Arzt sollte deshalb vom *good doctor* zum *God doctor* – vom guten Arzt zum Göttlichen Arzt gehen.
Dann bist du ein Segen für dich und deine Patienten.

Heute ist der 27.9. Zwei plus sieben ergibt neun. Neun plus neun ergibt achtzehn. Eins plus acht ergibt als Quersumme neun.

Das Datum des heutigen Tages ergibt damit in der Summe zweimal die Göttliche Zahl neun.

Die Zahl neun symbolisiert das Göttliche, weil sie, auch wenn sie unzählige Male multipliziert wird, als Quersumme stets neun ergibt (9 x 8 = 72, 7 + 2 = 9 et cetera).

Ich möchte dich an diesem Tag auf etwas Entscheidendes aufmerksam machen: Viele denken, die Erde stünde kurz vor einer großen Katastrophe. An allen Ecken und Enden steht es sehr schlecht um sie, nehmen sie an und glauben deshalb, bald käme alle Hilfe zu spät.

Die Welt steht an einem entscheidenden Punkt. Dies ist richtig.
Die Welt ist aber andererseits noch nie mit so viel Segen bedacht worden wie zur Zeit. Es sind so viele wunderbare Seelen auf Erden, die nichts anderes als Positives für die Welt, für die Menschen und für das Erhöhen des Bewusstseins tun.
Die Welt ist damit wirklich beschenkt!

Es gab noch nie eine Zeit, in der ein solches Heer an Himmlischen Kräften für die gesamte Menschheit beziehungsweise alle Lebewesen wirkte.

Du lebst damit in einer einzigartigen Zeit.

Dir ist eine wunderbare Chance geboten, die in dieser Form nie wieder kommen mag.

Nütze diese Gelegenheit.
Befolge die Lehren der Heiligen. Zweifle nicht daran, dass Ich dir helfen werde.

Befolge, was Ich sage. Nütze die enorme spirituelle Kraft, die zur Zeit auf Erden ist, und du kannst erreichen, was du niemals für möglich gehalten hast.

Es gibt nichts, was dich bekümmern sollte.

Das Goldene Zeitalter liegt nicht nur im übertragenen Sinne, sondern wortwörtlich vor deinen Füßen.

Die Zeit von Kampf, Hass, Neid und allen anderen Ausgeburten eines wild wuchernden Egoismus geht zu Ende und macht weltweit Frieden, Liebe und Opferbereitschaft Platz.

Genau besehen liegt das Neue Zeitalter nicht vor deinen Füßen, sondern schlummert in deinem Herzen und wartet darauf, von dir gelebt zu werden.

Du bist das Neue Zeitalter. Du bist die große Chance der Welt.

Unterschätze dich nicht.
Eine der negativsten Wirkungen des Ego besteht darin, dass es zu einer falschen Selbst-Einschätzung führt, der stets mehr oder weniger starke Minderwertigkeitsgefühle zugrunde liegen.

Finde dich. Finde deinen Wert, indem du dich erkennst.

Das Goldene Zeitalter besteht nicht primär darin, dass sich die Bedingungen *in* der Welt, sondern dass sich die Menschen verändern.

Du bist das Goldene Zeitalter.
Du stellst die Zukunft dar, die du suchst und die Ich sehe und liebe.

Der Göttliche Sokrates hat in wunderbar einfacher und gleichzeitig umfassender Weise die Ethik definiert und begründet.

Er sagte lapidar: „Wer das Gute kennt, tut es auch!"

Dieser Satz klingt im ersten Moment vollkommen einleuchtend. Um dann, bei genauerem Hinsehen, falsch zu erscheinen (warum treibt zum Beispiel jemand nicht Sport, wenn er doch weiß, dass es gesund ist?), und dann sich schließlich doch als große Weisheit zu erweisen.
Mit anderen Worten: Der Satz verhält sich so, wie es für tiefe Erkenntnisse typisch ist: Du musst sie wie eine gute Speise lange auf der Zunge zergehen lassen, um in ihren vollen Genuss zu kommen.

Sokrates benannte mit seinem großen Satz sowohl eine irdische als auch eine himmlische Wahrheit.

Die gesamte Evolution entstand, damit Seelen vom *nicht-bewussten* zum *bewussten* Handeln gelangen können.

Erzengel zum Beispiel handeln immer konform mit den Göttlichen Gesetzen. Sie können gar nicht anders. Außerdem ist es ihnen nicht bewusst.
So ist es auch mit den Seelen, die auf die Erde kommen. Sie beginnen ihre Reise auf der Erde sehr unbewusst, um dann von Leben zu Leben mehr Bewusstsein zu erlangen.

Diese Seelen *kannten*, genau wie die Erzengel, das Gute eben nicht, sondern taten es automatisch.
Es war ihnen in seiner Bedeutung nicht *bewusst*– ein Umstand, dem auch die Bibel in dem Bild von Adam und Eva mit dem Apfel Rechnung trägt.
Erst in der Welt, durch die Dualität und dem Gesetz des Karmas lernen Seelen, *bewusst* zwischen Gut und Böse zu unterscheiden und danach zu leben.

Ihr Ziel ist es, Selbstbewusstsein und Introspektion (Schau nach innen) zu bekommen und dadurch das Göttliche Bewusstsein *bewusst* zu erlangen. Sie sind dann wie die Engel – nur wissen sie darum.

⇨

Siehst du, dies ist der Sinn des Lebens, nach dem so viele fragen und einige suchen: *Bewusst Gutes zu tun.*
Alles andere ist nur der Weg dahin.

Sokrates wusste dies. Deshalb strahlen sein Denken und sein Handeln heute noch.

Ärgere dich nicht – zumindest nicht so viel!
Die entscheidende Gleichung für dich heißt nämlich: Wenig Ärger = viel Glück.

Ärger ist *immer* „hausgemacht".
Ärger entsteht fast nur durch Enttäuschung.
Wobei die Enttäuschung dadurch entsteht, dass du Umstände falsch einschätzt und dir dementsprechend falsche Hoffnungen machst.

Wie häufig denkst du von jemandem: „Das wird er bestimmt nicht tun!", und er tut es doch!
Oder du denkst: „Das tut er bestimmt!", und er tut es nicht!

Erwartungen erzeugen Hoffnungen.
Enttäuschte Erwartungen schaffen Kummer und Ärger.

Sieh deshalb alle Menschen immer als deinen Spiegel an. Was dich an ihnen ärgert, ist stets auch in dir.
Entweder du hast die gleichen Fehler, oder du bist diesen Menschen zumindest in der Hinsicht ähnlich, dass du sie nicht richtig einschätzen konntest.

Wer andere nicht einschätzen kann, kennt sich selber nicht.

Und worüber ärgern sich die meisten Menschen?
Wenn jemand vorgibt zu sein, wie er überhaupt nicht ist!

Besonders, wenn er darauf beharrt, kann er viele bis zur Weißglut bringen.
Und warum? Weil die meisten Menschen Schwierigkeiten haben zu wissen, wer sie selber sind!

Ärgerst du dich über jemanden, denke *sofort* daran, dass du durch ihn etwas lernen kannst beziehungsweise *musst*. Nütze die Energie, die sich im Ärger ausdrücken möchte, um intensiv nachzuspüren, was du lernen sollst.

Tust du dies, wirst du merken, dass du jedem, über den du dich ärgern möchtest, am Schluss für unzählige Einsichten danken kannst, die du nur deshalb erhieltest, weil dir gerade dieser besondere Spiegel vorgehalten wurde.

Oktober

Viele Menschen lehnen heute die Vorstellung ab, oder sie ärgern sich gar darüber, Gott sehe ihnen bei all ihren Tätigkeiten zu.
Sie empfinden es entweder als einen Eingriff in ihre Intimsphäre oder halten es für ein Ammenmärchen, das ihnen Angst machen soll, weil sie nicht selten vom bösen, strafenden, Rache übenden Gott ausgehen.

Sie irren. Ich habe mit solch Negativem nichts, aber auch gar nichts gemein.

Ich bin das absolute Gute. Ich bin allgegenwärtig und sehe und höre alles. Nicht das Geringste entgeht Mir, selbst auf dem entlegensten Flecken dieser Welt nicht.

Ihr habt eine völlig falsche Vorstellung von Gott.
Seine Macht ist so groß, dass selbst alle Wissenschaftler zusammen, die jetzt auf Erden sind, sie nicht begreifen können.

Ich bin der allmächtige, unumschränkte Herrscher aller Welten.
Mein Wort ist nicht nur Befehl, es ist Tat, sprich Schöpfung.

Meine vornehmlichste Eigenschaft ist aber Meine Liebe.
Diese Liebe begleitet dich immer und überallhin.

Wegen Meiner Liebe genieße Ich Meine Allgegenwart.
Meine Liebe führt Mich immer dahin, wo du bist.
Meine Allmacht bedingt es, dass Ich dich schütze und führe, wo immer du es Mir gestattest.

Und der Vorwurf eines Eingriffs in deine Intimsphäre kann Mir auch nicht gemacht werden, denn alles, was du denkst, sagst und tust, ist Mir vollkommen vertraut.

Du darfst nämlich nicht vergessen: Du und Ich sind seit Anbeginn der Welt eins.

Sexualität ist *das* Thema dieses Zeitalters.
Sexualität ist deshalb ein so großes Thema, weil eure Einstellung dazu falsch ist.
Ihr unterbewertet diese Göttliche Energie vollständig. Deswegen achtet ihr sie nicht. Wer die Sexualität nicht achtet, den bringt sie auf Dauer um.
Dies mag pathetisch klingen, ist aber die schlichte Wahrheit, die ihr nicht gerne hören wollt.

Lasst euch von Mir sagen: In Bezug auf sexuelle Dinge seid ihr verklemmt – und euer exzessiver sexueller Hunger ist nichts anderes als eine Kompensation.
Ihr seid verklemmt, weil ihr über Jahrhunderte, auch eures Karmas wegen, viele schlechte Lehrer und Führer hattet, die euch eingeredet haben, Sexualität sei etwas Schlechtes.

Sexualität ist eine starke, eine Göttliche Energie, die man genießen soll.
Wer Angst vor sexuellen Gefühlen hat, hat etwas zu lernen.
Was er häufig lernen muss, ist, sein Herz zu öffnen.

Partnerwechsel ist da genau das Falsche.
Sexualität sollst du mit dir beziehungsweise mit *einem einzigen* Partner erleben.
Reiche sie Gott dar (7.1.), und du wirst gesegnet.
Selbstbefriedigung ist vollkommen natürlich – vorausgesetzt, die Phantasien dabei sind es auch.

Gehe deshalb vorsichtig mit deinen Phantasien um, damit sie dich nicht an Negatives binden.
Denn aus negativem Denken kann schnell negatives Handeln werden.

Das heißt: Sei auch in deinen Phantasien treu.
Lebe nach dem Leitsatz: Ein Partner, ein Herz, eine Sexualität.
Dann wird dich deine/eure Sexualität so beglücken, dass du mit Mitte oder Ende Sechzig sogar ganz auf sie verzichten kannst, um anderen Energien in dir Raum zu geben.

Dies klingt paradox, ist es aber nicht, es soll dich vielmehr darauf hinweisen, dass Sexualität nicht das Ziel, sondern nur der Weg ist.

Lebe deine Sexualität mit deinem Ehepartner und bleibe ihm treu.

Ehebruch hat immer katastrophale Folgen.

Ebenso wenn du deine Sexualität ohne den Segen und die Sicherheit der Ehe lebst.

Da euer Denken so erschreckend materiell ist und ihr geistigen, sprich: spirituellen Erklärungen nicht glaubt, kam Aids in die Welt.

Es soll euch lehren, dass der Missbrauch von Sexualität tödlich sein kann – beziehungsweise ist.

Denke immer daran, dass Menschen sich am tiefsten durch die Zunge, das heißt durch das Wort, und durch die Sexualität verletzen.

Achte deshalb immer darauf, dass du mit deinem Partner behutsam, liebevoll und mit Achtung umgehst.

Hältst du dich daran und lebst mit *einem* Menschen deine Sexualität, dann wirst du auf Wolken voll Wonne schweben können.

Viele missverstehen Mich und meinen, Ich sei grundsätzlich gegen Psychotherapie.

Allein das Verallgemeinernde, das in einem solchen Satz steckt, widerspricht Meinem Wesen.

Ich möchte deshalb deutlich differenzieren: Ich lehne jede Form von Therapie ab, sei sie noch so Erfolg versprechend, wenn sie nicht mit Ethik und Spiritualität verbunden ist.

Therapie ohne Ethik ist viel schlimmer als keine Therapie.

Therapie ohne Spiritualität bringt keine bleibenden Erfolge und macht deshalb Patienten abhängig von ihrem Therapeuten.

Therapie, verbunden mit Ethik, Spiritualität und hoher Professionalität, unterstütze Ich, ist sie doch das, was die Veden bereits vor Tausenden von Jahren lehrten.

Durch seine Lebenseinstellung, die sehr materiell ausgerichtet ist, fällt es dem westlichen Menschen nicht so leicht wie dem östlichen, sich einem spirituellen Weg zu verschreiben und dabei nicht in psychische Probleme zu geraten.

Nicht weil dies zwangsläufig mit einem spirituellen Weg verbunden ist, sondern weil die Schwierigkeiten bereits vorher vorhanden sind und nun als Wahrheit an die Oberfläche kommen.

Achte auf deine spirituelle Entwicklung.
Achte auf deine physische und psychische Gesundheit. Hüte dich vor Illusionen. Sie führen zwangsläufig zu Hartherzigkeit und verhindern damit dein Vorankommen.

Spürst du, dass du immer wieder an Grenzen stößt, suche fachliche Hilfe auf. Bitte Mich um Unterstützung, und du wirst auf Menschen treffen, durch die du das lernst, was du lernen musst.

Öffne deine Augen für die Lehre der Wiedergeburt.

Erkennst du die kosmischen Gesetze nicht, die dich unmittelbar betreffen, kannst du nie zufrieden werden auf Erden.

Vor allem die Lehre von der Wiedergeburt kann dir diese Zufriedenheit geben, denn sie öffnet deinen Blick für die unendliche Liebe Gottes, in die du eingebettet bist.

Die Wiedergeburtslehre lässt dich erkennen, dass Gottes Plan es ermöglicht, dass du über *viele* Leben, an verschiedenen Orten, unter immer wieder anderen Bedingungen mit den Menschen zusammenkommst, mit denen du dein Karma erfüllen, das heißt etwas lernen kannst.

Bedenke auch, dass es eine Sache des Ego ist, nicht an Wiedergeburt zu glauben.
Das Ego sträubt sich gegen diesen Gedanken, denn es geht zu Recht davon aus, dass es für das Ego keine Wiedergeburt gibt.

Das Ego entsteht in einem Leben und geht an dessen Ende zugrunde.
Das Ego *kann* deshalb nicht an die Wiedergeburt glauben.

Für das Selbst gibt es dagegen keinen Tod und kein Entstehen.
Das Selbst ist immer da.
Das Selbst weiß um die vielen Leben, die du durchlebt hast.

Je mehr du dich deinem Selbst näherst, desto mehr kommst du zwangsläufig in Kontakt mit deinen früheren Leben.

Dies ist die schlichte Wahrheit über deine Existenz, die du nützen solltest, um dir mehr Klarheit über dich zu verschaffen.

Die du aber niemals dazu verwenden darfst, anderen ihre Blindheit beziehungsweise ihr Ego vorzuwerfen.

Tätest du dies, hättest du automatisch keine Berechtigung dazu, da du dann nämlich mehr Ego als sie hättest.

Freiheit ist ein entscheidender Begriff im menschlichen Leben.

Der Mensch liebt *seine* Freiheit und tut alles, was in seiner Macht steht, um diese Freiheit zu erhalten oder gar auszubauen.
In den meisten Fällen hält er aber das für seine Freiheit, was, genau besehen, sein Kerker ist.

Unter Freiheit verstehen viele, tun und lassen zu können, was sie wollen – das heißt: ihre Wünsche so schnell und so umfassend zu befriedigen wie irgend möglich.
Mit anderen Worten: Sie möchten frei sein, um Sklaven ihrer Wünsche sein zu können.

Wünsche haben die Eigenschaft, sich zu verselbständigen beziehungsweise sich zu vermehren.
Die angebliche Freiheit wird also immer geringer, der Käfig immer enger.

So paradox es klingen mag: Dies ist der Weg zu mehr Freiheit.

Durch die immer stärkere Einkerkerung spürst du früher oder später, dass du dich in einer Sackgasse befindest. Dieser Prozess kann über mehrere Leben gehen. Irgendwann aber dürstet es dich nach wirklicher Freiheit.

Du suchst dann nach einer tiefer liegenden Wahrheit und findest die Göttlichen Gesetze, die besagen, dass wahre Freiheit in der Abkehr vom Weltlichen und in der Hingabe an Gott besteht.

Bereits im *Auffinden* dieser Wahrheit erlangst du mehr Freiheit.

Du bist aber immer noch unfrei, da du noch nicht weißt, wer du bist, woher du kommst und wohin du gehst.
Deshalb lebst du in dieser Zeit nach Gesetzen, die ein anderer aufgestellt hat.

Erst wenn du die Dualität, die Trennung zwischen dir und Gott aufhebst, erst wenn du die Täuschung auflöst und nicht nur erkennst, sondern *erlebst*, dass du der Gott bist, nach dessen Gesetzen du dich richtest, bist du wirklich frei.

Das Wissen um die Kraft der Liebe ist der Weg zum wahren Glück. Glückseligkeit ist das wahre Wesen des Menschen.
Deshalb strebt der Mensch nach Wissen.
Ist die Suche nach Wissen auf die Welt gerichtet, bläht sie auf Dauer sowohl das Denken als auch das Ego auf und führt in eine Sackgasse.

Wahres Wissen ist auf Gott ausgerichtet und zeigt sich darin, dass vom Herzen her beziehungsweise durch die „kosmische Schau“ das wahre Wesen der Welt erkannt wird.
Diese Form des Wissens ist heute „unmodern“ und wird von der „anerkannten“ Wissenschaft gering geschätzt.

Dabei ist es das einzige Wissen, das zu bleibendem Erfolg führt.
Wahres Wissen ist erfolgreich, weil es von Herz zu Herz geht.
Es trifft in vielen Fällen kaum auf Widerstände, weil es *weiß, wann, wie und wo* zu handeln ist.

Das Handeln des Herzens ist nicht spektakulär. Ganz im Gegenteil. Es zeichnet sich gerade durch Bescheidenheit aus.

Das so genannte wissenschaftliche Wissen liebt das Sensationelle und nützt jede nur erdenkliche Möglichkeit aus, um aufzufallen.
Aber gerade darin ist für den wissenden Blick die Schwäche dieses Wissens zu erkennen.

Je mehr du von deinem Herzen abgeschnitten bist, desto schwächer und wirkungsloser ist dein Wissen, weil es *dir* nicht weiterhilft.

Das menschliche Herz ist der wertvollste Diamant auf Erden, der so rein und so stark ist, dass er alle anderen Edelsteine mit Licht erfüllen kann.

Liebe dein Herz. Liebe deine Liebe. Liebe alle Wesen auf Erden, und dein Leben wird reinster Segen sein.

Die Wissenschaft ist das Goldene Kalb dieses Zeitalters.

Zur Biblischen Zeit bedeuteten Rinder Reichtum und wurden deshalb geschätzt oder gar verehrt. Heute haben diesen Platz die Wissenschaft und die damit verbundene Technik beziehungsweise Technologie eingenommen.

Die Wissenschaft hat euch von den Übergriffen der Kirchen befreit. Die Wissenschaft hat euch das Leben verlängert. Die Wissenschaft hat euch Wohlstand gebracht.

Mit „euch" meine Ich natürlich die Bewohner der so genannten Industrieländer. Die anderen zahlen die Zeche für euren Wohlstand und Luxus. Etwas überspitzt könnte man sagen: Ihr lebt nach dem Motto: Lieber schön, reich und gesund als hässlich, arm und krank.

Ihr habt den Wohlstand. Die anderen euren Müll.
Das sind die zwei Gesichter der Wissenschaft, die typisch sind für alles, was das Denken schafft.

Das Denken ist von seinem Wesen her egoistisch und egozentrisch. Es *denkt* derart an sich, dass es die anderen einfach übersieht.
Deshalb genießt ihr alle getrost euren Reichtum, ohne von Schuldgefühlen geplagt zu sein.

Ganz im Gegenteil: Je mehr ihr an euch denkt, desto besser könnt ihr genießen. Dieses Ergebnis eurer „wissenschaftlichen Revolution" verstößt aber gegen die Gottgewollte Ordnung. Es wird deshalb nicht von Dauer sein.

Die Welt mit ihren Schätzen gehört allen.
Teilen ist das Motto des Neuen Zeitalters.

Gerechtigkeit ist das Wesen Gottes, das alle in Wohlstand erblühen lässt.
Sieh jeden Menschen als deinen Vater oder deine Mutter, deinen Bruder oder deine Schwester an.

Beginne bereits heute damit, anderen zu dienen, wo immer du kannst. Dies ist der beste Dienst, den du sowohl anderen als auch dir selbst erweisen kannst.

Die Menschen fragen sich, was die Aufgabe Gottes sei. Und rätseln herum. Dabei ist Meine Aufgabe ganz leicht zu umschreiben: Geben, Geben, Geben.

Ich möchte nichts von den Menschen und der Welt.
Ich habe keine Wünsche.

Hätte Ich irgendeinen Wunsch, dann den, dass du aufhörst, Mich *verstehen* wollen. Warum? Durch deinen Wunsch beschränkst du dich. Du kannst das Unendliche nicht durch das Begrenzte verstehen, sondern nur durch das Innere erleben. Willst du es doch verstehen, machst du deutlich, dass du weder weißt, wie du denkst, noch Was du denkst.

Du begibst dich damit in ein aussichtsloses Unterfangen.

Und wie kannst du Mich erleben? Indem du dich zum Beispiel ganz einer Tätigkeit hingibst. Die Hingabe ist der Weg. Die Hingabe lässt dein Grübeln verstummen, weil es dich völlig auf das Wesentliche ausrichtet. Die Hingabe richtet mehrere Fähigkeiten in dir auf ein Ziel aus. Deshalb näherst du dich Mir durch alles, was du ganz zu Ende führst. Was du *vollständig* tust.

Gebe dich einer rechtschaffenen Tätigkeit ganz hin, gehe ihr mit all deinem Wissen und all deinem Einsatz nach und du wirst auf einer Ebene des Erkennens gelangen, die du vorher nie für möglich gehalten hast.

Komm ebenfalls über die Meditation, das Gebet, die Wiederholung des Namens Gottes oder das innere Gespräch zu Mir. Erlebe Meine Nähe.
Lass Mich dein Herz öffnen, und ohne einen einzigen Gedanken wird dir *erlebbar*, wer Ich bin. Jetzt und immerdar.

Was Ich wünsche, das geschieht. Keine Macht kann sich gegen Meinen Willen stellen.
Niemand kann gegen Mich kämpfen und siegen.

Ich kann im Bruchteil einer Sekunde den Himmel zu Erde und die Erde zu Himmel werden lassen.
In Mir ruht das gesamte Universum.

Und trotzdem habt ihr einen freien Willen.

Wirklich frei ist dieser Wille aber nur dann, wenn er Gutes will und tut.
Wer Schlechtes tut, ist nicht frei, sondern Sklave seiner fehlgeleiteten Wünsche.

Tust du Gutes aus Angst vor Meiner Strafe oder vor der Strafe der Menschen, so bist du nicht frei. Du baust dir aber trotzdem mit deinen guten Handlungen positives Karma auf, das dich wachsen lassen wird.

Tust du dagegen Gutes, weil dein Herz gar nicht anders kann, bist du frei und Mir besonders nahe. Du bist frei, das Gute zu wünschen, zu wählen und zu tun.

Dies wird dich von den Ketten befreien, die dich an Tod und Wiedergeburt binden.

Es war einmal eine Frau, die hatte, wie es bei euch so üblich ist, einen Freund. Mit dem lebte sie einige Zeit und trennte sich dann.
Bald hatte sie einen neuen Freund. Auch mit diesem lebte sie eine Weile und trennte sich dann.

Dies wiederholte sich einige Male, bis sie einen Mann kennen lernte, der sie im Grunde gar nicht so sehr interessierte. Sie war aber von den vielen Bekanntschaften und Trennungen innerlich so wund, dass sie meinte, sie bräuchte einen Mann, der sie tröstete. Dies schien dieser Mann auch zu tun. Abgesehen davon gefiel er ihr, wie gesagt, nicht so sehr.

Er tröstete sie, und die Zeit verging.
Sie dachte immer wieder an Trennung. Die Zeit war aber vergangen: Es fiel ihr nicht mehr so leicht wie noch vor einigen Jahren, sich zu trennen.

Dann wurde sie schwanger. Sie war zuerst verzweifelt. Dann resigniert. Schließlich fügte sie sich in ihr Schicksal. „Dieser Mann kann ja so gut trösten", dachte sie sich, und sie hatte genug, was getröstet sein wollte. Besonders jetzt, da eine Familie entstand und sie sich immer noch nicht entschieden hatte und unglücklich war.

Diese Geschichte ereignet sich alle Tage. Einmal ist es eine Frau. Ein andermal ist es ein Mann. Häufig sind es beide.
Und was sagt dir diese Geschichte?

Beziehungen sind nicht zum Probieren da. Zu einer Beziehung gehören *untrennbar* (!!) der Entschluss und Gottes Segen.
Wähle deine(n) erste(n) Partner(in) gut aus. Überlege es dir lange und reiflich.
Bitte Gott um Hilfe.
Hast du es dir gut überlegt und um Segen für deine Entscheidung gebeten, dann entscheide dich im Wissen, dass Schwierigkeiten zu einer Beziehung gehören wie das berühmte Salz in die Suppe.
Bitte Gott um Hilfe, wenn du nicht mehr weiterweißt. Gib nicht leichtfertig deinen einmal gefassten Entschluss auf.

Du wirst sehen, es wird dir zum Segen gereichen – anders als der oben beschriebenen Frau.

Tugend ist der wahre Kern des Lebens. Sokrates, der ein weiser, nein, ein Göttlicher Mann war, lehrte: „Wer das Gute kennt, tut es auch.“

Er hat das Wesen des Lebens erkannt. Ihr tut Schlechtes aus Unwissenheit. Ihr glaubt, etwas Gutes dadurch bekommen zu können, dass ihr euch nicht an die Göttlichen Gesetze haltet oder gar *gegen* sie handelt. Dies ist ein Irrglaube, der euch in Schwierigkeiten führt.

Ich habe die Welt so eingerichtet, dass derjenige, der gegen Meine Gesetze handelt, immer die Chance zu lernen bekommt. Dies ist der Sinn von Karma.

Karma wirkt so, als würdest du einen Geschäftsbrief schreiben und ihn deinem Chef zur Korrektur vorlegen. Er wird dich, wenn er ein guter Chef ist, auf die Fehler aufmerksam machen, die du dann korrigieren musst.

Das Gesetz des Karma wirkt nicht anders. Du begehst Fehler und wirst in diesem oder in einem späteren Leben derart auf deine Fehler hingewiesen, dass du aus ihnen lernen kannst.

Karma ist keine „schreckliche Einrichtung“, wie manche meinen.
Karma ist ein Wunder an Präzision, dessen ganzer Sinn und Zweck darin besteht, dass du umdenkst.

Und was hast du zu lernen? Dass du gut handeln musst, da das gesamte Universum wie ein feinmaschiger Teppich von Gutem durchwoben und dir aus tiefstem Grunde wohlgesonnen ist.

Die Ehe ist ein hohes Gut, das ihr ehren und schützen sollt.
Die Ehe schafft einen Rahmen, in dem Mann und Frau aufblühen und sich entwickeln können. Die Ehe muss von Liebe und Sicherheit erfüllt sein.

Eine Ehe ohne Liebe und Sicherheit ist wie eine Pflanze ohne Erde. Mit den Wurzeln in der Luft wird sie bald verdorren.

Die Alternative zur Ehe, die heute in westlichen Ländern sehr verbreitet ist, nämlich das Zusammenleben ohne Trauschein, ist sehr schlecht.
Mann und Frau sollten niemals ohne ein klares Versprechen und eine deutliche Verpflichtung zusammenleben.

Zusammenzuleben ohne Eheversprechen kommt dem Ritt auf einem wilden Pferd gleich: Es kann gut gehen. Die Wahrscheinlichkeit, dass es nicht gut geht, ist dagegen groß. Und die daraus folgenden Verletzungen werden in den meisten Fällen tief, zum Teil sehr tief gehen.

Beziehungen auf Probe sind ein großer Fehler. Das Herz kennt keine Probe. Es liebt, oder es liebt nicht. Liebt es nicht, hilft eine Probe auch nicht. Liebt es, so ist die Aussage, dies sei ja alles nur zur Probe, an sich schon eine große Verletzung.

Liebe ist immer verbunden mit Sicherheit, mit Verpflichtung, mit Opferbereitschaft.

Alles andere hängt sich nur den Mantel der Liebe um.
Man erkennt, dass dieser Mantel nur zur Tarnung angelegt wird, wenn er den anderen nicht mitbedeckt – nicht mitbedenkt.

Wenn es eine Geißel der Menschheit gibt, dann ist es die Unwissenheit. Sie hat die Fähigkeit, die besten Ideen, die schönsten Worte, die gelungensten Taten im Handumdrehen in eine Katastrophe zu verwandeln.

Von allen Feinden, die der Mensch haben kann, ist die Unwissenheit der schlimmste.
Sie ist die Ursache aller anderen Geißeln, wie Hochmut, Hass, Neid, Stolz, Arroganz, Unehrlichkeit und vieler anderer mehr.

Die Unwissenheit bläht deine falsche Vorstellung von dir auf. Sie macht dir weis, du seist besonders schlau, raffiniert, allen überlegen.

Die Unwissenheit hält nichts von Tugenden: Bescheidenheit, Zurückhaltung, Geduld, Klugheit, Weisheit und Vorsicht hält sie für Eigenschaften, die vielleicht für andere gut sein mögen, für sie aber nur hinderlich sind.

Hieran kannst du sie erkennen, die Unwissenheit. Denn sie verleitet dich, den Weg, den diese wichtigen Tugenden dir weisen, zu verlassen. Sie redet dir ein, du seist allen überlegen und müsstest dich nach nichts und niemandem richten.

Präge dir fest ein, dass, wann immer du versucht bist, so zu denken, stets deine größte Feindin am Werk ist.

Sage nein zur Unwissenheit.
Halte dich fest an den Weg des Wissens, dann ist der Sieg mit Sicherheit dein. Denn wo Wissen beziehungsweise der Wunsch nach Wissen ist, kann Ich dir stets *direkt* helfen.

Deine Gesundheit ist ein hohes Gut. Achte auf deine Gesundheit.

Du erntest, was du säst. Bemühst du dich um ein geregeltes Leben? Achtest du auf deine Ernährung? Wiederholst du den Namen Gottes (27.2.)?
All dies sind entscheidende Faktoren, um deine Gesundheit zu erhalten und zu festigen.

Wieso? Weil sie zusammen Ruhe und Harmonie schaffen.

Innerer Frieden ist die Verbindung der Lebensströme in deinem Körper. Sie fließen zwar, sie bewegen sich, sie tun es aber in Ruhe und Harmonie.

Innerer Frieden ist die vollkommene Verbindung von Yin und Yang.
Innerer Frieden ist die Kraft, die alle Krankheiten von dir fern hält oder sie schnell überwinden lässt.

Innerer Frieden ist der Zustand, in dem der Körper, der Geist und die Seele in Ein-Klang sind. Deshalb ist er der beste Garant für eine stabile Gesundheit.

Denn nicht die Bakterien und Viren machen dich krank und die Medizin gesund. Es ist dein Verstand, verbunden mit deiner inneren Ruhe beziehungsweise Unruhe, der Krankheit oder Wohlergehen bewirkt.

Bedenke: 80% aller Krankheiten entstehen durch den Verstand. Dein Verstand beziehungsweise deine innere Ruhe sind die Schöpfer deines Schicksals, deiner Krankheit beziehungsweise deiner Gesundheit, deines Leidens beziehungsweise deines Wohlergehens.

Pflege daher deine Gesundheit durch die Wiederholung des Namen Gottes, durch Gebete und durch Meditation. Denn die Gesundheit ist einer der größten Schätze, zudem die entscheidende Voraussetzung für jede Entwicklung.

So auch die spirituelle, die ihrerseits in inneren Frieden gebettet ist.

Schauspieler haben ein schweres Los. Doch wie viele wollen Schauspieler werden! Und wie viele sind es bereits!

Schauspielerei ist *der* Beruf im heutigen Zeitalter. Schauspieler können in diesem Zeitalter so richtig ihren Gefühlen freien Lauf lassen. Sie können ihre Sinnlichkeit ausleben, wenn nicht gar austoben, und werden dafür auch noch bezahlt und berühmt.
Welch ein idealer Beruf!

Aber Vorsicht! Die Welt ist nicht so eingerichtet, dass ihr eure Bedürfnisse unbekümmert ausleben und dabei glücklich werden könnt. Das gelingt nie. Ist nie gelungen und wird nie gelingen.

Und so ist es auch heute.
Die Menschen leben wahllos ihre Gefühle und Triebe aus und erhoffen sich Glück. Und was bekommen sie? Unzufriedenheit, Depression und Verbitterung – die typischen Krankheiten dieser Zeit!

Verkaufe dich nicht zu einem so niedrigen Preis.
Warum willst du Hochgeborener auf einer so billigen Bühne spielen?
Denke daran: Alle Menschen sind Fürsten. Auch du.

Lass dich nicht herab und spiele billige Possen.

Spiele stattdessen auf Meiner Bühne. Nimm Mich als Regisseur. Ich werde dir deine Maske abnehmen, und du wirst erstaunt sein, welch strahlendes Gesicht du hast. Du Fürst auf Gottes Bühne.

Du lebst auf Sparflamme.

Zu dir passen die Witze, in denen sich ein Elefant mit einer Maus einlässt – und immer wieder in Schwierigkeiten gerät, weil er sich zwar als Maus fühlt, durch die Realität aber darauf gestoßen wird, dass er ein Elefant *ist*.

Du bist keine Maus. Du bist auch kein Elefant. Du bist nicht einfach Mensch.
Du bist das allumfassende Licht, das den gesamten Kosmos beseelt.
Du bist allmächtig, du bist allwissend. Du bist die reine Liebe.

Höre auf, dich einzuschränken.
Beginne jetzt, noch in diesem Moment, dieses Licht in dir zu suchen – und zu finden.
Ruhe nicht, bis du es gefunden hast.

Nimm jede Schwierigkeit dankbar an, denn sie ist dazu da, dich erstarken zu lassen, damit du mehr und mehr ertragen und immer stärker in deine dir ureigene Weite hineinwachsen kannst.

Staune nicht über die vielen Wunder, die Heilige und Gottmenschen vollbracht haben – und tue sie damit als unerklärlich ab.

Du selbst bist das größte Wunder, denn du kannst diese Wunder ebenfalls vollbringen.

Das einzige Wunder besteht heute vielleicht darin, dass du es nicht tust.
Wieso eigentlich nicht?

Beginne damit, mehrmals täglich und am besten laut zu sagen: *Ich bin das Licht des Universums, ich bin die allwissende Kraft, ich bin die allumfassende Liebe.*

Wiederhole diese Sätze immer und immer wieder, und du wirst bemerken, dass du dahin gelangst, wohin du gehörst: Zu deinem Ursprung, zu deinem wahren Sein.

Der Mensch ist von vielen positiven Kräften umgeben, die ihm helfen und ihn beschützen.
Er hat aber auch gegen viele Feinde zu kämpfen.
Zu diesen Feinden zähle Ich seine Illusionen.

Unzählige Menschen haben ihr gesamtes Hab und Gut, ihr Glück und ihre Gesundheit allein dadurch verloren, dass sie ihren Illusionen verfielen.

Überprüfe deshalb immer wieder, ob es richtig ist, was du denkst.

Ist es realistisch?
Ist es nur für dich allein hilfreich und günstig?
Musst du gar über viele hinweggehen, sie enttäuschen, verletzen, um dein Ziel zu erreichen?

Je mehr dein persönliches Interesse im Vordergrund deines Handelns steht, desto größer ist die Wahrscheinlichkeit, dass du einer Illusion aufsitzt.

Der Weg, deine Interessen gegen andere, besonders aber gegenüber Menschen durchzusetzen, die von dir abhängen, die dir vertrauen, die dich brauchen, die schwach sind, *ist immer ein Weg gegen dich selbst.*

Gehe niemals einen solchen Weg, denn er wird dich mit Sicherheit nicht zu dem Ziel führen, das du dir erträumst.

Gib deine Illusionen auf.
Beschränke dich – und erlange dadurch innere Kraft.
Lass das Licht, das dich mit deinen Mitmenschen verbindet, dein Leitfaden werden, und du wirst all das finden, das selbst deine größten Illusionen sich nicht hätten träumen lassen.

Ich sage immer wieder, die entscheidenden Fragen für den Menschen sind: Wer bin ich? Wo komme ich her? Wo gehe ich hin?

Die Antwort ist: *Der Mensch ist Gott, der auf dem Weg ist zu wissen, dass er Gott ist.*

Das heißt: *Du* gestaltest dein Schicksal. Du bist kein Blatt im Wind des Lebens.
Du bist der Schöpfer deines Lebens.

Die Menschen glauben diese Antworten nicht. Das ist das ganze Problem, das ist die Tragik dieser Zeit.

Die Psychologie hat das Unbewusste entdeckt und hat vielfältige Heilmethoden darauf aufgebaut.

Das Unbewusste wird aber fast immer entweder als ungestüme Energie oder als Sitz der Probleme oder als magisches Potential betrachtet.

Dabei ist *das Unbewusste auch der Ort, wo ihr das Göttliche in euch finden könnt.*

Das Unbewusste ist nicht nur eine Ansammlung von Ungestümem, Undifferenziertem oder gar Krankhaftem, sondern der Ort, wo das Göttliche Sich mit der psychischen und physischen Lebenskraft verbindet.

Das berühmte „Erkenne dich selbst“ des Delphischen Orakels bedeutet deshalb, dass du Gott in dir entdecken und als *dein* Wesen erkennen sollst.

Dann wird dir nämlich unmittelbar *bewusst*, dass du von deinem Unbewussten her ununterbrochen dein Schicksal gestaltest.

Viele wundern sich heute darüber, dass es früher üblich war, Ehen zu vermitteln.

Kaum jemand würde sich heute bei der Wahl seines Partners etwas sagen lassen.

(Und wer wollte da auch etwas sagen, bei den vielen Partnern, die die Menschen heute haben!)

Diese Vorstellung spiegelt aber nur wider, welch ein schlechtes Bild ihr von Gott habt.

Glaubst du, Ich ließe es zu, dass du ein schlechteres Karma bekämest, als dir zusteht? *Niemals*!

Du wirst, deinem Karma entsprechend, immer deinen Partner finden, gleichgültig welche Sitten herrschen zu der Zeit, in der du auf Erden bist.

Ich habe die Zeit geschaffen. Ich schuf die Sitten, und Ich schuf dich.

Was sollte Mich daran hindern, dir das zu geben, was dir zusteht?

Im 20. Jahrhundert gab es zwei Weltmächte, die die Welt in zwei Hälften trennten: In den kapitalistischen und den kommunistischen Block.
Beide waren von der Richtigkeit ihrer Weltanschauung beziehungsweise ihrer Ideologie so überzeugt, dass sie nicht im Geringsten zögerten, ihre Interessen mit allen Mitteln, selbst den schlimmsten, durchzusetzen.

Was war der Unterschied zwischen beiden Systemen? Im Wesentlichen keiner. Beide waren auf der Ausbeutung von Menschen aufgebaut.
Beide strebten mit den schrecklichsten Mitteln die totale Macht an.

Das baldige Scheitern der Kommunisten war aber deshalb vorprogrammiert, weil sie eine Gesellschaft ohne Gott aufbauen wollten.
Dieses Ansinnen ist ähnlich absurd, als wollte man ein Auto ohne Motor, ein Fahrrad ohne Räder, einen See ohne Wasser planen.

Die kommunistischen Herrscher waren besonders grausam. Wer Gott nicht fürchtet, geschweige denn liebt, der ist zu allem fähig.

Die Kapitalisten hingegen müssen ihre Lektionen noch lernen. Sie glauben, Geld sei der endlich fassbar gewordene Gott.
Sie müssen einsehen, dass Geld Energie ist und als solche eine gute Grundlage, um Leistung, Einsatz und Fähigkeiten einzuschätzen.

Eine Gesellschaft, die allein auf Geld aufgebaut ist, wird aber scheitern, da in ihr die Liebe fehlt.
Die neue Ordnung kommt. Es ist die Ordnung des Herzens.

Liebe, Opferbereitschaft, Einsicht, Glück und Zufriedenheit werden der Leitfaden für die kommende Weltordnung sein.
Das Weltbewusstsein wird sich erhöhen. Das Gefühl der Einheit wird umfassend werden.
Die kühnsten Träume werden wahr.

Gott ist dieser Traum, der Wirklichkeit wird.

Freue dich deshalb, wenn du umdenkst, wenn du dich von Grund auf veränderst, denn dies wird dein Fahrschein für das Goldene Zeitalter sein.

Während dieser Monate, in denen Ich dich Tag für Tag anhand dieses Buches begleite, betone Ich immer wieder, deine spirituelle Entwicklung sei der ganze Sinn deines Erdenlebens.

Deine Spiritualität bedingt es nämlich, ob dein Leben sinnvoll oder sinnlos ist. Lebst du ausschließlich, um deine weltlichen Bedürfnisse zu befriedigen, besteht dein ganzes Ziel und Streben allein in deiner Beschäftigung mit der Welt, so hast du dein Leben mehr oder minder verschwendet.
Du hast dich dann in die Außenwelt, in die Illusion verstrickt, und sie hat dich geschluckt. Du kannst kaum sagen, dass es dich gibt, da du kaum, wenn überhaupt, erklären kannst, wer du bist und was deine Bestimmung ist.

Gehst du dagegen einen spirituellen Weg, bist du damit den Fängen der Außenwelt noch nicht entkommen. Sie lauert dir auf allen Ebenen und allen Stufen deiner Entwicklung auf, und die Gefahr des Fallens ist groß.
Suche dir deshalb einen starken und erfahrenen Führer, der dich sicher leitet, weil er den Weg selber beschritten und bestanden hat.
Findest du keinen, wende dich an Gott Selbst und bitte Ihn um Führung. Er wird dich mit Sicherheit leiten – hat Er es doch immer wieder in allen Heiligen Büchern dieser Welt versprochen.

Hast du einen Führer gefunden, prüfe ihn. Teste ihn. Mache es so, wie es Vivekananda mit seinem Lehrer Ramakrishna Paramahamsa tat. Er wollte wissen, ob es wahr sei, dass Ramakrishna allergisch auf Geld reagiere, und legte ihm deshalb eine Münze unter die Matratze.
Ramakrishna konnte nicht schlafen und war ganz aufgebracht. Als sich herausstellte, dass Vivekananda ihn hatte prüfen wollen, war Ramakrishna nicht ärgerlich, sondern erfreut. Ein guter Schüler muss zu Beginn seinen Lehrer prüfen.
Hat er sich aber entschieden, muss er den Anweisungen seines Lehrers gehorchen und darf sich nicht über ihn stellen, indem er entscheidet, was er befolgen mag und was nicht. Wozu hat er einen Lehrer, wenn er doch alles besser weiß?
Und wie sollte sein Lehrer ihn unter diesen Umständen vor den Tücken seines, des Schülers, Ego bewahren?
Hingebungsvoller Gehorsam ist Bescheidenheit, sprich: der beste Schutz auf dem spirituellen Weg.

Weißt du, warum du Füße hast? Damit du zu Gottes Tempeln pilgern kannst.

Weißt du, warum du Hände hast? Um zu Gott beten zu können.

Und Augen? Um Gott sehen zu können.

Und Lippen? Um zu Ihm sprechen zu können.

Und Ohren? Um Ihn hören zu können.

Hast du dich schon einmal unter diesem Aspekt, ganz auf Gott bezogen, betrachtet?
Diese Betrachtungsweise bedeutet nichts anderes, als dass du die verkörperte Liebe bist, die sich auf die Quelle dieser Liebe ausrichtet.

„Was heißt das praktisch?" möchtest du wissen.
Liebe manifestiert sich auf unendlich vielen Ebenen in unzähligen verschiedenen Facetten.

Ich werde diesmal einen Gesichtspunkt herausgreifen, der dir die obigen Ausführungen auch praktisch zugänglich macht.

Auf der spirituellen Ebene ist Liebe allumfassendes Fließen, das das Wesen aller Seelen mit Gott verbindet. Sie ist deshalb besonders süß und beglückend.

Auf der materiellen Ebene drückt sich Liebe besonders in Fürsorge, Verantwortung und Verpflichtung aus.

Liebe ist deshalb untrennbar mit dem Dienst am Nächsten verbunden.

Siehst du? Hier schließt sich der Kreis. Dienst am Nächsten führt dich direkt zu Gott, weil dein ganzer Körper dann nichts anderes als Gottesdienst verrichtet: Du gehst zu Gott, du siehst Gott, du sprichst mit Gott, du hörst Gott, du berührst Gott.

Alles du. Alles eins. Alles Gott.

Hetze dich nicht.

Ich prägte den Satz: *Haste makes waste. Waste makes worry.* Hast führt zu Verschwendung. Verschwendung führt zu Sorgen.

Hetze dich nicht, sondern schaffe alles in *seiner* Zeit. Wer sich hetzt, hat eine falsche Zeiteinteilung.

Ein Weiser hetzt sich nicht und schafft doch alles, was er sich vornimmt.
Er wartet bei vielen Dingen geduldig so lange, bis die Zeit reif ist. Dann erst handelt er.
So erreicht er viel mehr mit weniger Aufwand.

Wer sich hetzt, ist ungeduldig. Wer ungeduldig ist, kann keine Ruhe aushalten.
Ruhe ängstigt ihn. Er lädt sich deshalb das Leben so übervoll, dass er alles nur „mit hängender Zunge" erledigen kann – und mit Sicherheit nicht zur Ruhe kommt.

Wer so lebt, verschwendet unendlich viel Zeit und Energie; vor allem hat er keine Chance, sich zu entwickeln.

Deshalb muss er als Erstes zur Ruhe kommen.
Eine Krankheit ist dazu häufig ein wichtiger Schritt.
Bist du ans Bett gebunden und kannst dich vor Schwäche kaum rühren, hat die Quelle der Ruhe in dir eine erste Chance, sich bemerkbar zu machen.

Sie wird dich mit dem konfrontieren, wovor du immer fliehen wolltest.
Deshalb wirst du zunächst entsprechend widerwillig und abweisend sein.

Früher oder später lehrt dich aber die Notwendigkeit, dass es gar keinen anderen Weg gibt, als die Hast aufzugeben und dich nach innen zu wenden, weil alles andere nichts als verschwenderische Schattenkämpfe sind, die dir außer viel Lärm nichts einbringen.

Ich lehre, dass Zufriedenheit und Freiheit dann gefunden werden können, wenn man *gerne tut, was man tun muss.*

Für die heutige weit verbreitete Ideologie klingt dies eher abschreckend, lehrt sie doch, man sei dann frei, wenn man tun und lassen könne, was man wolle.

Ich antworte darauf: Diese Ideologie bleibt in allen Fällen den Beweis schuldig, dass auch nur ein *einziger* Mensch mit dieser Lebenseinstellung auf Dauer glücklich wird.
Es gibt nämlich keinen!

Die Wahrheit ist: Deine Einstellung, deine Verbindung mit deiner Quelle *in dir* bestimmt dein Schicksal.

Viele sind heute derart Ego-bestimmt, dass sie überhaupt nicht mehr zufrieden sein können. Sie haben sich eine Sichtweise angeeignet, mit der sie stets das berühmte Haar in der Suppe finden.
Die Suppe schmeckt bis dahin wunderbar.
Kaum ist das Haar entdeckt, ist plötzlich alles anders.

Hüte dich vor dieser Haltung.
Nimm das Haar heraus, und genieße deine Suppe wie zuvor.

Sei dir bewusst, dass du nur deshalb viel Aufhebens eines Haares wegen machen kannst, weil der Herr dich mit so viel Speise gesegnet hat, dass du ganz unbekümmert wählen kannst.

Lebtest du am Rande des Hungertodes, könntest du dir diesen Gedanken überhaupt nicht leisten. Du würdest das Haar wahrscheinlich überhaupt nicht bemerken, sondern dankbar die Suppe essen.

Verweile deshalb nicht bei den Schwierigkeiten, die dir im Leben begegnen, sondern mache dir stets bewusst, wie *begnadet* du bist, wie viel dir auf allen Ebenen gegeben wurde.

Freue dich deshalb über jedes Haar, das du findest, und nutze die Gelegenheit zu sehen, wie beschenkt du bist.

Es war einmal ein Junge, der kam aus armen Verhältnissen. Sein Vater verdiente gerade so viel, dass er die Familie mit dem Nötigsten versorgen konnte. Es war deshalb alles sehr knapp, reichte aber.
Als der Junge vierzehn war, wurde sein Vater entlassen. Auf einmal hatte die Familie selbst das Wenigste nicht mehr.
Der Junge hatte noch nichts gelernt, womit er hätte Geld verdienen können, wollte aber trotzdem seiner Familie helfen.
Er ging deshalb betteln, was ihm sehr schwer fiel, aber er half damit seiner Familie zu überleben.
Dies ging einige Jahre so.

Als er zwanzig war, erfüllte sich für ihn ein Traum. Er fühlte sich in ein Märchen versetzt.
Eine ausländische Familie lernte ihn kennen und lieben und kaufte ihm ein Auto, damit er sich als Taxifahrer eine Existenz aufbauen konnte. Darüber hinaus überwies sie monatlich so viel Geld, dass er die Anfangsschwierigkeiten seiner neuen, kleinen Karriere überstand.
Nun war er ein kleiner Unternehmer. War auf einen Schlag selbstständig.
Trotzdem konnte er seine in diesen sechs Jahren entstandene Angewohnheit nicht überwinden: Er bettelte immer noch. Er fühlte sich immer noch als einer der Ärmsten der Armen.
Er hatte immer noch Angst zu verhungern.
Er sah allein im Geld die Lösung aller Probleme.

Bedenke: Das Leben formt deine und die Gewohnheiten anderer. Und Gewohnheiten haben die Eigenschaft, fest zu haften.
Achte deshalb genau darauf, *welche* Gewohnheiten du annimmst. Das heißt, lasse nur das zur Gewohnheit werden, was gut, hilfreich und notwendig ist.

Hüte dich vor schlechten Gewohnheiten, sie bekommen schnell Macht über dein Leben, und du könntest große Schwierigkeiten haben, dich wieder von ihnen zu befreien, wenn du es eines Tages wolltest.

Gleichzeitig denke an den armen Jungen, wenn dich die schlechten Gewohnheiten anderer stören: Vielleicht hatten sie ebenfalls so schwere Lebensbedingungen wie er, wodurch sie nicht in der Lage sind, ihre Gewohnheiten von heute auf morgen zu verändern – selbst wenn sie es wollten.

Im Jenseits wartet die Glückseligkeit auf dich – und was tust du? Du versuchst, dich mit allen Mitteln an die Welt zu ketten!

Es gibt sogar Menschen, die lassen sich einfrieren, weil sie eine unheilbare Krankheit haben und hoffen, auf diese Weise überleben zu können.

All dies geschieht nur, weil sie sich an ihren Körper und das damit verbundene Leben ketten und außerdem nicht an die Wiedergeburt beziehungsweise an Meine Liebe glauben.

Die Wahrheit ist, dass die irdische Welt ein mehr oder weniger schwieriges Übungslager ist, in dem du Liebe, Opferbereitschaft, Dienst am Nächsten, Wahrheit und Rechtschaffenheit lernst.
Glaube Mir, einen anderen Wert hat die Welt nicht.

Die Außenwelt und die damit verbundene Illusion bedingen es, dass du auf Erden Glück und Erfüllung suchst und zu finden meinst.

Allein, dein Körper macht dir bereits einen Strich durch deine Rechnung. Durch seine ständigen Veränderungen und seine große Anfälligkeit für alle möglichen Krankheiten schränkt er dich unendlich ein.
Du hast dich aber derart an ihn gewöhnt, dass du meinst, alles in Kauf nehmen zu müssen, um ihn ja nicht zu verlieren.

Warum all diese Umstände? Warum all diese Sorgen um deinen Körper?

Entscheidend ist doch nur, dass du in Liebe, in Wahrhaftigkeit, in Rechtschaffenheit, in Frieden und in Gewaltlosigkeit lebst.

Alles andere braucht dich nicht zu kümmern.

Ich gebe dir nämlich bei jeder Geburt genau den Körper, den du benötigst, um *deine* Erfahrungen auf Erden zu machen.

Und sei versichert: Er ist jedes Mal und für jeden ideal und vollständig.

Du haderst immer wieder mit deinem Leben und mit Mir.
Du hast dann das Gefühl, dass alles nicht so läuft, wie du es dir vorstellst.

Es geht dir zu langsam, ist dir zu beschwerlich. Du meinst, du entferntest dich mehr von deinem Ziel, als dass du dich ihm nähertest.

Natürlich ist es für dein Leben und deine Entwicklung typisch, dass du Phasen durchlebst, in denen du erforschen *musst*, ob du auf dem rechten Weg bist.

Manche Menschen zweifeln aber so häufig und so intensiv, dass sie sich fragen müssen, was mit ihnen, ihrem Weg beziehungsweise ihrer Entwicklung los ist.

Falls du immer wieder mit dir, Gott und der Welt haderst, setze dich an einen ruhigen Ort – vielleicht vor deinen Altar – und frage dich, ob du dich wirklich schon dafür entschieden hast, dein Ziel erreichen zu wollen.

Solltest du feststellen, dass dir das unklar ist, gehe einen Schritt zurück und frage dich, ob du überhaupt weißt, was du willst beziehungsweise suchst.

Um etwas finden zu können, musst du zuerst wissen, was du suchst. Dir muss dein Ziel klar sein, um es überhaupt anpeilen zu können.
Schreibe Ziel und Zeitpunkt genau auf.

Und du musst dich *entscheiden*, *dass* und *warum* du es erreichen willst.
Erfüllst du diese Anfangsbedingungen nicht, sind all deine Bemühungen auf Dauer sinn- und wertlos, da du die Energie nicht aufbaust, nicht aufbauen kannst, die notwendig ist, um das zu erreichen, was du dir als Ziel gesetzt hast.

Oder anders ausgedrückt: Wie möchtest du für eine Reise packen können, wenn du weder weißt, wohin sie dich führt, noch wie lange sie dauert, noch wo es langgeht, noch welches Wetter dich erwartet und ob du da überhaupt hinwillst?

Kläre dein Ziel ab, kläre deinen Entschluss, dann erst kann dich Gott mit der Kraft und dem Durchhaltevermögen segnen, die für deinen Weg notwendig sind.

Es lebte im 19. Jahrhundert ein Mann, der zusammen mit seinem Sohn seine Existenz auf der Pelztierjagd aufgebaut hatte.
Der Mann liebte seinen Sohn sehr. Er schätzte aber auch seine Schwiegertochter und freute sich darauf, dass er bald Großvater werden würde.

Eines Tages waren Vater und Sohn unterwegs, um in einer etwas entfernter gelegenen Stadt ihre Felle zu verkaufen.
Als es dunkelte, machten sie auf einem Felsvorsprung Rast.
Plötzlich wurden sie von Räubern überfallen.

Der Mann wusste, dass die Räuber sie ermorden und die Felle an sich reißen würden.
Er stieß deshalb blitzschnell seinen Sohn die Böschung hinunter und rettete ihm dadurch das Leben.
Er selber kam im Kugelhagel der Räuber um. .

Was sagt uns diese Geschichte?
Die Räuber beziehungsweise Mörder stellen die Verkörperung der negativen Einstellung dieser beiden Männer dem Leben gegenüber dar.
Wer Tiere für seinen Profit ausbeutet beziehungsweise tötet, erleidet früher oder später das, was er den Tieren antut.

Der Mann konnte durch seine Liebe und Opferbereitschaft das Leben seines Sohnes retten, der weniger negatives Karma auf sich geladen hatte.
Sein eigenes Leben konnte aber nicht gerettet werden.
Durch seine Handlung hat der Mann aber viel gutes Karma erworben, das ihm in seinem nächsten Leben dienen wird.

Gute Taten, *verbunden* mit *Einsicht*, verhindern, dass dich die Konsequenzen deiner negativen Handlungen einholen.

Sei deshalb dankbar für alles, was du lernen kannst.
Freue dich über dein Leben.

Freue dich über alles, was dir begegnet, und versuche es zu verstehen.
Denn Wissen, verbunden mit einem offenen Herzen, ist die Grundlage für das, was dein wahrer Kern sucht: Die Befreiung selbst.

D*ie Liebe, sprich: das Selbst, gibt und vergibt.*

Das Ego dagegen nimmt und vergisst.

Liebe und Vergebung sind das Wesen aller Beziehungen.

Fehler zu machen gehört zum Lernprozess des Menschen.
So auch in Beziehungen.

Ohne Vergebung ist deshalb keine Beziehung lebensfähig.

Ich möchte es sogar umgekehrt ausdrücken: Fehler entstehen in einer Beziehung, damit du lernst, dein Herz zu öffnen.

Wenn du genau hinsieht, wirst du erkennen, dass gerade *die* Fehler gemacht werden, die für deine Entwicklung notwendig sind.

Sieh deshalb immer, was du bekommst, und gehe stets davon aus, dass es zigfach mehr ist als das, was du siehst.

Denke immer daran, dass *Zufriedenheit zum Selbst, Unzufriedenheit zum Ego gehört.*

Je mehr Ego du hast, desto schwieriger wird dein Leben, besonders aber dein Sterben werden.

Sieh deshalb Unzufriedenheit *immer* als ein Warnsignal an, das dich darauf hinweist, dass du *unbedingt* etwas unternehmen, das heißt in den meisten Fällen, dass du deine Einstellung verändern musst.

Die Wahrheit ist nämlich, dass es überhaupt keinen Grund für Unzufriedenheit gibt – außer dem, dass du nicht siehst, wie viel du nimmst und wie viel du vergisst.

Gib und sei zufrieden, dann sind das Fließen, das Leben und die Liebe dein.

Große Wahrheiten werden häufig in Paradoxa, in scheinbaren Widersprüchen, ausgedrückt.

Der Zen-Buddhismus trägt dem Rechnung, indem er mit so genannten Koans arbeitet.

Koans sind vordergründig sinnlos erscheinende Sätze, die bei tief gehender Betrachtung einen weit reichenden Sinn offenbaren.

Denkt man zum Beispiel über „das Klatschen einer Hand" nach, kommt man früher oder später in eine Sackgasse.

Das ist das Ziel des Koans. Es macht uns nicht nur deutlich, sondern lässt es uns *erleben*, dass das Denken nicht die letzten Wahrheiten erfassen kann.

Das Herz, die Intuition können die großen Widersprüche überbrücken und noch so große Paradoxa auflösen.

Und warum drücken sich die großen Wahrheiten in Paradoxa aus?
Weil die gesamte Schöpfung ein Paradoxon darstellt.

Die Welt erscheint als eine schier unendliche Vielfalt.
Sie *erscheint* aber nur so durch das Wirken der Illusion beziehungsweise des Scheins, die mit der Außenwelt verbunden sind.

Im Grunde ist die Welt nicht vielfältig, sondern vollkommene Einheit: Der Eine Gott, der im Spiegel der Welt als Vieles erscheint.

Liebe das Leben, denn es gibt dir die Chance, den Einen Gott in der Vielfalt zu finden, indem du erkennst, dass sowohl diese Vielfalt als auch die Einheit du bist.

Das ist das ganze Geheimnis. Das ist deine ganze Kraft.

November

Der Monat November ist für das Aufkommen von Nebel bekannt. Die Atmosphäre kühlt sich ab. Die warme Erde dampft. Nebel entsteht.

Sieh zu, dass in deinem Leben möglichst kein Nebel entsteht, und wenn er da ist, dass er sich lichtet.

Was sind die besten Mittel gegen Nebel?
Unterscheidungsvermögen und Rechtschaffenheit.

Hast du diese beiden, bekommst du früher oder später automatisch Wahrheit, Liebe, Frieden und Gewaltlosigkeit dazu.

Dann ist der anfängliche Nebel nicht nur gewichen, sondern du stehst nun in strahlendem Licht.

Studiere Heilige Bücher. Verinnerliche deren Lehren durch Unterscheidungsvermögen, und setze sie mit Hilfe von Rechtschaffenheit in die Tat um.

Lass dein Leben eine Blume werden, deren Stiel Unterscheidungsvermögen, deren Blüte Rechtschaffenheit und deren Duft Liebe ist.

Diese Tugenden geben deinem Leben nicht nur Glanz, sie stellen auch den sichersten Schutz dar.

Denn sie bewirken, dass Ich immer bei dir bin, dich leiten, dich schützen und dich selbst durch die allergrößten Schwierigkeiten führen kann.

Gehe mit Gott, das heißt gehe mit der Kraft, die in dir ist und die du durch rechtes Handeln entfalten kannst, und die Situationen können noch so aussichtslos erscheinen: Du wirst den Sieg erringen, denn Wissen und Tugend sind bereits der Sieg.

Alles andere ist nur eine Frage von Karma und Zeit.

Die wichtigste Frage aller Menschen ist irgendwann: Wie kann es einen allgegenwärtigen Gott geben, der immer für mich da ist, wenn ich mich so hilflos und allein fühle?

Die Frage ist falsch gestellt.
Richtig müsste sie umgekehrt lauten: Wie kann es sein, dass es einen allgegenwärtigen Gott gibt, der immer für mich da ist, und ich bemerke es nicht?

Denke immer daran: In jeder Frage liegt die Antwort.

Deine erste Frage hast du auf den Kopf gestellt. Deshalb kannst du keine befriedigende Antwort bekommen.

Die Frage ist eben nicht, ob es Gott gibt oder nicht, sondern *warum* du Ihn nicht spürst beziehungsweise dich nicht wunderst, *dass* du Ihn nicht spürst.

Stellst du die Frage falsch, gibst du Gott die Verantwortung.
Gott ist aber wirklich unschuldig.

Du baust die Mauer zwischen dir und Ihm auf, die so lange stehen bleibt, bis du *erlebst*, dass dein Blickwinkel falsch ist.

Du merkst dann, dass *du* der Schöpfer deines Schicksals bist und dass du all die Macht hast, um die du andere beneidest.

Ich sage deshalb immer wieder: Hüte dich vor Neid beziehungsweise sieh ihn als Hinweis dafür, dass du noch nicht weißt, wie groß dein Wert ist.

Deinen Wert nicht zu sehen ist Zeitverschwendung. Deinen Wert nicht zu kennen ist die Wand, gegen die du ständig läufst.

Und dies ist die Antwort auf die anfängliche Frage: Du bist nicht allein.
Du bist es, der sich einsam macht.

Alle sind eins, alle sind gleich, alle sind vollkommen.
Denke immer daran. Vergiss es nie.

All das Fremde, Unverständliche oder gar Ärgerliche, das du an anderen zu erkennen glaubst, ist nur die Oberfläche. Im Grunde nichts als Schein, der dir natürlich zu schaffen macht. Aber nur, weil du dich noch darin verstrickst.

Ein wichtiger Lehrmeister in diesen Dingen ist der Tod, den ihr so sehr fürchtet. Ihr habt ihn jedoch schon häufig erfahren und als *positiv* erlebt.

Die Außenwelt und die mit ihr verbundene Illusion bedingen aber, dass ihr ihn fürchtet. Dies ist auch, vom Leben her gesehen, richtig. Würdet ihr den Tod nicht fürchten, würdet ihr bei der kleinsten Schwierigkeit zu ihm fliehen und nichts lernen.

Der Tod ist aus vielerlei Gründen wichtig.
Erstens löst er Situationen, in denen ihr euch viel negatives Karma aufladen würdet.
Zweitens nimmt er euch euer altes Kleid ab und gibt euch die Möglichkeit, ein neues zu bekommen.
Drittens ist er ein wichtiger Lehrer.

Der Tod lehrt euch, dass ihr alle gleich seid. Dass keiner in Wirklichkeit besser oder schlechter ist. Ihr seid alle von Mir auserwählt. Ich bevorzuge niemanden. Dies bedeutet nicht, dass Ich nicht zu jedem anders bin.

Siehst du, dies ist das Wunder des Lebens: Ihr seid alle gleich. Ihr müsst alle sterben. Aber jeder hat *sein* Leben, das einmalig ist. Und jedes Leben ist ein Wunder-Werk.

Deshalb sieh dem Tod mit mehr Gelassenheit, mit mehr Vertrauen entgegen. Ich bin immer bei dir.

Entweder du gehst nach dem Tod in Mich ein, oder du wirst wiedergeboren.

Und sei versichert: Ich gebe dir genau das Leben, das dir vollkommen entspricht.

Die Völker und Regierungen der Welt müssen gründlich umdenken. Es müssen ein positives Nationalgefühl und eine weltweite Bruder- und Schwesternschaft der Menschen entstehen.

Ein Nationalgefühl mit Herz und Ethik ist wichtig für jedes Land, da der Mensch ein Zuhause benötigt, in dem er sich geborgen fühlt und für das er sich auch einsetzt.

Unpersönliches Zusammenleben ist der Grund für die unzähligen Probleme, die ihr zu bewältigen habt.

Nationalbewusstsein fördert Bräuche, Trachten, Lieder, Feste und vieles mehr, das die Vielfalt des Göttlichen in der Welt ausdrückt.

Nationales Denken muss aber unbedingt mit Herz, mit Vernunft und Ethik verbunden sein, sonst führt es in die Katastrophe.

Fremdes muss genauso geehrt werden wie das Einheimische – auch wenn es fremd bleibt.

Fremde müssen mit mindestens der gleichen Achtung und Freundlichkeit behandelt werden wie Einheimische – schlimm genug, dass Ich diese Selbstverständlichkeit überhaupt betonen muss!

Das Wissen um die Einheit aller Menschen aller Länder muss jedem Bürger bewusst sein.

Glaube nicht, dies seien Utopien. Beginne heute noch, dieses Denken zu üben und in die Tat umzusetzen.
Ich möchte nämlich, dass du in der neuen Welt, die Ich schaffen werde, dabei bist.

Hüte dich vor Verwicklungen.
Eine Form von Verwicklungen entsteht, wenn Menschen sich *zu stark* auf einer rein emotionalen Ebene begegnen.
Sie fühlen sich dann „unglaublich" zueinander hingezogen. Verstehen sich „wunderbar", alles ist „ganz einfach", „sooo stark", „unfassbar" und „intensiv"! Diese Äußerungen machen sofort deutlich, dass sich hier eine karmisch bedingte Begegnung anbahnt.

Menschen haben diese Gefühle des Bekannten und Vertrauten, weil sie sich aus einem oder mehreren früheren Leben kennen.
Gerade deshalb ist Vorsicht geboten.
Verwicklungen finden sowohl zwischen Gleichgeschlechtlichen als auch zwischen Verschiedengeschlechtlichen statt.
Halte dich deshalb stets an Meine Empfehlung: *Die Herzen nah, die Körper fern.*

Deinem Körper sind von seinem Wesen her Verwicklungen eigen.
Der Grund für die Entstehung eines Körpers besteht in Verstrickungen und ihren karmischen Folgen. Sie bedingen die Wiedergeburt und damit die Bildung des Körpers.
Verwicklungen schaffen darüber hinaus intensive, leidenschaftliche Gefühle, die typisch für das Triebhafte sind, das die Überlebensmechanismen des Körpers ausmacht.

Was Ich mit Meiner Empfehlung „Hüte dich vor Verwicklungen" sagen möchte, ist, dass du bei einer Konstellation, wie Ich sie oben beschrieben habe, hellhörig wirst.
Lass dich nicht in tiefe Gefühle ziehen, ohne dir immer wieder Zeit zum Nachdenken zu nehmen.
Sieh Leidenschaft nicht als dein Ziel an, sondern strebe nach Liebe und innerem Frieden.

Das heißt *nicht*, dass du keine *tiefen* Gefühle haben sollst.
Du sollst dich nur vor Gefühlsstrudeln bewahren, die dich in Regionen mitreißen, in denen du Gefahr läufst, dich zu verlieren.

Denke daran: Dein wahres Ziel ist innerer Frieden!

Ich sage immer wieder: Wenn du einen Schritt auf Mich zukommst, gehe Ich hundert Schritte auf dich zu.

Dies ist eine tiefe Wahrheit, die als solche viele Schichten hat, wie etwa die, dass Gott Sich stets um den Menschen bemüht, unentwegt für ihn sorgt und immer bereit ist, ihm entgegenzukommen.

Der Satz drückt aber auch die Freiheit aus, die Gott dem Menschen lässt. Es heißt: „Gehst *du* einen Schritt". Der Mensch muss kraft seines freien Willens zeigen, dass er bereit ist, *bewusst* Kontakt zu Gott aufzunehmen. Tut er dies nicht, bleibt Gott im Hintergrund.

Hier tut sich eine weitere Schicht auf: Gott drängt Sich nie in den Vordergrund. Gott hält Sich zurück und kann deshalb jederzeit und von jedem übersehen werden.

Es ist tatsächlich wie im Film. Zunächst sieht man die Schauspieler. Sie bestimmen das Geschehen. Manche spielen ihre Rolle so gut, dass naive Zuschauer meinen, sie seien tatsächlich die Figur, die sie spielen. Spielt ein Schauspieler zum Beispiel einen Arzt, dann schreiben sie ihm und bitten um eine Diagnose oder ein Rezept!
Die meisten Zuschauer wissen aber, dass das, was sie sehen, nur ein Spiel ist. Ganz wenige interessieren sich jedoch für den Regisseur. Sie wissen, dass Schauspieler in vielen Fällen Schöpfungen eines Regisseurs sind.

Auf das Verhältnis von Gott und Mensch übertragen, bedeutet dies: Gott ist der Regisseur, der von Seiner Aufgabe her im Hintergrund bleiben muss. Deine Beziehung zu Ihm drückt sich darin aus, inwieweit du Sein Wirken erkennst.

Du kannst über viele Leben glauben, die Schauspieler seien reale Gestalten, und wirst ihnen dementsprechend begegnen.

Irgendwann, durch irgendeinen „Zufall", wird jedoch dein Interesse geweckt, und du möchtest hinter die Kulissen sehen.

Dies ist der Moment, in dem Gott dir entgegengeht.

Die Menschen reisen heute viel. Das hat den Vorteil, dass ein lebhafter Austausch stattfindet, der durch die Medien noch unterstützt wird und der in früheren Jahrhunderten in diesem Ausmaß nicht einmal für die größten Phantasten vorstellbar gewesen ist.

Das Ganze hat aber neben den vielen auf der Hand liegenden Vorteilen, wie nicht zuletzt der besseren Völkerverständigung, einen nicht geringen Nachteil.
Deutsche reisen zum Beispiel nach Thailand, lernen dort einen Partner kennen – in den meisten Fällen ist es eine Frau – und kehren mit ihm nach Deutschland zurück. Dies ist natürlich nicht auf Deutsche beschränkt. Japaner gehen nach Italien, Inder nach England, Franzosen nach Kanada.
Der Möglichkeiten gibt es unendlich viele.

Was hier geschieht, ist die Entwurzelung von Menschen und die Verwässerung von Kulturen.
Ich bin für die Abgrenzung der Länder, der Provinzen, der Gemeinden und der Städte. Ich bin für den Erhalt der Individualität eines jeden Landstrichs.
Vielfalt ist Göttlichkeit.
Deshalb bin Ich auch dafür, dass eine Gesellschaft aus verschiedenen Schichten besteht.
Ihr habt in den westlichen Ländern die verschiedenen Klassen abgeschafft, weil die oberen die unteren ausbeuteten, verachteten und ihnen keine Rechte gewährten. Solch eine Gesellschaftseinteilung ist Gottlos und muss untergehen.

Ich gehe aber von der Realität aus, dass Menschen auf verschiedenen Stufen in ihrer Entwicklung stehen. Deswegen müssen die Höheren für die Niederen sorgen wie ein Vater für seine Kinder.
Die Höheren sind verantwortlich für das Wohlergehen der Gesellschaft. Dieses Wohlergehen muss für sie die erste Bürgerpflicht sein.
Heute dagegen fühlt sich keiner verantwortlich. Ein Mensch in einer Führungsposition kann mehr oder minder tun und lassen, was er will, und geht als größtes Risiko ein, nicht wieder gewählt zu werden.

⇨

Unter diesen Umständen ist eine Gesellschaft, die aus verschiedenen Schichten besteht, die wahre Hölle.

Ich will aber, so sehr wie irgend möglich, den Himmel auf Erden bringen. Ich will, dass alle Menschen an den Ort gelangen, an dem sie sich gemäß ihren Fähigkeiten und ihrer Entwicklung entfalten können.

Ich will, dass die Mächtigen die Freunde der Machtlosen sind.
Dass die Reichen für die Armen sorgen.
Ich werde nicht ruhen, bis dies vollbracht ist.

Du machst dich unendlich klein. Du glaubst, ein Niemand zu sein, der im Grunde nichts vollbringen, nichts bewirken kann.

Um dein schlechtes Bild von dir auszugleichen, hebst du dich andererseits besonders hervor.

Das Ganze ist so absurd, als glaubte ein Elefant, er sei eine Maus, und freute sich besonders, wenn er sich bei anderen als kleines Kätzchen „anpreisen" kann.

Mache dich nicht klein.
Sieh dich vielmehr als die verkörperte Glückseligkeit, Weisheit und Allmacht.

All diese drei zeigen sich in deiner Sprache.

Du kannst gar nicht so klein sein, dass du mit deinen Worten nicht Glück verbreiten oder jemanden verletzen könntest.

An der Macht der Sprache erkennst du deinen hohen Rang.

Mache dich nicht klein, lebe nicht dein Ego.
Werde dir vielmehr der Macht bewusst, die du in dir hast.

Überlege, wann du reden solltest. Lerne, das Schweigen zu genießen.
Finde deine innere Stimme. Rede mit ihr. Frage sie, wann du schweigen und wann du reden sollst.

Du musst nur wenig tun, um deine großen Fähigkeiten in dir zu spüren.
Warte nicht auf morgen. Auch nicht auf „irgendwann heute", sondern fange gleich jetzt an.

Alles andere ist unendliche Energieverschwendung.

Mit dem freien Willen wurde dir die Möglichkeit gegeben, dich für Gott oder für die Außenwelt, die Illusion zu entscheiden.

Entscheidest du dich für die Außenwelt, entscheidest du dich für dein Ego. Entscheidest du dich für Gott, entscheidest du dich für dein Selbst.

Andere Alternativen gibt es nicht.

Genau besehen gibt es überhaupt keine Alternative, denn das Selbst *muss* gerettet werden.
Du bist nämlich nicht dein Ego. Du bist dein Selbst und unsterblich.

Wenn du dich mit deinem freien Willen für die Außenwelt entscheidest, erhältst du *die* Möglichkeit, Erfahrungen zu machen und zu lernen.

Die Aufgabe der Außenwelt besteht darin, dir die Situationen vorzuspiegeln, die für deine Entwicklung nötig sind.

Die Welt ist die große Lehrmeisterin. Denke daran: Alles ist Gott, auch die Außenwelt.

Deshalb stellt die Welt den lehrreichen Umweg dar: Du wendest dich, kraft deines freien Willens, von Gott ab und der Illusion zu, und was geschieht? Du kommst wieder zu Gott, nur siehst du Ihn nicht, weil Er von der vielgesichtigen Außenwelt verdeckt ist.

Deshalb kannst du niemals verloren gehen: Wohin du auch gehen magst, überall ist Gott an deiner Seite und führt dich wohlbehalten zu *dir* zurück.

Alles ist vergänglich. Das einzig Bleibende ist dein Du, und das bin Ich.

Dein Ich dagegen, an dem du so hängst, hat nur eine Aufgabe: Dich zu diesem Du zu führen. Ist dein Ich zu einem Du geworden, so wird dieses Du früher oder später eins mit Mir.

Und was bedeutet dieses Du? Es ist dein veränderter Blick, der dich von dir ab-sehen und dein Gegenüber in seinem Wert erkennen lässt.

Und wer ist dieses Gegenüber?
Jemand beziehungsweise etwas, das du wirklich liebst.

Liebst du jemanden, möchtest du ihm wirklich nah sein und möchtest mit deinem Wesen sein Wesen erfassen, dann öffnest du dich für dein Du.

Dies ist der Augen-Blick, in dem du das Du erkennst.
Das ist das ganze Geheimnis.

Deshalb sage Ich immer wieder, dass du Gott bist.
Gott ist dieses Du in dir. Gott ist der Kern, um den du kreist.

Da lebst du so viele Leben, verstrickt in der Welt mit ihren vielen Tentakeln, in denen sich dein Ich so leicht verfängt und die es nicht mehr loslassen will.

Und plötzlich sitzt du da und musst schallend lachen, denn du verstehst, wie blind du warst und wie falsch deine Vorstellungen waren.

Dies ist der Moment, in dem Gott in dir durchbricht. Ganz vorsichtig, um dich nicht zu erschrecken. Seine Kraft wird aber immer stärker. Bis du zu dem Punkt kommst, wo du weder die Außenwelt noch dein Ich, sondern nur noch dein Du beziehungsweise Mich siehst.

Dann bist du am Ziel deiner langen Reise angekommen.

Und nimmst wahr, dass Ich immer an deiner Seite war.
Als dieses Du, das du bist.

Genau besehen müsste „freier Wille“ bedeuten, dass du tun kannst, was du willst. Das stimmt, und es stimmt auch nicht.

Es gab, besonders im 20. Jahrhundert, Menschen, die Entsetzliches getan haben. Angeblich waren sie frei. Keiner hat sie gehindert.

Das ist richtig und doch falsch.

Es stimmt, sie konnten Entsetzliches tun, aber nur, weil zur gleichen Zeit Seelen auf der Erde waren, deren Karma sich mit dem dieser Dämonen entweder in positiver oder negativer Weise verband.
Deshalb bekamen diese Macht und mussten jene leiden.

Ihr habt einen freien Willen. Ihr seid aber nicht frei, die Konsequenzen eurer Taten zu bestimmen.
Dies tue Ich.

Du wirst immer ernten, was du säst. Dies ist die Gerechtigkeit der Welt.

Die Gnade äußert sich darin, dass die - häufig abgemilderten! - Konsequenzen deines Handelns dir helfen, zu erkennen und dein Herz öffnen.

Und was erkennst du? Dass dein Wille erst dann wirklich frei ist, wenn du *bewusst* und aus voller Überzeugung das Gute, und nur das Gute, tun kannst und willst.

Die Philosophen sprechen gerne von Ethik.
Sie unterscheiden dabei zwischen Ethik und Moral.

Moral leiten sie vom Lateinischen „mores", Sitten, ab, Ethik dagegen vom Griechischen „ethos", was Gesinnung beziehungsweise Charakter bedeutet.

Sie meinen, die Ethik müsse begründbar sein, weswegen sie sich bemühen, sie nachweisbar darzustellen – man denke nur an Sokrates' Satz: „Wer das Gute kennt, tut es auch!"
Die Sitten sehen sie mehr aus den Gewohnheiten und Bräuchen eines Volkes gewachsen und deshalb im Grunde weniger ihrem Fachgebiet als dem der Ethnologen zugehörig.

Ich halte deshalb den Begriff Moral für wichtig, weil Ich der Ansicht bin, dass die Sitten eines Volkes rein sein müssen, damit seine Gesinnung es auch sein kann.
Sitten werden bereits den Kleinkindern nahe gebracht und durch frühes Einüben zur Gewohnheit. Sie haften dann besonders fest.
Ich messe daher der Notwendigkeit größte Bedeutung bei, dass Menschen bereits im zartesten Kindesalter die richtigen Sitten, sprich: *Verhaltensweisen* lernen, sie gleichsam mit der Muttermilch einsaugen.

Ich rate dir deshalb – und hier kommt die Ethik zum Tragen: Überlege dir heute, welche deiner Verhaltensweisen positiv sind und mit Meinen Lehren übereinstimmen.
Diese behalte bei.

Die negativen Gewohnheiten dagegen verbanne aus deinem Leben – mögen sie dir noch so lieb geworden sein –, sie könnten dich ansonsten eines Tages um Kopf und Kragen bringen.
Halte am Positiven, am Moralischen beziehungsweise Ethischen fest, schwanke nicht, wenn du dich einmal entschieden hast.
Bitte Gott um Hilfe, und du wirst dich selbst von deinen schwersten Ketten befreien können.

Denn schlechte Gewohnheiten sind kein Ausdruck von Freiheit, sondern von Sklaverei – und dies viele Leben lang.

Sicherlich ist es dir schon einmal aufgefallen, wie sich das Gesicht eines Schauspielers von einem Film zum nächsten allein durch geschicktes Schminken *grundlegend* verändern kann.

An und mit dem eigenen Äußeren kann man viel vertuschen, retuschieren, kaschieren.

Es gibt Menschen, die wissen, wie sie ein Engelsgesicht herzaubern können, obwohl ihr Herz aus Eis ist.

Hüte dich deshalb vor dem äußeren Schein. Glaube nicht, du könntest jemandem an der Nasenspitze ansehen, was er in seinem Herzen spürt.
Es wäre nicht das erste Mal, dass du genarrt wirst.

Was kannst du aber tun, um dich vor bösen Überraschungen zu schützen?
Es gibt nur ein einziges wirklich sicheres Mittel: Bitte den Herrn um Schutz und um die Gnade, dass du *dein* Herz kennen lernst.

Wer sein Herz kennt, kann nicht mehr getäuscht werden.
Denn wer sein eigenes Herz kennt, kennt jedes andere auch.

So gesehen haben die Enttäuschungen, wie alles so genannte Negative, etwas ausgesprochen Hilfreiches: Sie zeigen dir, wie weit du dein Herz kennen gelernt hast beziehungsweise wie weit du dich selber narrst und meinst, etwas zu kennen, von dem du gar nichts weißt.

Lasse los.
Lasse deine Wünsche los. Nimm dir für den heutigen Tag vor, dir jeden Wunsch genau zu überlegen und, wenn möglich, jeden beiseite zu schieben.

Denke immer daran, dass du die verkörperte Glückseligkeit bist.
Dass du im Grunde nichts benötigst. Dass du alles hast, was du brauchst.
Dass du vollkommen bist.

Was benötigst du dann noch?

Deine Wünsche sind fast alle Illusionen.

Falsche Versprechen von Glück, das du so nie, niemals finden könntest.

Wie kannst du zum Beispiel Äpfel dadurch finden, dass du in einem Rübenfeld gräbst?

Das Glück, das du suchst, ist in dir: Es wartet seit vielen, vielen Leben nur darauf, endlich von dir entdeckt zu werden.

Und was tust du?

Du gräbst nach Äpfeln und anderen Früchten wahllos in der Erde herum.

Erhebe deinen Blick, und du wirst feststellen, dass alles Obst wohl beschienen und leicht erreichbar vor deinen Augen hängt.

Lasse deshalb los und gewinne.

Gewinne alles.
Es gibt keinen Weg, mehr zu bekommen, als indem du loslässt.

Loslassen heißt, dich zu finden. Denn du bist das, was du suchst.

Lobe deine Kinder! Es ist kaum vorstellbar, aber viele Menschen kennen es nicht, gelobt zu werden. Viele wurden vielmehr nach dem – schrecklichen! – Motto erzogen: „Keine Kritik ist Lob genug!“

Bedenke: Kritik ist in den meisten Fällen überhaupt keine Erziehungsmethode, sondern ausschließlich zerstörerisch.

Manche Eltern schrecken leider nicht davor zurück, zu ihren Kindern zu sagen: „Du bist nichts!“, „Aus dir wird nichts!“, „Du bist faul!“, „Du bist blöd!“, „Du bist ein Versager!“, „Ein dummer Nichtsnutz!“

Solche Sätze stellen Seelenmord dar, denn sie graben sich in die Seele deiner Kinder ein und können sie ein Leben lang bestimmen.
Diese Sätze können aus einem begabten Kind einen Versager machen. Sie werden zu seinem inneren Programm, das es bestimmen wird.

Achte deshalb sorgsamst darauf, welche Programme du deinen Kindern vermittelst. Motiviere sie. Lobe sie. Mache ihnen deutlich, dass sie alles erreichen können, wenn sie sich einsetzen und wenn sie ihre gesetzten Ziele mit Ausdauer verfolgen.

Liebe ist nicht nur eine Empfindung. Liebe ist auch, dass man das Gute am anderen sieht *und* sagt.

Zum Schluss noch etwas: Kannst du das viele Gute in deinen Kindern nicht sehen, dann suche fachliche Hilfe auf!

Wo rennst du hin?
Wie – dahin, wo du dich finden kannst?

Hast du bereits gefragt, was deine Selbstfindung kosten soll?
Du nennst einen Geldbetrag – dann kann es nicht die Selbstverwirklichung sein, die Ich meine.

Meine Selbstverwirklichung kann man nicht im Laden kaufen.

Meine Selbstverwirklichung erfordert Opfer und Verzicht, Bemühung und Durchhaltevermögen, Glauben und Vertrauen.

Bei Mir zahlt das Selbst keinen Preis, nur das Ego muss sich einschränken.

Bei der gängigen Selbstverwirklichung, der „modischen", streicht das Ego einen hohen Gewinn ein, während das Selbst leer ausgeht.

Ja, wo rennst du hin? Zum Ego oder zum Selbst?

Du musst erst entscheiden, was du möchtest, bevor du in ein Geschäft gehst. Du kannst nicht einfach, weil du spürst, dass du etwas brauchst, in den erstbesten Laden gehen und es kaufen wollen.

Stell dir vor, du benötigst Reis. Da du nicht nachdenkst, gehst du einfach in das Geschäft eines Klempners und kommst mit einem Stück Rohr nach Hause.

Wem wäre da gedient?
Niemandem außer dem Klempner!

Prüfe deshalb erst einmal dich selbst und finde heraus, *ob* beziehungsweise *was* du suchst.
Frage dich, was du *investieren* möchtest, um dein Ziel zu erreichen. Schreibe dein Ziel beziehungsweise deine Ziele auf. Bitte dann Gott um Hilfe. Er wird dir helfen.

Aber hilf du Ihm auch: Durch dein Unterscheidungsvermögen und dein Durchhalten.

Der Tod schreckt euch so, weil ihr euch nicht auf ihn vorbereitet.

Hast du ein Werkzeug, das du dringend benötigst, und es geht kaputt, so berührt dich dies sehr.

Benötigst du dagegen ein Werkzeug nicht, liegt es irgendwo herum und geht verloren, dann merkst du es möglicherweise überhaupt nicht.

Genauso ist es mit dem Körper und dem Tod. Durch den Tod gibst du all das auf, was mit dem Körper verbunden ist. Der Körper ist dein Werkzeug, das du eine Zeitlang dringend benötigst. Das dann aber immer mehr an Bedeutung verlieren sollte.

Dies ist der tiefere Sinn des Alters, das ein ständiges Verblühen des Körpers mit sich bringt. Es soll dir helfen, dich von deinem Körper weg- und zu Gott hinzuwenden.

Beginne heute noch mit der Wiederholung des Namens Gottes (27.2.), tue Gutes, und der Tod wird das glückliche Lächeln auf deinen Lippen nicht erschütternauslöschen.

Mache dich nicht klein.
Mache niemanden für dein Schicksal verantwortlich außer dich selbst.

Ich sage immer wieder: Du bist Gott.
Sieh dir dein Leben, dein Schicksal an.
Du hast es geschaffen. Leide nicht darunter, sondern verändere es.
Du hast die Macht dazu.

Keiner außer dir kann dein Schicksal verändern. Das ist die Göttlichkeit im Menschen, dass er sein Schicksal selbst in Händen hält.

Ein Tier ist seinem Schicksal ausgeliefert. Es lebt irgendwo in einer bestimmten Art und Weise und kann nicht viel anders.

Der Mensch kann durch seine Einsicht und seine Entschlusskraft sein Leben von heute auf morgen *grundlegend* verändern.

Mache dich nicht klein.
Öffne vielmehr deine Augen. Nimm dein Schicksal in die Hand. Gib ihm eine positive Wendung.

Sieh das Göttliche in der Welt, und finde den Gott in dir.

So groß bist du heute schon.

Pflichterfüllung ist das halbe Leben – und fast das ganze Glück.

Es gibt aber noch eine andere Seite des Glücks: Die Leichtigkeit.
Die große Kunst besteht nun darin, das rechte Maß von beiden zu finden und zu leben.

Lebst du zu viel Pflichterfüllung, dann wird dein Leben matt und grau – und du auf Dauer auch!
Lebst du zu viel Leichtigkeit und leidet dabei das, was du unbedingt tun musst, dann geht früher oder später auch die Leichtigkeit verloren.

Strebe deshalb die Pflichterfüllung an, die auch Leichtigkeit beinhaltet.
Bedenke: Deine Einstellung zu allem ist entscheidend.

Strebe die Harmonie an, die in einer Pflichterfüllung besteht, die Leichtigkeit erzeugt.

Ich verstehe darunter die Pflichterfüllung, die aus Liebe und Fröhlichkeit erwächst.

Durch Liebe lernst du, deine Aufgabe gut und mit Freude zu machen.

Durch Liebe und Fröhlichkeit lernst du, offen allen Menschen gegenüber zu sein.

Durch Liebe kannst du die Einheit aller Herzen erleben.

Dies meine Ich, wenn Ich von einer Pflichterfüllung spreche, die von Leichtigkeit erfüllt ist. Sie besteht in der Liebe, die daraus entsteht, dass du für andere und damit erst richtig *für dich* da bist.

Sei deshalb dankbar, wenn du mit Freude, wenn du mit Leichtigkeit geben kannst.

Ich kann es nicht deutlich genug betonen:
Geben zu können *ist* Gnade.

Gott ist voller Liebe, und die Welt ist vollkommen.

Du fragst dich, wie Ich so etwas sagen kann bei all dem Leiden, das überall zu beobachten ist.

Ich wiederhole immer wieder, dass der Mensch – zumindest auf einer bestimmten Stufe – nicht urteilen soll, weil er die Zusammenhänge viel, viel zu wenig überblicken kann.

Gottes Realität reicht von Ewigkeit zu Ewigkeit. Dein Blickwinkel ändert sich dagegen von Tag zu Tag und ist außerdem sehr begrenzt.
Wie möchtest du unter diesen Umständen ein klares Bild haben?

Das Klügste, was du tun kannst, ist deshalb, zuerst Meine Aussagen anzuhören und sie anschließend zu überprüfen.
Mit anderen Worten: Versuche die Welt anzusehen, *ohne* zu urteilen.

Ich sage dir: Die Schöpfung ist so gefügt, dass am Ende *alle* Lebewesen Segen und Gnade erfahren werden.

Meine Liebe und Mein Gerechtigkeitssinn lassen gar keine andere Wahl.

Wie absonderlich, ungerecht, unfair oder gar grausam etwas auch erscheinen mag, vertraue darauf, dass hier eine Gerechtigkeit und Liebe zum Ausdruck kommen, deren Wurzeln du nicht siehst.

Und wie erkennst du die Wurzeln?, fragst du dich.
Durch Demut.
Demut bewirkt nämlich, dass du dich dem angeblich Offensichtlichen verschließt, um dich dem scheinbar Unfassbaren zu öffnen.

So, wie du die Augen öffnen musst, um sehen zu können, musst du dich für die tiefsten Wahrheiten öffnen, um größere Zusammenhänge sehen und erfassen zu können.

Demut ist dabei der Express, der dich auf dem schnellsten Weg zu den Quellen des Seins führt.

Weißt du, was es bedeutet, wenn du viel streitest?

Es bedeutet, dass du mit dir selbst nicht zurechtkommst.

Wer viel streitet, sollte sich immer fragen, was er falsch macht.

Es gibt Menschen, die haben kaum Verhaltensalternativen: Entweder sie streiten, oder sie lassen sich alles gefallen.

Beides ist der falsche Weg.

Das Ziel ist, in vollkommener Harmonie mit sich und seiner Umwelt zu leben.

Dies ist kein Wunschtraum, sondern dann möglich, wenn du deine Wünsche, besonders deine unbewussten, zuerst kennen lernst und anschließend reduzierst.

Nütze daher – wenn du schon einmal in Streit gerätst – die Situation nicht dazu, anderen etwas klar zu machen, sondern als Hinweis, dass du dir selber vieler Dinge noch bewusst werden musst.

Das Ziel ist nämlich, dass du dich in Liebe und Frieden mit anderen austauschst.
Dies beinhaltet, dass du mit fester Freundlichkeit klarstellen kannst, was du willst beziehungsweise nicht willst.

Und dass du sicher weißt, dass du dies auch vertreten kannst.

Freundlich.

Unfreundlichkeit erzeugt Reibung. Und Reibung ist Energieverschwendung.

Freundlichkeit ist dagegen das Öl, ohne das auf Dauer alles stehen bleibt.

Die Schwäche vieler Menschen besteht darin, dass sie keine Einheit von Gedanken, Worten und Werken herstellen beziehungsweise aufrechterhalten.

Lebst du dagegen die Einheit dieser drei, wirst du erfolgreich werden, weil sie deine Kraft enorm wachsen lässt.

Du lebst dann in Wahrheit, die Rechtschaffenheit erzeugt aus der Liebe erwächst. Aus der Liebe entsteht Frieden und aus dem Frieden Gewaltlosigkeit.
Durch diese innere Verknüpfung (vergleichbar dem Buddhistischen Pfad der achtfachen Achtsamkeit) schließt sich deine Kraft an die Göttliche Energie an. Nichts kann dich aufhalten, nichts kann dich bedrohen. Nichts kann dich niederdrücken. Dein Sieg ist gewiss.

Die Menschen geben die Einheit von Gedanken, Worten und Werken auf, weil sie Illusionen verfallen beziehungsweise von ihren weltlichen Wünschen verführt werden.
Der Mensch liebt es zu glauben, dass weltliche Bedürfnisbefriedigung die Freude bringt, die er sucht.

Er hat im Jenseits die Göttliche Glückseligkeit erlebt und sucht sie deshalb auf Erden mit allen Mitteln und überall.

Die Welt ist aber so eingerichtet, dass er diese Glückseligkeit einerseits hier nicht finden kann und andererseits gezwungen wird, weiter zu fragen.
Dieses Weiterfragen ist der Weg, der zur Befreiung führt. Bei allem, was dir begegnet, solltest du fragen: „Ist es dies? Ist es das?"

Nur wenn du aus deinem Inneren, aus deinem Selbst, die Antwort bekommst, dass es das Gesuchte ist, verweile, und nimm es an.

Alles andere lasse liegen, da es einen der vielen Umwege auf deinem Weg darstellt.
Diese Umwege sind Spiegelungen deines Ego.

Dein Ziel ist aber dein Selbst.

Halte die Mitte!
Weißt du, warum das wichtig ist? Ich will es dir sagen.

Der Griechische Philosoph Aristoteles stellte, in Anlehnung an seinen Lehrer Platon, eine Theorie auf, die die Mesotes-Lehre genannt wird. Sie besagt, dass das Gegenteil von etwas Negativem ebenfalls negativ ist.

Das Positive, so lehrte er, ist dagegen die beide verbindende, erhöhende Mitte.

Er erläutert dies an dem Beispiel von Tollkühnheit und Feigheit. Beide sind nicht in der Mitte, haben sie doch jeweils vom Gleichen einmal zu viel und einmal zu wenig.

Die Feigheit zu viel Angst, die Tollkühnheit zu wenig.
Die Tapferkeit stellt dagegen die beide verbindende goldene Mitte dar.

Die meisten Menschen wechseln zwischen den negativen Polen Trägheit und Hektik. Beides Gemütszustände, die seelische Energie verzehren.

Tiefe Lebensweisheiten drücken sich häufig in Paradoxa, in Widersprüchen aus, weil die Wahrheit im Selbst liegt, in dem die Logik, und damit der Satz des Widerspruchs, aufgehoben sind.

Ein Paradoxon, das Ich ernst meine, lautet: Willst du faul sein? Willst du dich ausruhen? Dann tue viel!

Weißt du, wieso dies keine Absurdität ausdrückt? Weil die Faulen auf Dauer nicht faul bleiben können. Das Leben erlaubt es nicht.
Deshalb müssen sie häufig in kürzester Zeit sehr viel nachholen und leiden dadurch unter großer Anstrengung und Hektik.
Sie müssen dann nämlich Doppeltes und Dreifaches leisten.

Teile dir die Zeit ein. Schiebe nichts auf. Schreibe deine Ziele auf. *Entscheide.* Handle.
Übergib die Konsequenzen Mir, und du wirst handeln und trotzdem in Ruhe sein.

Zweifle nicht an Gott.
Zweifle nicht daran, dass Er reine Liebe ist.
Dein Zweifeln an Gott bedeutet nichts anderes, als dass du an dir selbst zweifelst.

Du hast deine wahre Natur noch nicht erkannt. Du bist in die Außenwelt, in die Illusion verstrickt. Und weißt dies. Zwar unbewusst, aber du weißt es.

Dieses unbewusste Wissen bedingt, dass du einen Schuldigen suchst – entweder sind es die anderen oder Gott.

Aber sieh: Gott kann nicht schuldig sein, weil Er dir in Liebe all das gab, was du brauchst.
Er ist dein Atem. Er ist dein Leben. Er ist all dein Hab und Gut.
Er hat dir all dies gegeben. Du gehst ständig mit Gott um – weißt es nur (noch!) nicht.

Du kannst Gott nicht beleidigen. Du kannst Ihn nicht verletzen. Du verletzt nur dich selbst.

Suchst du in anderen einen Schuldigen, verlierst du eine wichtige Chance zu lernen.

Natürlich kann Ich dein Leben so einrichten, dass du immer wieder auf dieselben Dinge gestoßen wirst. Aber *du* musst sie verstehen, *du* musst lernen.

Ich kann dir die Gelegenheit zum Lernen geben.
Ich kann dir aber trotz all Meiner Liebe und all Meiner Macht den Lernvorgang nicht abnehmen.

Du allein kannst lernen, du allein kannst aus deinem Erleben Rückschlüsse ziehen. Dies kann Ich dir nicht abnehmen.

Aber Ich kann dir dabei helfen.
Merkst du aber, dass Ich dies ständig tue?

Babys kommen direkt aus dem Jenseits. Sie sind deshalb voller Liebe und Vertrauen. Sie leben ausschließlich im Hier und Jetzt. Das heißt, sie sind ganz in ihrem Selbst gegründet.

Babys schlafen viel, weil sie damit die Nähe zu Gott weiterhin genießen können.
Ihr Körper hat runde, gefällige Formen und ist zart und biegsam. Die Haut ist faltenlos straff.

Je mehr die Zeit vergeht, desto mehr bilden sich neue Strukturen, die für das Leben auf Erden wichtig sind: Es entwickeln sich das Denken, das Ich-Bewusstsein, das Unterscheiden von Dein und Mein.
Und der Körper verhärtet sich.
Dieser Prozess geht bis zum Tod. Je älter der Mensch wird, desto starrer wird gewöhnlich sein Körper.

Das heißt: Biegsamkeit bedeutet Jugend und Leben. Starrheit steht für Alter und Tod.

Bewahre dir deine Flexibilität. Vermeide alle Starrheit.
Finde das Kind in dir, und finde zu deinem Spiel.
Spiele jeden Tag etwas, und kehre damit den Prozess um.
Anstatt immer starrer zu werden, werde immer verspielter, immer weicher, immer leichter.

Das Außen ist immer eine Widerspiegelung des Innen.
Je verspielter du wirst, je mehr du Kontakt mit dem Kind in dir, mit deinen zarten, weichen, liebevollen Seiten aufnimmst, desto biegsamer wird auch dein Körper.
Füge dich geschmeidig in die tiefen Paradoxa, in die scheinbaren Widersprüche des Lebens.
Erkenne die großen Wahrheiten, weil du sie mit den weiten, unschuldigen Augen eines Kindes betrachten kannst.

Stirb deshalb jung, weil du spielend mit dem Kind in dir alt werden konntest.
Ganz biegsam, da die Altersstarre in dir keinen Halt finden konnte.
Voller Glanz und voller Segen.

Das Leben ist Gnade. Jedes Leben.
Ihr verfügt über zu wenig Hintergrundwissen, deshalb erscheint euch manches Schicksal als schrecklich und Gott als grausam.

Natürlich sollst du dein Herz öffnen und den Bedürftigen helfen. Aber ein Herz für die Armen beziehungsweise Leidenden zu haben muss nicht bedeuten, dass du mit Gott und der Welt haderst.

Ich kann dir nur versichern, dass jeder, der all seine Leben überblickt, die große Gnade und Gerechtigkeit erkennt, die sie kennzeichnen.

Glaube mir, alles wird zigfach ausgeglichen. Und bedenke, dass Härten nur entstehen, damit Seelen lernen, ihre negativen Handlungen beziehungsweise Gewohnheiten aufzugeben.

Keiner leidet umsonst. Jeder Schritt, den du auf Erden gehst – auch wenn du dir dessen nicht bewusst bist! –, hat das Ziel, dass du die ewige Glückseligkeit *bewusst* erreichst. Denn dein Weg kommt aus der Gnade, ist eingebettet in Gnade und mündet in Gnade.

Versuche deshalb, hinter allem immer das Gute zu sehen. Kannst du dies bei bestem Willen nicht, bemühe dich entweder mehr, oder nimm das Gute einfach einmal unbesehen an.

Habe keine Angst, du wirst nicht fehlgehen, denn Gottes Gnade ist überall.

Besonders aber bei denjenigen, die ihren Mut einsetzen, um das Gute zu finden beziehungsweise zu verwirklichen.

Gib heute noch die Vorstellung auf, Streiten führe zu irgend einer positiven Lösung.
Wenn du streiten willst, denke vielmehr daran, dass es zu Kampf, Zerwürfnissen, Scheidungen und Krieg führt.

Will jemand mit dir streiten, antworte nicht, sondern höre ihm zu. Steig nicht in den verbalen Kampf ein, sondern wiederhole innerlich den Namen des Herrn.
Sagt jemand zu dir, du seiest dumm, antworte nicht: „Du auch" oder gar: „Du weist gar nicht wie dumm DU bist!"

Geh nicht diesen Weg. Er führt dich mit absoluter Sicherheit in eine Sackgasse. Gehe unbedingt einen anderen. Glaube deshalb selber erstens, *dass* du nicht dumm bist. Das ist entscheidend!
Zweitens beziehe das Gesagte nicht auf dich als Person, sondern auf ein Verhalten von dir. Du kannst sehr klug sein und trotzdem eine Dummheit begehen. Dies ist völlig normal.
Drittens frage dein Gegenüber, was es meint. Frage etwa so: „Inwiefern findest du, dass ich mich dumm verhalten habe?"

Merkst du den Unterschied? Du sagst nicht, dass du dumm *bist*, sondern möglicherweise etwas Dummes getan *hast*. Dies drückt den entscheidenden Unterschied von Sein und Haben aus. Denn jeder kann ein Mal etwas Dummes gemacht *haben* – ohne deshalb dumm zu *sein*!

Antwortet dir dein Gegenüber auf deine Frage, höre gut zu.

Bedenke dabei unbedingt: Du bist nicht auf Erden, um Recht zu haben, sondern um etwas zu lernen.
Viele fanden sogar den Tod, weil sie Recht behalten wollten.
Du dagegen findest das Leben und den Frieden, weil du Streiten nicht als einen sinnvollen Weg ansiehst, sondern nachfragst, zuhörst, verstehst und eine gute Lösung für alle suchst.

Die gute Lösung, die es immer gibt.

Es waren einmal ein Mann und eine Frau, die waren verheiratet, verstanden sich gut und bemühten sich, ein kleines Geschäft aufzubauen.

Es wollte ihnen aber nicht gelingen. Lange Zeit standen sie kurz davor, aufgeben zu müssen.
Da sie sehr gläubig waren, gingen sie zu einem weisen Mann, um ihn um seinen Rat zu bitten.

Der hörte sich ihre Sorgen an und riet ihnen, zweimal am Tag und vor allem immer zur gleichen Zeit zu meditieren (25.7.), zudem jeden Tag stets zur gleichen Zeit zu essen und einmal in die Woche fasten. Außerdem sollten sie am Abend eines jeden Tages die Ziele für den nächsten Tag aufschreiben. Nach drei Monaten sollten sie wiederkommen.

Völlig verwundert kamen der Mann und die Frau nach Hause. Sie hatten sich irgendeinen „interessanten“ Rat erhofft, so etwas wie eine Offenbarung. Und nun sollten sie meditieren und pünktlich essen. Welch ein sonderbarer Rat!

Da beide ältere Seelen waren, kannten sie die Demut Weisen gegenüber.
Sie befolgten daher die Ratschläge, und ... siehe da, es stellte sich ein gewisser Erfolg in ihrem Geschäft ein, der stetig wuchs!

Nach drei Monaten gingen sie wieder zu dem Weisen. Der bestärkte sie in ihrem Tun und sagte, sie sollten nach weiteren drei Monaten wiederkommen. So ging es über viele Monate. Und ihr Geschäft begann mehr und mehr zu blühen.

Die beiden gingen immer wieder zu dem Weisen, um seine Ausstrahlung zu genießen und weil sie endlich wissen wollten, was der Grund für seine Ratschläge war.

Nach zwei Jahren sagte er ihnen: „Ihr seid nun gefestigt in euren neuen Gewohnheiten, deshalb will ich euch sagen, warum ich euch riet, pünktlich zu meditieren und zu essen, einmal die Woche zu fasten und eure Ziele auf zu schreiben.

⇨

Ihr hattet keinen Rhythmus und keine Ordnung in eurem Leben. Das schwächte euch. Ohne Ordnung und ohne Rhythmus kann man auf Dauer nichts erreichen.
Pünktlichkeit ist äußere Ordnung.
Fasten ist sowohl innere als auch äußere Ordnung.

Meditieren bezieht sich zunächst auf die innere Ordnung, strahlt aber mit der Zeit immer mehr auf die äußere aus. Zudem ist es entscheidend im Leben, seine Ziele festzulegen und aufzuschreiben.
Ihr hattet keinen Erfolg, weil ihr keine Ordnung in eurem Leben hattet.
Aber ihr hattet Demut und Bescheidenheit – entscheidende Tugenden, die als innere Ordnung wirkten und euch vor dem Scheitern bewahrten.

Haltet euren neu gewonnenen Rhythmus fest", fuhr der Weise fort, „haltet Ordnung in eurem Leben.
Klare Ziele, Rhythmus und Ordnung sind Grundvoraussetzungen, damit Gottes Segen auf euch kommen kann."

Ein altes chinesisches Bild ist der Vergleich von Eiche und Bambus. Die Eiche steht da, fest verwurzelt in der Erde, mit starkem Stamm und großer Krone. Sie sieht wie eine Festung aus. Kein Wunder, dass das Eichenholz als besonders hart und widerstandsfähig gilt.
Der Bambus zeigt ein ganz anderes Bild. Sein Stamm ist viel schlanker. Sein Blattwerk rauscht ständig im Wind. Außerdem wächst er – besonders verglichen mit einer Eiche – unglaublich schnell.
Was geschieht aber, wenn Schnee fällt?

Die Eiche bleibt fest und unerschütterlich stehen, bis sie bricht.
Der Bambus dagegen biegt sich, so dass der Schnee abfällt und er wohlbehalten selbst den stärksten Schneefall überlebt.

Was sagt dir dieser Vergleich?
Das Leben ist voller Wechselfälle, die zum Teil großen Druck auf dich ausüben können.
Manchmal ist es wichtig, wie eine Eiche den Widrigkeiten zu trotzen.
Ein andermal ist aber die starre Festigkeit der Eiche genau das Falsche. Der äußere Druck wäre zu groß und du würdest brechen.
Es ist dann wichtig, dass du dich biegst, dass du geschmeidig dem Druck ausweichst, damit er dich nicht zerbrechen kann.
Bemerkenswert ist, dass der Bambus seinen *Standpunkt* nicht aufgibt. Er bleibt gerade deshalb stehen, weil er sich biegen kann.

Für viele sind diese Bilder von großer Bedeutung.
Viele meinen, Tüchtigkeit und Standfestigkeit müsse zwangsläufig mit einem Mangel an Flexibilität und Leichtigkeit einhergehen. Das Ziel ist es aber, standfest und doch geschmeidig, flexibel und dennoch tüchtig zu sein.
Wer dies nicht kann, sollte sich den Bambus als Leitbild nehmen. Durch den Bambus könnte er lernen, dass man seinen Standpunkt auch dann vertreten kann, wenn man nicht jedem Druck mit Gegendruck, wenn man nicht jeder Last mit Kraft begegnet.

Bedenke: Wenn du nicht jedem Druck mit Gegendruck begegnest, ist dies nicht bereits List beziehungsweise Schwäche.

⇨

Weiche auf der anderen Seite nicht allem aus. Versuche nicht stets den Weg des geringsten Widerstandes zu gehen. Beziehe Stellung.
Gehe mit Gott. Bemühe dich um deine spirituelle Entwicklung, dann wirst du von deinem Herzen her wissen, wann du wie eine Eiche stehen und wann du dich wie ein Bambus biegen musst.

Einmal ganz unbeweglich. Ein andermal ganz geschmeidig.
Beide Male aber fest in deiner Mitte.

Damit sich die Gesellschaft wandeln kann, musste sich zuerst die Erziehung der Kinder verändern. Sie musste liebevoller, empfindsamer und achtsamer werden. Die Erniedrigung der Kinder musste aufhören. Ebenso das Schlagen.

Ich habe deshalb vor allem Sigmund Freud, Alfred Adler und C. G. Jung durch gezielte „Zufälle“ geholfen, auf die Erkenntnisse zu kommen, die den Grundstock ihrer Lehren bilden.
Das Bewusstsein im Westen musste sich verändern. Die preußische Erziehungsmethode musste überwunden werden.
Da alle traditionellen Wissenschaften nicht in der Lage waren, etwas grundsätzlich Neues hervorzubringen, musste die Psychologie mittels der Psychoanalyse wenn nicht neu geschaffen, so doch gewaltig gefördert und auf vollständig neue Grundlagen gestellt werden.

Besonders die Freudsche Psychoanalyse ist aber atheistisch. Freud war ein großer Skeptiker. Dies war eine ideale Voraussetzung für seine Arbeit als Forscher, weil sie ihn antrieb, immer wieder seine eigenen Voraussetzungen zu hinterfragen.
Für seine philosophischen Betrachtungen war es jedoch sehr nachteilig.
Freud konnte heilen, weil er ein großes Herz und zudem einen klaren Verstand besaß.
Viele Analytiker und andere Psychologen beziehungsweise Therapeuten haben dagegen weder das eine noch das andere.

Es ist an der Zeit, dass die Psychologie nochmals umgewandelt wird. Es muss die Verbindung zwischen guten, Erfolg versprechenden Techniken und klarer spiritueller Ausrichtung geschaffen werden.

Jedes noch so kompetente Heilverfahren ohne Anbindung an Gott ist gefährlich.
Jede noch so kompetente Psychotherapie ohne Ausrichtung auf Gott ist unverantwortlich.
Was will sie denn therapieren, wenn sie weder weiß, *dass* Gott ist, *wer* Gott ist, *wo* Gott ist noch *wie* man zu Ihm gelangt?

⇨

Die so genannte Wissenschaft verschwendet unendlich viel Zeit und Geld, um alles „mathematisch exakt“ zu beweisen. All das sind Sandkastenspiele.

Nur die spirituelle Dimension kann ihr das eröffnen, was sie sucht: Das Wissen um das *Ganze*.

Dezember

Heute beginnt der Heilige Monat Dezember, in dem ihr Christi Geburt feiern könnt.

In dieser Zeit kommt ein besonderes Licht auf die Erde.
Die spirituelle Welt bereitet die Geburt des Heilands vor. Jedes Jahr aufs Neue zur Freude aller Geschöpfe.

Christus kam, und die Dunkelheit musste in einem enormen Umfang weichen. Sein physisches Verweilen auf Erden war nur kurz, doch Seine Wirkung wird ewig bleiben.

Seine Kraft ist Gottes Kraft. Sie kann niemals ausgelöscht werden.

Das Entscheidende für dich ist, dass du dich für diese ewige Energie öffnest, dass du sie in dich fließen lässt und damit deine Liebe befreist.

Christus ist Liebe. Christus ist das Leben, denn Leben ist Liebe.

Möchtest du wie Christus leben, musst du dich Ihm hingeben, denn nur hingebungsvolle Liebe kann verändern.

Lass dich nicht vom Kreuz schrecken. Wer einen Körper hat, muss ihn früher oder später aufgeben.

Lässt du dich aber von dem Christus in deinem Herzen an die Hand nehmen, dann ist der Tod nichts anderes als die Verwandlung von Licht in Licht, von Liebe in Liebe, von Wissen in Wissen.

Denn all dies ist bereits in dir.
Du musst es nur entdecken.

Die Herabkunft von großen Heiligen beziehungsweise Gott-Menschen wird lange vorher angekündigt. Gott schickt Boten, die die Menschen auf das große Ereignis vorbereiten sollen.

Dies ist aber nur ein Aspekt der Vorankündigung.
Der andere besteht in der Haltung des Herrn. Er will nämlich Seine vollkommene und absolute Einheit von Gedanken, Worten und Werken dokumentieren, indem er das Erscheinen Heiliger Menschen ankündigt und dann auch geschehen lässt.

Gott denkt nichts, was nicht Wirklichkeit wird.
Gott verschwendet keine Gedanken. Gott träumt nicht. Gottes Traum wäre Realität, da Seine Vorstellung stets mit Willen und Sein Wille immer mit Realität verbunden ist.
Gott als absolute Realität kann nichts Irreales denken, da für Ihn Denken, Wort und Tat eins sind.

Nimm Gott als Maßstab, und vereinige auch du in deinem Leben Gedanken, Wort und Werk. Versprich nichts, was du nicht halten kannst. Schweige lieber, als dass du etwas Falsches sagst. Übe das Paradoxon, durch Schweigen zu reden.

Der Mensch redet viel zu viel. Er verliert damit sehr viel innere, sprich: spirituelle Kraft.
Wer innere Kraft verliert, verliert an Selbstwert. Wer an Selbstwert verliert, meint dies durch Ersatzhandlungen kompensieren zu müssen.
Eine dieser Ersatzhandlungen ist, viel zu reden.

Viel reden bewirkt einen Teufelskreis, der die inneren Kräfte mehr und mehr schwächt.
Schweige deshalb, und gib durch dein Schweigen. Sei anwesend und schweigsam. Sei nicht unfreundlich oder unhöflich. Antworte, wenn es für andere notwendig ist. Finde dann aber zu deiner Stille zurück.
Rede, wenn du mit deinen Worten wirklich etwas geben willst.
Ansonsten schweige.

Konzentriere dich auf dein Selbst und erfülle es mit innerer Ruhe. Dies ist das Schönste, was du deiner Umwelt geben kannst. Denn aus Ruhe folgt Geduld, aus Geduld rechtes Handeln, aus rechtem Handeln Erfolg, aus Erfolg Selbstwert. Aus Selbstwert Selbstverwirklichung. Und aus Selbstverwirklichung Ruhe.
Dies ist der Göttliche Kreis, der nicht in sich selbst, sondern in Glückseligkeit mündet: Als Schweigen geschlossen, als Selbstverwirklichung ganz offen, als Glückseligkeit klar ausgerichtet.

Wir nähern uns jetzt der Zeit, in der im Norden Europas der erste Schnee fällt – oder bereits gefallen ist.

Der Schnee hat eine große symbolische Bedeutung. Er zeigt, wie eine Landschaft in kürzester Zeit völlig verwandelt werden kann. Mag sie vorher noch so unansehnlich gewesen sein, der Schnee überdeckt alles und macht sie hell und rein.

Was heißt dies für dich, der du nach mehr, nach der Verwirklichung selbst strebst? Es besagt: Werde rein wie der Schnee, dann wird alles, was mit dir in Berührung kommt, rein sein.

Und wie wirst du rein? Indem du *siehst und wertest*, was du leistest!

Viele Menschen verstricken sich in Negativität, weil sie nicht gelernt haben das Gute zu sehen, das sie tun. Sie denken deshalb schlecht von sich – und verlieren so Stück für Stück das Gute aus den Augen.

Denn *du wirst, was du denkst*. Achte deshalb sorgsamst auf dein Denken. Das heißt, denke *positiv*!

Schreibe – vielleicht mit Hilfe eines Freundes oder einer Freundin – auf, welche deine positiven Eigenschaften sind. Schreibe dich gut! Ich sehe zum Beispiel mindestens 50 – 100 positive Eigenschaften bei dir!

Sieh deine Leistungen. Sei gut zu dir. Und du wirst rein und strahlend schön wie der Schnee.

Hat Gott eine Chance bei dir?
Bist du in deiner Kontoführung von Soll und Haben fair?

Wie viel lastest du Gott an, und wie sehr bist du für das dankbar, was du von Ihm bekommst?

Vielfach ist es so, dass du die Gaben, die du von Ihm erhältst, als vollkommen selbstverständlich annimmst.

Wenn aber etwas nicht so verläuft, wie du es dir vorstellst, machst du Ihn dafür verantwortlich.

Und wie stehst du dir selbst gegenüber? Siehst du dich ebenso kritisch?
Die Antwort ist: Ja. Du siehst in Gott nichts anderes als die schlechte Meinung, die du von dir selbst hast.

Du magst dich nicht. Du schätzt dich nicht. Du siehst nicht, was du leistest.
Du kritisierst dich im Grunde ständig und suchst bei anderen das Lob, das du dir nicht geben kannst und deshalb auch nicht bekommst.

Du machst dich in deiner ständigen Suche nach Lob gänzlich abhängig von anderen. Was dich natürlich noch mehr schwächt.

Wenn du schon *deinen* Wert nicht sehen kannst, sieh wenigstens den Wert anderer oder Gottes.
Erkenne, wie viel andere beziehungsweise Gott dir geben.

Öffne deinen Blick für andere, und habe kein schlechtes Gewissen, wenn du etwas bekommst, sondern sei einfach dankbar.

Dankbarkeit ist die beste Heilung für alle nur erdenklichen Krankheiten – seien sie physischer oder psychischer Natur.

Dankbarkeit erhellt zudem die Seite deines Ego, die versucht, deinen Selbstwert zu untergraben.

Und von der deine Unklarheit in deiner psychischen Buchführung herrührt.

Ich sage immer wieder, dass Gott Liebe ist.
Weißt du eigentlich, wieso Ich das sage?

Einmal natürlich, weil es die Wahrheit ist. Besonders aber, um dich auf etwas Entscheidendes hinzuweisen: Du hast *deine* Zeit für deine Entwicklung.

Gott straft dich nicht. Gott drängt dich nicht. Gott versucht nicht, dich in eine Form zu pressen, die deinem Wesen nicht entspricht.

Ich mache dich immer wieder auf die Gefahren aufmerksam, die das Denken in sich birgt. Weißt du eigentlich, warum?

Weil es das fehlgeleitete Denken ist, das dir einredet, Gott würde dich strafen, Gott würde dich verurteilen.

Gott kann all dies nicht. Ganz im Gegenteil. Er ist ständig bemüht, dich vor Schaden zu bewahren.

Du bist es tatsächlich selbst, der du dir alles so konstellierst, wie du es dann erlebst.

Die Welt ist nämlich eine „Wundermaschine". Sie schafft genau die Bedingungen, die für *dich* notwendig sind, damit du das lernen kannst, was du lernen musst, um deine wahre Bestimmung zu erkennen.

Du bist Gott. Du bist der Schöpfer des Universums, der Schöpfer der Welt. Du schaffst dir alles so lange, bis du erkennst, dass du Gott bist.

Gott begleitet dich auf deinem Weg mit all Seiner Liebe, damit du keinen Schaden erleidest.

Siehst du, nun kommst du bereits an einen Punkt, an dem dein Denken scheitert: Dieser Gott, der dich begleitet und beschützt, dieser Gott bist auch du.

Verstehst du nun, wenn Ich dir sage, dass Gott nur der Spiegel ist?

Dieses Verstehen ist Weg und Ziel zugleich.

Ihr freut euch über alle möglichen kleinen Geschenke – die großen dagegen lasst ihr liegen!

Da kommt der Nikolaus mit seinem großen Sack, und was nehmt ihr? – Ein paar Nüsschen!

Es liegt so viel Kraft, so viel Erfüllung in deinem Herzen, und was tust du? Du läufst irgendwelchem wertlosen Glitzer hinterher.

Sieh, wie reich beschenkt du bist. Nur dann kannst du von Herzen geben. Nur dann kannst du dich offen mit anderen austauschen. Nur dann kannst du selbst in den schwierigsten Situationen lächeln. Nur dann ist dein Glück bleibend. Machst du dich klein, gerätst du zwangsläufig in Machtspiele und – Gezänk. Du wirst damit zwangsläufig zu dem, was die Psychologen so treffend einen „Krankheitsgewinnler" nennen.

Siehst du dich dagegen als groß, *erlebst* du deine Stärke und Würde, musst du nicht auf niedere Weise um Ansehen und Einfluss kämpfen und betteln.

Oder, anders ausgedrückt: Machst du dich klein, entscheidest du dich für das Kriechen. Entscheidest du dich hingegen dafür, dein wahres Wesen anzunehmen, *siehst* du, dass die Vollkommenheit, um die du andere beneidest, in dir liegt, und öffnest dich für das Licht.

Und der Glanz wird ganz von allein dein sein.

Es ist Adventszeit. Die Zeit vor der Herabkunft des Herrn.

Gott versprach den Menschen, dass Er sie nie verlassen werde. Dass Er immer für sie da sei. Dass Er sie retten werde.
Aus diesem Grund schickte Gott viele Heilige und Propheten und kam Selbst mehrere Male, um die Menschen beziehungsweise die gesamte Welt zu retten.

Die Adventszeit soll dich daran erinnern, dass Gott Seine Versprechen weder bricht noch vergisst. Gott hält vielmehr immer Wort.

Wie sieht es mit *deinen Versprechen* aus?
Gibst du sie mit dem festen Vorsatz, sie zu halten? Sind dir Versprechen so Heilig, dass du immer an sie denkst und keines vergisst?
Versprechen binden. Sie sind Verträge auf feinstofflicher Ebene.
Es kommt *immer* der Tag, an dem sie eingefordert werden. Entweder von demjenigen, dem du sie gabst, oder von Gott, der sie als Zeuge hörte.

Achte deshalb genau auf das, was du versprichst. Überlege dir vorher, ob du es einhalten kannst und willst.
Hast du Zweifel, so gehe ihnen nach und sprich sie gegebenenfalls an – möglicherweise stellen sie wichtige Hinweise dar, die du auf keinen Fall übergehen solltest.

Schwüre haben eine noch viel weiter reichende Dimension als Versprechen. Mit Schwüren rufst du Gott als Zeugen auf. Ein Versprechen kannst du lösen, indem du mit demjenigen übereinkommst, dem du das Versprechen gabst.
Einen Schwur kannst du dagegen nicht von allein lösen, denn Gott ändert Seine Meinung so leicht nicht.
Gehe deshalb sehr, sehr, sehr vorsichtig mit Schwüren um, sie könnten wie ein Bumerang auf dich zurückkommen und dich möglicherweise erschlagen.

Die Regel ist stets die gleiche, die Ich immer wiederhole: Rede wenig. Überlege dir genau, was du sagst. Und wenn du etwas sagst, dann sage es so, dass Gedanke, Wort und Tat eine Einheit darstellen.

Dann bist du immer beschützt.

Ich bin das Selbst. Das ist Meine Identität.
Du identifizierst dich mit deinem Körper und deinem Ego.
Ich bin immer glücklich und stets zufrieden. Du bist häufig unglücklich und fast immer unzufrieden.
Ich bin in ständiger Ruhe. Dir fällt es schwer, einen Augenblick still zu sitzen und nichts zu sagen, geschweige denn, nichts zu denken.
Mein Wissen um das Selbst, Meine Ruhe und Meine Zufriedenheit bedingen auch, dass Ich urteilen darf. Ich kenne die Zusammenhänge. Ich kenne die tieferen Beweggründe.
Du urteilst dagegen nach dem Schein und nicht nach dem Sein, da du weder dich noch das Sein kennst.

Sieh dir zum Beispiel Judas an. Ihr verurteilt ihn als Verräter Christi.
Und ihr irrt. Judas war kein Verräter, sondern liebte Christus abgöttisch. Er verstand nur nicht und war deshalb kleinmütig.
Er sah in Christus den neuen König. Einen Heiligen König, der sowohl über die irdischen als auch über die himmlischen Kräfte herrschte.
Judas glaubte, er könne Christi Wirken beschleunigen, indem er Ihn zwang, Seine wahre Macht zu zeigen.
Er hatte Ihn nicht verstanden.
Christus war zu groß, zu unfassbar für Judas' Geist.
Er konnte sich deshalb nicht vorstellen, dass Christus Sich wehrlos den Häschern übergeben würde.
Damit brach für Judas eine Welt zusammen: Er verlor den Menschen, den er über alles liebte. Gleichzeitig verlor er die Illusion, ein neues Judäa so geschaffen zu sehen, wie er es sich vorstellte.
Deswegen nahm er sich das Leben.
Er fand aber Christi Gnade und erlangte zwei Leben später die endgültige Befreiung.

Nimm dir ein Beispiel an dieser Geschichte.
Urteile nicht. Du kennst die Zusammenhänge nicht. Lerne vielmehr aus Judas' Verhalten, dass es sehr gefährlich sein kann, wenn man unbedingt seine Vorstellungen durchsetzen und andere zu ihrem Glück zwingen möchte.
Halte dich vielmehr an das Gebot, das selbst Gott und alle Engel bindet: Schränke nur in Notfällen einen Menschen in seiner freien Entscheidung ein. Und sei sehr vorsichtig in dem, was du als einen Notfall ansiehst.

Ich sage immer wieder, du solltest vertrauen, du solltest loslassen, du solltest Gott für dich sorgen lassen.
Du fragst zu Recht, wie du dies am besten tust.

Ja, wie lässt du am einfachsten Gott für dich sorgen? *Indem du deine Göttlichkeit siehst.*
Und woran erkennst du deine Göttlichkeit? An der Kraft deiner Sprache und der Magie der Schrift!

Das heißt praktisch: Schreibe deine Ziele auf, gestalte bewusst dein Leben und übernimm Verantwortung dafür.

Es gibt nur zwei Wege: *Entweder* du lässt alles laufen – und wenn es dann schief geht, gibst du anderen die Schuld. Dies ist eine sehr problematische – und von vielen Problemen gekennzeichnete! - Sichtweise, die dich deinem Glück keinen Schritt näher bringt. Vielmehr viel Leiden bewirkt.

Oder du übernimmst die volle Verantwortung für dich und dein Tun.
Entscheide deshalb genau, was du als Ziel deines Lebens anstreben willst – und schreibe es auf. Und erlange damit Meisterschaft über dich.

Werde der Gott deines Lebens. Werde dadurch frei, dass du die Verantwortung für dich und deine Handlungen übernimmst.

Tue dies und das Glück, die innere Ruhe und der Erfolg sind dein.

Warum lachst du so wenig? Wo ist deine Freude?

Du meinst, du seiest recht fröhlich. Ich dagegen finde, du könntest viel mehr lachen!

Du musst dir dein Leben neu einrichten: Du musst am Morgen aufwachen und das Erste, das du tust, ist dich zu freuen und zu lachen.

Du meinst, das sei zu früh, das sei zu viel verlangt. Zudem: Worüber solltest du gleich am Morgen lachen können?

Du irrst. Du meinst, du bräuchtest einen Grund zum Lachen. Falsch. Warum? Weil es unzählige Menschen gibt, die haben einen Grund – und lachen trotzdem nicht.

Halte dich deshalb an den Umkehrschluss: Wenn du mit Grund nicht lachen musst, kannst du auch ohne Grund lachen! Ja, das geht! Es ist eine reine Sache der Einstellung.

Wache deshalb auf und lache. Und lache den Tag immer wieder. Bis du einschläfst.
Lasse keinen Tag vergehen, an dem du nicht mindestens drei Mal gelacht hast – und steigere es auf dreißig Mal!

Ändere deine Einstellung. Dein Leben ist kein Leidensweg. Wer sagt, das Leben sei hart, wird ein solches haben! Bedenke: *Du* schaffst dir mit deinem Denken die Umstände, die du anschließend leben musst.

Gräme dich deshalb nicht, sondern lache. Kultiviere das Lachen. Mache eine wahre Kunst und Kultur daraus.
Und was wird geschehen? Das Leben wird unweigerlich zurücklachen und dich mit leichter, wunderbarer Freude erfüllen.

Und warum? Weil es gar nicht anders kann!
Das ist die große Macht des Lachens.

Denke daran und ... lache!

Ich möchte heute einmal über etwas sprechen, worüber wenige, wenn überhaupt, nachdenken.

Wie geht es eigentlich den *Vätern* von Gott-Menschen?
Wie erlebten es zum Beispiel Joseph oder der Vater von Ramakrishna Paramahamsa, dass das Kind, das ihre Frau gebar, im Grunde nicht von ihnen gezeugt war?

Es war für diese Väter keine leicht zu verarbeitende Tatsache, dass ihre Frau von einer Höheren Macht schwanger war – wobei dies, wohlgemerkt, nicht von dem Gedanken an die Jungfräulichkeit abhing, war Ramakrishna Paramahamsa zum Beispiel das vierte Kind seiner Eltern.

Die Liebe und das Vertrauen dieser Männer ihrer Frau gegenüber waren so groß, dass sie diesen Umstand annehmen und dieses Kind und dessen übernatürliche Zeugung als Geschenk und Ehre betrachten konnten.

Gottes Plan ist immer vollständig. Es gibt nichts, was Er nicht bedenkt, nichts, was keine Bedeutung hätte.

Die übernatürliche Zeugung der Gott-Menschen soll, von der Vaterseite her betrachtet, etwas Entscheidendes verdeutlichen: Das Leben ist voller Wechselfälle. Jeder Wechselfall beinhaltet eine Chance von Glück oder Unglück.

Lebst du in Unklarheit, Untreue oder Lüge, wird dich eine schwierige beziehungsweise zweifelhafte Situation zu Fall bringen.

Lebst du dagegen in Liebe, Treue und Aufrichtigkeit, kommt das Gotteskind zu dir, und du kannst dieses unendliche Geschenk offenen Herzens annehmen.

Dann gibt es zwischen Mann oder Frau, Mutter oder Vater, Kind oder Erwachsenem keinen Unterschied mehr.

Alles ist eins. Alles ist Gott. Alles bist du. Alles bin Ich.

Nur wer Gutes tut, ist frei und kann sich befreien.

Kein Mensch, der Schlechtes tut, kann von sich behaupten, er sei frei. Er ist nur der Sklave dunkler Triebe, die ihn bestimmen und ihm ein Karma schaffen, aufgrund dessen er unter Umständen noch lange leiden wird.

Dämonen, wie sie im 20. Jahrhundert auftauchten, haben unsagbares Leid über Millionen Menschen gebracht. Sie waren „frei", dies zu tun. Dies ist die Macht des freien Willens. Er hört aber auf, wenn es um das Ertragen der Konsequenzen geht. Du erntest immer, was du säst. Säst du Dornen, erntest du Dornen. Säst du Korn, erntest du Korn. Dies ist das Gesetz, das alles auf Erden bestimmt.

Jedes Lebewesen sucht Glück. Frei bist du aber nur dann, wenn du dem Guten gemäß handeln kannst, denn die positiven Konsequenzen deiner guten Taten führen dich zwangsläufig zum Glück.

Alles andere sind nur Umwege, bei denen dir aber Gott und hohe Seelen helfen – obwohl du deren Wirken häufig überhaupt nicht bemerkst.

Christus zum Beispiel kam, und kaum einer hat Ihn erkannt. Er ging bescheiden wie jeder Erleuchtete Seinen Weg – und nur wenige gingen mit Ihm.

Der Mensch verstrickt sich derart in der Welt, in der Außenwelt, in der Illusion, dass er den Blick und das Gespür für die wahre Wirklichkeit vollständig verliert.
Er hält die schwankende Erscheinungswelt für real und den auf Erden weilenden Gott für irreal.
Und anstatt die Ursache für seine Blindheit, nämlich sein Ego, zu kreuzigen, kreuzigt er Gott.

Aber erschrick nicht. In Wahrheit kannst du Gott nicht kreuzigen. Er bleibt unverrückbar an deiner Seite. Nimmt dich bei der Hand und führt dich, wenn die Zeit gekommen ist, sicher und wohlbehalten nach Hause.

Dies ist die andere Bedeutung von Advent.

Gott hat den Menschen auserwählt und wird niemals die Treue zu ihm brechen.
Christi Herabkunft ist ein Zeichen dieser unverbrüchlichen Treue und Liebe.

Christus kam, um das Licht dieser Liebe und Treue in eine Welt zu bringen, die durch Macht, Habgier und Brutalität gekennzeichnet war.
Die gleiche Situation herrscht heute, allerdings mit dem Unterschied, dass der Mensch ein Vernichtungspotential entwickelt hat, mit dem er die Existenz der gesamten Welt bedroht.

Der Herr kommt immer wieder auf die Erde, um die Zerstörung der Welt zu verhindern, um den Weg zu Glück und Frieden zu lehren und Seine Treue zu dokumentieren.

Du musst dich in dieser gesegneten Zeit fragen: Wie steht es mit *deiner* Treue?
Bist du deinem Partner und den Menschen, die dich umgeben, treu?
Oder vertrittst du die heutzutage weit verbreitete irrige Meinung, wichtig sei nur, dass man sich selber treu sei, ansonsten komme es nicht so darauf an?

Was würde aus dir werden, wenn auch Gott so dächte?
Sei also vorsichtig mit derart leichtfertigen Äußerungen.

Zum Herzen einer jeden Partnerschaft gehört Treue.
Eure Beziehungen sind so schlecht, weil ihr glaubt, ihr könntet auf Treue verzichten. Was ihr dabei erntet, sind nichts anderes als Probleme, Enttäuschungen und Schmerzen.
Die Flamme der Liebe im Herzen, die zwei Menschen verbindet, muss mit *größter* Behutsamkeit behandelt werden, sonst kann sie von einem Augenblick zum anderen erlöschen oder einen Flächenbrand entfachen, der kaum noch, wenn überhaupt, zu kontrollieren ist.

Denke an deine Beziehung zu Gott.
Denke daran, dass du Gott bist, und verhalte dich wie Er.
Überlege dir in kritischen Situationen: „Was würde Gott jetzt tun?“, und halte dir immer Seine unverbrüchliche Treue vor Augen.
Dann kann dich nichts Falsches blenden.

Die Außenwelt ist einerseits Illusion, andererseits aber auch Maßstab. Sie hat nämlich die Fähigkeit, dir genau zu zeigen, wo du stehst.

Hast du viele Probleme, die du nicht durchschaust, täuschst du dich in anderen beziehungsweise scheiterst du häufig in deinen Vorhaben, dann zeigt dir dies, dass du dich nicht kennst, dass du noch wenig Kontakt zu deinem Zentrum, deinem Herzen aufgenommen hast.

Ich wiederhole häufig, die Außenwelt sei eine reine Spiegelung. Dies heißt aber weder, dass sie vollkommen irreal ist, noch, dass sie keine Bedeutung hat.

Die Außenwelt ist deine große Lehrerin.
Durch nichts kannst du besser lernen als durch das Leben.

Erfahrungen sind die besten Lehrer, denn sie lassen dich spüren, was dir gut tut und was dir schadet.

Aber Vorsicht: Um die richtigen Erfahrungen machen zu können, musst du die rechte Führung haben.

Die Vorstellung, man müsse „alles einmal erlebt haben", ist äußerst gefährlich – oder möchtest du vergewaltigt werden, am Marterpfahl stehen oder unter der Guillotine liegen?

Richte dich auf Gott aus, und sei der Welt für all die Erfahrungen dankbar, die du durch sie machen kannst.

Prüfe alles, was du erlebst, mit Hilfe der Göttlichen Lehren, lerne daraus, und dein Leben wird voller Segen sein.

Kein Unglück, mag es noch so groß sein, bleibt am Ende ein Unglück, wenn du dich dadurch von deiner schrecklichen Feindin, der Unwissenheit, befreist.
Jedes Erlebnis kann dich bereichern und schließlich zu deinem Glück beitragen, wenn du es nützt, um die Unwissenheit in dir zu besiegen.

Unwissenheit ist wie ein furchtbarer Geruch. Du kannst noch so viel Parfum darauf schütten, es stinkt weiterhin – manchmal des Gemisches wegen noch schlimmer als vorher.

Unwissenheit kannst du nicht „wegschminken".
Sie kommt immer durch, wie der Husten oder ein dicker Bauch. Wie du es auch anstellst, sie lassen sich nicht unterdrücken.

Als Erstes musst du deshalb erkennen, dass Unwissenheit *die* Geißel deines Lebens ist. Alle weiteren Schritte schließen sich dann von selbst an.

Leider lieben aber viele ihre Unwissenheit so sehr, dass sie alles tun, um sie festzuhalten. Verlust, Leiden, Katastrophen sind damit vorprogrammiert, denn Unwissenheit und Erfolg passen nicht zusammen.

Halte dich deshalb niemals an die Unwissenheit. Sie bringt dir nur Leid und führt dich früher oder später mit Sicherheit zu dem Satz: „Hätte ich das doch *vorher* gewusst!"

Frage dich, wenn du diesen Satz aussprichst, ob du es wirklich wissen wolltest. Gab es wirklich keine Anzeichen, an denen du hättest ablesen können, dass es so ausgehen würde?

Sieh dich nicht als Maulwurf, der nur blind vor sich hin wühlen kann. Sieh dich nicht als vollkommen hilflos. Sieh dich vielmehr als vernunftbegabtes Wesen, dem alle Möglichkeiten in den Schoß gelegt wurden.

Sieh dich als Schöpfer, und du wirst es sein.

Die Natur ist frei, weil sie ganz Gottes Ordnung folgt.
Deswegen ist alles richtig, was sie tut beziehungsweise unterlässt.
Ich bin aufs Engste mit der Natur verbunden und sie mit Mir.
Deswegen rede Ich heute vom Winter, obwohl er nach dem Kalender erst später beginnt.
Achte aber einmal darauf, wie häufig es bei euch *vor* Winterbeginn schneit, Weihnachten dagegen häufig nicht „weiß“ ist.
Der Winter ist die letzte Jahreszeit im Jahr – und die erste des neuen Jahres!
Der Winter stellt sowohl das Ende als auch den Beginn der Entwicklung dar.

Genau wie das Jahr sollte dein Leben aufgebaut sein: Für das Frühjahr steht die Zeit des Heranreifens von der Geburt bis zum zwanzigsten Lebensjahr. Der Sommer symbolisiert die Zeit der Blüte von zwanzig bis vierzig. Der Herbst zeigt das Abnehmen der vitalen Kräfte von vierzig bis sechzig an. Und der Winter das Sich-Zusammenziehen des Körpers von sechzig bis zum Tod hin.
Gemäß dieser Einteilung lebt der Mensch bis zu seinem zwanzigsten Lebensjahr stark in seiner Vitalität und in seinem Ich-Bewusstsein.
Im Sommer seines Lebens hat er gewöhnlich einen Partner und Kinder und entwickelt das Du.
Im Herbst sollte seine Ausrichtung auf Gott mehr und mehr an Bedeutung gewinnen.
Im Winter sollten Mann und Frau wie Bruder und Schwester zusammenleben und gemeinsam den spirituellen Weg gehen.
Im Winter findet der Mensch die Wärme innen und nicht außen.
Um würdevoll und glücklich altern zu können, muss er die Liebe in seinem Herzen entfaltet haben, die ihn erfüllt und wärmt.
Diese Wärme kannst du aber nicht erst im Winter suchen. Es kann sehr kalt werden, wenn du dich erst, wenn es geschneit hat, um Holz und Ofen bemühst. Es kann dir passieren, dass du weder das eine noch das andere findest und bitterlich frieren musst.

Bemühe dich deshalb von klein auf, vom Frühling deines Lebens an, um deine Beziehung zu deinem Herzen, sprich: um deine Beziehung zu Gott.
Sorgst du frühzeitig vor, musst du später nicht frieren, sondern kannst geruhsam im Warmen sitzen.
Ganz hell, an Seiner Seite.

Die Natur ist vollkommen.
Dies siehst du auch daran, wie sie mit dem Schaffen neuen Lebens umgeht: Es findet vorwiegend im Verborgenen, im vollkommen geschützten Raum statt.
Die Eierschale umhüllt das Küken. Der Mutterleib schützt das Baby.
Warum tut die Natur das? Warum ist das ein Zeichen für ihre Vollkommenheit?
Sie tut es, damit das Werdende *seine* Zeit zur Reife hat und die entscheidenden Entwicklungen machen kann, ohne dass äußere Einflüsse auf es einwirken.

Lerne die Natur als Lehrmeisterin zu schätzen. Beobachte sie.
Lerne ihre Gesetze kennen, und setze sie in dein Leben um.
Frage dich stets: „Was bedeutet das? Welche Lehre kann ich für mich daraus ziehen?"
Aus dem Schutz, den die Natur dem entstehenden Körper gibt, kannst du lernen, wie du mit all dem umgehen musst, was in dir ganz neu und erst im Entstehen ist.

Schaffst du etwas, gib es der Öffentlichkeit nicht preis, bevor es nicht die entscheidenden Entwicklungen gemacht hat.
Die äußeren Energien könnten es sonst zerstören.
Denke an das Küken im Ei oder an den Embryo im Mutterleib. Sie wären außerhalb dieses Schutzes trotz der Fürsorge ihrer Eltern völlig lebensunfähig.

Alles hat *seine* Zeit. Alles braucht *seine* Entwicklung.
Versuchst du, Entwicklungsstufen zu überspringen, kann alles scheitern.
Was du schaffst, was neu aus dir erwachsen soll, benötigt *seine* Zeit der Reife.
Hat es diese gehabt, kann es sich dem hellen Blick der Öffentlichkeit stellen.
Hat es *seine* Zeit *nicht* gehabt, geht es entweder bei der ersten Kritik zugrunde oder lässt sie an sich abprallen, was sein Fortkommen enorm einschränken kann.

Gehe deshalb liebevoll mit dir und deinen Werken um und bedenke, dass Liebe in diesem Zusammenhang Fürsorge, Schutz, Behutsamkeit und Geduld bedeutet.
Lebst du diese viergefächerte Liebe, ist dir der Erfolg gewiss.

Das Leben lebt von der Erneuerung.
Dem Jungen, Neuen gehört das Leben. Das Alte stirbt.

Dein Leben ist viel länger als das der meisten anderen Lebewesen.
Du musst deshalb die Erneuerung in dir selbst suchen.
Diese Erneuerung, die den Kern deines Lebens darstellt, liegt in deinem Herzen.
Wie sehr beziehungsweise wie wenig du in Kontakt mit deinem Herzen bist, macht dein Alter aus.
Verstehst du das Neue nicht, hast du kein Herz für die Jugend, ist dein Herz verschlossen, bist du alt.

Frage dich deshalb Folgendes:
Kannst du dich mit einem Kind so verstehen, dass das *Kind* sich verstanden fühlt?
Kannst du Kontakt mit einem Kranken aufnehmen?
Liegt ein Lächeln in deinen Augenwinkeln?
Kannst du mit einer Musik in Ein-Klang sein?
Kannst du im Rauschen der Blätter träumen?

Kannst du dies, dann ist dein Herz offen und dein Leben voller Kraft.
Denke stets daran, dass die große Veränderung kommen wird.
Sei deshalb offen für das Neue.
Habe keine Angst. Angst macht dich starr. Angst macht dich unbeweglich und alt.
Öffne dich für das Neue.
Heiße die neue Göttliche Lebendigkeit, die durch die Welt strömt, willkommen.
Lass sie in dich dringen, auch wenn du das Gefühl haben solltest, dass sich dein Leben dadurch vollkommen verändern wird.
Sieh diese Veränderung als deine Rettung an, für die die Götter der Höchsten Himmel gebetet haben.

Ich bin immer bereit, dich zu retten. Ich bin dieses vollkommene Neue, auf das dein Selbst seit vielen Leben wartet.
Wo Ich bin, kann nichts Altes, Starres überleben.
Ich bin das offene Herz. Ich bin der Quell ewiger Jugend.
Ich bin die Liebe, die du suchst und die durch dich fließt.

Ich liebe den Monat Dezember mit seiner besonderen spirituellen Kraft.

Ich liebe das liebliche Licht, das durch Christi Geburt der Welt geschenkt wird und das dem Dezember seine Tiefe gibt.

Dazu eine kleine Geschichte: Es war einmal ein Mädchen, das war sehr einsam. Sie hatte niemanden, von dem sie sich geliebt fühlte. Sie spürte keine Wärme und besaß kein Spielzeug, mit dem sie die lange Zeit verbringen konnte.

Sie ging deshalb in den Schnee hinaus und baute sich einen Schneemann.
Mit ihm besprach sie all ihren Kummer. Umarmte ihn und ließ ihre Tränen an seinem kühlen Gesicht hinunterlaufen.

Dieser Schneemann wurde das Ein und Alles für das Mädchen.

Aber die Sonne stieg von Tag zu Tag, und das Mädchen wusste, dass ihr Schneemann eines Tages schmelzen würde.

Sie liebte ihn deshalb noch mehr. Sie war überzeugt, dass ihre Liebe alles verhindern könne.
Sie nahm sich vor, ihren Schneemann mit all der Liebe zu überschütten, zu der sie fähig war.

Sie tat es über Tage. Und die Sonne stieg weiter.

Plötzlich wurde der Schneemann von einem großen Licht erfüllt. Er schmolz in einem Augenblick, und das Mädchen sah sich von Angesicht zu Angesicht einem strahlenden jungen Mann gegenüber.

Sie hatte ihren Schneemann verloren. Es war genau das geschehen, was sie mit all ihrer Liebe hatte verhindern wollen. Doch sie bekam etwas Besseres und war deshalb voller Glück.

Warum? Weil ihre Liebe ihr den Himmel auf Erden bescherte und ihre Hingabe mit der größten Vollendung belohnt wurde.

Hast du dir einmal Gedanken darüber gemacht, wieso Weihnachten am Ende des Jahres liegt?

Die Weihnachtszeit ist eine hoch spirituelle Zeit, in der eine besondere Energie auf Erden herrscht. Du kannst jetzt Licht für das ganze Jahr tanken.

Weihnachten ist auch die Zeit der Abrechnung.

Du musst dich fragen, wie du dieses Jahr genutzt hast, wie deine spirituelle Entwicklung verlaufen ist.

Warst du dieses Jahr hindurch Gott nahe? Hast du Ihn ständig als deinen Begleiter erlebt und Seine Gegenwart wahrgenommen?

Kannst du diese Fragen mit „ja" beantworten, dann hast du ein großes Jahr erlebt, und Christus wurde zu Weihnachten tatsächlich für dich geboren und erstand Ostern für dich aus dem Tod auf, nachdem Er das Kreuz erlebt, erlitten, verwandelt und erhöht hatte.

Ich wünsche dir deshalb, Christus möge jedes Jahr mehr für dich geboren werden. Er möge dein Herz mit immer mehr Liebe und Wissen heiligen.

Schwanke nicht. Geh Christus entgegen, und vergiss nie: Du bist auserwählt.

Du bist der Christus, dem du begegnen wirst.

Es sind nur noch zehn Tage bis zum 31.12., bis zum Ende des Jahres.

Wie ging es dir während dieses Jahres?
Hast du dich so viel freuen können, wie Ich es Mir für dich wünsche?

Denke immer daran: *Das Leben ist Freude.* Wer sich nicht freut, lebt falsch!
Und wie viel erlebst du, worüber du dich freuen könntest!
Selbst wenn du krank bist, ist noch so viel in dir gesund, worüber du dich freuen kannst.

Anstatt achtlos einfach aufzustehen, begrüße morgens deine Organe: Gehirn, Lunge, Herz, Leber, Magen, Niere und so fort – und danke ihnen für ihren selbstlosen Dienst.
Versprich ihnen, dass du über den Tag verteilt immer wieder an sie denken und dich über sie *freuen* wirst.

Freue dich über die Menschen um dich.
Hast du Schwierigkeiten mit ihnen, überlege, was du aus diesen Schwierigkeiten und durch diese Schwierigkeiten zu lernen hast, und freue dich über die dir gebotene Gelegenheit, etwas lernen zu können.
Auch wenn du Schwierigkeiten mit Menschen um dich hast, freue dich, dass du nicht allein bist. Lebe nicht in der Illusion, du könntest allein viel besser leben. Du könntest es mit Sicherheit nicht – ganz davon abgesehen, dass du dein Karma nicht erfüllen könntest.
Hast du keine Schwierigkeiten, so nimm es auf keinen Fall als selbstverständlich an, sondern freue dich, freue dich und sei dankbar.

Ändere außerdem grundlegend dein Denken: Ärgere dich nicht über Menschen, Tiere oder Dinge, die sich nicht so verhalten oder so sind, wie du es erwartest.
Denke vielmehr über all das nach, was dir hätte zustoßen können, wie schwer dein Leben sein könnte und vor welchen Unglücksfällen du bewahrt wurdest.
Denke immer daran, dass auf *eine* Rettung, die dir bewusst wird, *tausend* kommen, die du nicht bemerkst.

Freue dich, freue dich. Du hast allen Grund dazu. Du bist so sehr beschenkt.
Für anderes als Freude gibt es in der Tat überhaupt keinen Platz.

Was hat sich in diesem Jahr für dich verändert? Worin bist du gewachsen?
Am besten kannst du diese Fragen beantworten, wenn du dir deine Sprache ansiehst. Ist sie ruhiger, milder, herzlicher geworden, dann hast du Fortschritte gemacht.
Wenn nicht, hast du dich nicht entwickelt oder sogar verhärtet.

Benütze diese Heilige Weihnachtszeit, um dein Herz zu öffnen, und verbinde deine Rede mit deinem liebenden Herz.

Du glaubst, Aggressionen seien dein bester Schutz? Welch ein Irrtum! Wie sagte Christus? „Wer mit dem Schwert verletzt, kommt durch das Schwert um!“

Nicht Aggression, sondern Liebe ist der beste Schutz. Es gibt keinen besseren.

Dies bedeutet nicht, dass du dich nicht verteidigen oder andere in ihre Grenzen weisen darfst.
Es soll aber freundlich, ohne Schärfe und ohne *Verwicklungen* geschehen.

Lebe leicht. Sei eine Feder und deine Sprache der Wind, auf dem sie schwebt.

Meide alles Harte und Schwere.

Denke stets daran: Eine Feder, die schwebt, ist frei.
Auf eine Feder, die am Boden liegt, wird leicht getreten.
Und plötzlich ist sie keine Feder mehr, sondern nur noch Straßenstaub.

Wie schade. Und nur, weil ein wenig Wind, ein wenig Leichtigkeit, ein wenig Poesie, ein wenig Herz fehlten.

Erkenne Meine Liebe für dich.
Erkenne, dass Ich dich stets begleite. Dass es Meine Aufgabe ist, dich zu beschützen und alles zu ermöglichen, damit du die Erfahrungen machst, die du machen musst.

Wisse, dass Ich dir mit unendlichem Verständnis und ebensolcher Nachsicht begegne.

Dieses Wissen musst du gleichsam trinken. Es muss ganz tief in dich eindringen.
Und weißt du, warum? Damit du endlich *weißt*, wie wertvoll du bist.

Das Wissen um deinen großen Wert ist die beste Voraussetzung, damit du deinen Mitmenschen mit Nachsicht und Verständnis begegnen kannst.

Hast du Schwierigkeiten mit jemandem, denke daran, dass ihr alle auf dem Weg seid.
Auf dem Weg zu sein bedeutet, dass ihr auf dem einen oder anderen Auge blind seid.
Eure jeweilige Blindheit führt zu Verwicklungen.
Verwicklungen bedeuten immer, dass ihr etwas zu lernen habt. Dass ihr in der einen oder anderen Hinsicht blind seid.

Denke daran, wie sehr Gott dich liebt und wie viel Er tut, um dich erfolgreich deinen Weg gehen zu lassen.

Sieh in deinem Nächsten deinen Weggefährten, der nur deshalb zusammen mit dir auf dem Weg dahinstolpert, weil er ebenso wenig wie du auf die Idee gekommen ist, die starke Lampe einzuschalten, die jeder von euch in der Hand hält.

Diese Lampe ist dein Wissen um deinen Wert.

Warum ärgerst du dich also darüber, dass er seine Lampe nicht einschaltet?

Bräuchte er überhaupt ein Licht, wenn deine Lampe brennen würde?

Heute ist Heiligabend. Die Nacht, in der Joseph und Maria durchs Land zogen, um eine Bleibe zu finden, da Maria hochschwanger war.
Maria saß auf dem Esel, den Joseph führte.

Die Menschen gaben ihnen aber keine Unterkunft, weswegen sie eine kleine Hütte aufsuchen mussten, die Weidetieren als Futterstelle und Unterstellplatz diente.

Hier gebar Maria den Heiland.
Christus kam, um die Welt zu verändern und Millionen Seelen zu helfen. Bereits bei Seiner Geburt zeigte sich Seine Vollkommenheit.

Um Gott in dir verwirklichen zu können, musst du deine Seele ordnen.
Dein Unterscheidungsvermögen, symbolisiert durch Joseph, muss deine tierischen Bedürfnisse, den Esel, anleiten.

Die tierischen Bedürfnisse bestimmen dann nicht mehr dein Seelenleben, sondern tragen treu und ergeben deine Liebe, nämlich Maria, die schwanger mit deinem Selbst ist.

Ist dein Selbst, ist Christus geboren, geht der Kometstern auf. Das bedeutet: Du kommst ins Licht, das Licht kommt zu dir.

Und was bedeutet es, dass Maria und Joseph keine Bleibe fanden? Die Menschen haben große Schwierigkeiten mit hohen Seelen.

Besonders nachts, wenn das Materielle an Bedeutung verliert und das Spirituelle an Macht gewinnt, fürchten sie sich vor dem Licht des Göttlichen, wie es auch den Hirten geschah, als sie die Engel sahen.

Damit dies nicht nur eine Erläuterung der Weihnachtsgeschichte bleibt, Meine Frage an dich: Wie hast du reagiert, als Gott bei dir an die Tür klopfte?

Sage bitte nicht, Er sei noch nicht da gewesen, denn Ich habe Ihn täglich gesehen.

Heute Nacht wurde Jesus Christus geboren. Mit Ihm kam ein großes Licht auf Erden.
Zur Rettung der Welt setzte der Herr wieder Seine vollkommene Liebe ein und schenkte Millionen Seelen Seine Gnade.

Heute ist dieser wunder-bare Geburtstag zu feiern, der uns die Gelegenheit geben soll, darüber nachzudenken, was Christi Wirken uns sagt, sagen *muss*.

Ich möchte eine Seite von Christi Tat beleuchten, die sonst nicht bedacht wird. Die Welt war auf einem barbarischen Stand, als Er kam. Allein die Kreuzigung zeigt, dass damals schreckliche Seelen auf Erden waren.

Christus kam und half *allen*. Selbst diejenigen, die Ihn weder sahen noch von Ihm hörten, wurden von Seiner Kraft erfasst.

Zudem führte Er viele Seelen zu einer solchen Höhe, dass sie die Befreiung erlangten und nicht wiedergeboren wurden.

Die Welt hätte aber gerade diese Seelen benötigt, um ihr Bewusstsein heben zu können.

Christus gab deshalb vielen Seelen so viel Liebe, dass sie in kürzester Zeit eine Entwicklung machten, für die sie sonst mehrere Jahrhunderte benötigt hätten.

Um den hohen Seelen Erlösung und den niederen Seelen Wachstum zu ermöglichen, wählte *Er* das Kreuz – das Symbol für den barbarischen Bewusstseinszustand jener Zeit.

Er wusste, dass Er mit Seiner Kreuzigung selbst die verschlossensten Seelen erreichen würde.
Über Jahrhunderte hinaus.

Dies war ein Zeichen Seiner unendlichen Liebe, die so wunderbar ist, dass du sie nicht nur einmal im Jahr, sondern täglich zigfach feiern solltest: Die große Liebe Gottes, der ausschließlich für dich kam und immer noch da ist.

Die Sprache kennzeichnet den Menschen.

Dieser Satz gilt in doppelter Hinsicht.

Einmal gehört es zum Menschsein , eine präzise, logische Sprache zu haben, mit der er sich von allem Begriffe bilden kann.

Zum anderen charakterisiert es einen Menschen, *wie* er spricht.

Ist seine Sprache sanft oder scharf, seine Wortwahl behutsam oder aggressiv, sein Ausdruck kultiviert oder primitiv?

Pflege deine Sprache. Achte sie wie eine besondere Blume, die du mit Vorsicht und Achtung behandeln musst.

Sprich so, dass Liebe das Bindeglied der Silben und Worte darstellt.

Denke immer daran, dass die Liebe das Entscheidende ist. Viel wichtiger als jede Logik. Denn die Liebe versteht *immer*. Die Logik dagegen kann sowohl verbindend als auch sehr trennend wirken.

Hüte dich deshalb vor Rechthaberei und Wortklauberei, und bemühe dich, deinen Gesprächspartner vom Herzen her zu verstehen.

Tust du dies, wird deine Sprache wie von selbst immer weicher, immer liebevoller, das heißt, sie erfüllt ihren ganzen Sinn und Zweck.

Heute ist der 27.12. – Zwei und sieben macht neun. Neun ist die Göttliche Zahl. Göttlich deshalb, weil man neun so häufig multiplizieren kann, wie man will, die Quersumme ist immer neun: 9 x 2 = 18, 1 + 8 = 9; 6 x 9 = 54, 5 + 4 = 9 und so weiter.

Die Zwölf steht für die Welt. Die zwölf Monate bilden das Jahr beziehungsweise die Tierkreiszeichen.

Die Quersumme von zwölf ist drei. Drei ist die Zahl, die alle Zahlen vor ihr beinhaltet: 1 + 2 = 3. Die 3 steht deshalb auch für Vollkommenheit. Der heutige Tag kann also als die Vollkommenheit Gottes in der Welt interpretiert werden.

Und wann kannst du diese Vollkommenheit Gottes in der Welt erleben? Wenn Frieden in den Familien und Freude und Vertrauen bei den Kindern ist.

Das Allerwichtigste, was Erziehung Kindern geben kann, ist eine positive Ausrichtung auf Gott, Selbstvertrauen, Freude am Leben und die Bereitschaft, für andere da zu sein.

Erziehung sollte deshalb den Kindern vermitteln, dass sie wertvoll sind, dass sie geachtet werden und dass das Wohl und Weh der Gesellschaft eines Tages auf ihren Schultern ruhen wird.
Kinder sind sehr wohl bereit, Verantwortung für sich und andere zu übernehmen, wenn sie von klein an ernst genommen werden und sich geachtet fühlen.

Dies sind die Kinder, dies sind die Menschen, die wir im Goldenen Zeitalter benötigen. Sie werden kommen, denn die Zeit von Hass, Strafe, Schlagen und sonstiger schwarzer Pädagogik geht zu Ende und macht der Zeit Platz, die den großen Wert glücklicher, selbstbewusster Kinder schätzt.

Schließe dich diesem neuen Denken an, dann hast auch du teil an der 9 in der 12, verbunden mit der 3 – oder etwas einfacher ausgedrückt: Dann genießt auch du dein Leben mit deinen Kindern, weil ihr alle in Freude und Achtung miteinander verbunden seid.

Dies ist der Weg der vielfachen Achtsamkeit.

Gott ist wunschlos. Gott schwebt in ewiger Glückseligkeit.

Hätte Er doch einen Wunsch, dann den, dass *du* wunschlos wirst.

Könnte Seine Glückseligkeit überhaupt noch gesteigert werden, dann dadurch, dass du endlich siehst, mit welcher Fürsorge der Herr dich bedenkt, wie Er alles für dich plant, wie sehr Er auf deine Entwicklung, dein Wohlergehen und deine Sicherheit bedacht ist.

Gott weiß um alle Zusammenhänge. Gott wohnt in deinem Herzen und kennt deshalb deine Gefühle und Gedanken. So ergibt es sich von selbst, dass Er dein Führer ist.

Bedenke einmal auch dies: Seit vielen, vielen Leben ist Gott an deiner Seite und hat unendlich viel für dich abgemildert und stets für dich gesorgt. Er ist immer für dich da. Du wanderst auf dem ausgebreiteten Teppich Seiner Liebe und siehst Ihn weder, noch hörst du Ihn.

Sobald aber irgendetwas – glaube Mir, zum Glück für dich! – nicht so verläuft, wie du es dir vorstellst, schimpfst du auf Gott, von Dem du nichts weißt, Den du nicht kennst.

Christus wurde vor drei Tagen geboren.

Ich würde Mich freuen, wenn du Ihn so in deinem Herzen aufleben lassen könntest, dass du merkst, wie Ich ununterbrochen deine Hand halte und Mein Blick dich in Mein Herz bettet.

Wir nähern uns dem Ende dieses Jahres.
Eines Jahres, in dem Ich dir Tag für Tag den Weg zur Befreiung gezeigt habe.

Gehe diesen Weg, und du wirst all das finden, was du immer gesucht hast.

Dein Selbst weiß genau, was es sucht. Du fandest es nur deshalb nicht, weil dein Ego dazwischen stand.

Das Ziel, das Ich dir weise, ist die endgültige Befreiung von den Ketten, die dich an Wiedergeburt und Tod binden.

Das unumstößliche Gesetz lautet: Wer geboren wird, muss auch sterben.
Aber auch: Wer sein Leben als Mensch gemäß Meinen Lehren und Gesetzen führt, wird zwar insofern sterben, als er seinen Körper abgibt. Seine Seele wird aber ewige Gemeinschaft mit Mir erlangen.

Befreie dich deshalb von allen Bindungen. Befreie dich auf allen Ebenen.
Das bedeutet: Befreie dich von den Bindungen an deine Vergangenheit, sofern dich das damals Erlebte immer noch beschäftigt.

Befreie dich in der Gegenwart von Streitsucht und Wortklauberei, von Wut, Hass, Neid, Eifersucht, Stolz und all den anderen Nattern, die deine Seele vergiften.

Prüfe Meine Lehren gründlich und folge ihnen dann, ohne zu rechten.

Schärfe deinen Verstand, und bleibe in der Wahrheit.
Hüte dich vor Arroganz, die dich glauben lässt, du hättest in allem Recht und dürftest auf andere herabsehen.
Befreie dich auch von den Bindungen an die Zukunft, indem du dir keine Sorgen über Dinge machst, die noch kommen können.
Vertraue alles Mir an. Tue deine Pflicht.
Weihe dein Leben Gott und sei glücklich.

Daran, wie glücklich du bist, kannst du ermessen, wie sehr du auf dem rechten Weg bist. Denn du bist gesegnet. Von Anfang an.

Es ist für dich von entscheidender Bedeutung, dass du dich immer wieder fragst, wo du stehst.

Was ist aus deiner Entwicklung geworden? Wie hast du dieses Jahr genutzt?

Weißt du, woran du am besten deine Entwicklung messen kannst?
An deiner Dankbarkeit.

Sei dankbar deinen Eltern gegenüber, dass sie dir deinen Körper gaben.
Sei deinem Partner dankbar, dass er dein Leben mit dir teilt.
Sei deinen Kindern für die Liebe und die Erfahrungen dankbar, die du durch sie erleben kannst.

Sei deinen Lehrern dafür dankbar, dass du durch sie so viel lerntest.
Sei deinen Freunden dafür dankbar, dass sie dein Leben begleiten.
Sei deinen Nachbarn dafür dankbar, dass du nicht allein auf weiter Flur leben musst und sie dir immer wieder die eine oder andere Gefälligkeit erweisen.
Sei deiner Gemeinde, deiner Stadt, der Region und deinem Vaterland dafür dankbar, dass sie in so vielfältiger Weise für dich sorgen.

Sei deinen Feinden dafür dankbar, dass sie dir einen wichtigen Spiegel vorhalten, in dem du erkennen kannst, wo du stehst.

Und sei der Erde, der Sonne, dem Mond, den Sternen, dem gesamten Universum dafür dankbar, dass sie alle selbstlos dienen und dadurch deine Existenz überhaupt erst ermöglichen.

Und sei Gott dankbar, denn Er ist all das.
Er schuf es für dein Wohlergehen. Er ist immer für dich da und hat dich, wie dieses vergangene Jahr, über viele, viele Leben geführt, geschützt und begleitet.

Wie heißt es so schön in dem Lied „Lobe den Herren"? „Hast du nicht dieses verspüret?"

Spüre deine Dankbarkeit, und du spürst Gott – den Sinn deiner vielen Leben.

Heute ist der letzte Tag des Jahres.
Ein Jahr, in dem Ich dich in jeder Sekunde begleitet habe. Hast du dies bemerkt?

Ihr feiert diesen letzten Tag häufig mit viel Sekt, schwerem, nicht reinem Essen, noch dazu in fragwürdiger Gesellschaft.

Wer so das Jahr beendet, hat das Jahr nicht genutzt. Er hat Meine Lehren nicht verstanden, geschweige denn umgesetzt.

Glaube Mir, an diesem letzten Tag des Jahres gibt es nur eines, das wirklich des Feierns würdig ist: Dass du erkannt hast, dass *Ich das Gute bin, das du tun sollst.*

Und dieses Gute liegt nicht irgendwo, möglicherweise auch noch in einem fernen Land. Es liegt in dir. *Du* bist dieses Gute.

Falls du dies in dem vergangenen Jahr nicht erkennen konntest, so feiere das Ende des Jahres damit, dass du dir für das kommende vornimmst, diesen Schatz in dir zu finden und zu heben.

Dieser Entschluss und *dessen anschließende Durchführung* wird den heutigen Tag tatsächlich zu einem Festtag werden lassen.

Bitte den Herrn um Hilfe, halte dich fest an Ihn und an deinen Entschluss, und du wirst sehen, dass du am Ende eines jeden Jahres mehr Grund zum Feiern haben wirst.

Register

(Erläuterungen am Ende des Registers)

A

B

C

D

E

F

G

H

I

J

K

L

M

N

O

P

R

S

T

U

V

W

Y

Z

Erläuterungen zum Register

Darstellungsart	*Beispiel*	*Bedeutung für das Stichwort*
normal	27.2.	Stichwort kommt im Text vor
fett	**27.2.**	Stichwort ist Schwerpunktthema
normal mit Klammern	(27.2.)	Stichwort kommt sinngemäß vor, nicht wörtlich
fett mit Klammern	(**27.2.**)	Stichwort kommt sinngemäß vor, ist jedoch Schwerpunktthema

Bücher aus dem Doliwa Verlag

direkt zu bestellen bei:

Doliwa Verlag
Römerstraße 6a
D - 86947 Weil
Fon: 0 81 95 / 93 18 78
Fax: 0 81 95 / 93 18 79
E-Mail: kontakt@doliwa-verlag.de
www.doliwa-verlag.de

Innerhalb Deutschland liefern wir die Bücher an Privatkunden portofrei.

DOLIWA VERLAG

weitere Bände im Doliwa Verlag von Dr. Stephan von Stepski-Doliwa:

Stephan von Stepski-Doliwa

ICH BIN ICH UND ICH BIN GUT

Mein Dank, meine Erfolge, meine Ziele

Viele Menschen fragen sich, wie sie erfolgreicher werden können. Viele machen deshalb eine Therapie. Viele visualisieren Sätze, die sie positiv motivieren sollen.
Eine große Hilfe ist es aber auch, seinen Dank für all das Positive, was man erlebt, seine Erfolge und seine Ziele aufzuschreiben.
Wer dies täglich tut, wird sich seiner Leistungen bewusst. Dies baut Selbstwert auf.
Je mehr Selbstwert wir aber haben, desto erfolgreicher werden wir.
Das heißt: kleiner Einsatz große Wirkung.

geb., 448 Seiten, € 24,50

DOLIWA VERLAG

Logik und Herzkraft in Harmonie

So entsteht Wahrheit